JN075373

社会福祉法人・福祉施設経営における

# 人事・労務管理論 2024

柴田悟一・奥山明良 著

社会福祉法人　全国社会福祉協議会

# はじめに

　社会福祉施設—それが、公立、民立を問わず—が行政や地域といったなかで、多くの関係者の支援を受けて運営されていることは明らかであろう。しかしそういったなかで、施設そのものが順調に運営されるか否かの鍵は、そこに働く人々の意識と努力の成果に依存するものと言ってよい。さらに、こういった人々の意識レベルの領域にかかわり、かつ、人々のおおいなる努力を引き出すために重要な役割を果たすのが、施設長をはじめとするいわゆる管理者と呼ばれる人々ではないだろうか。

　したがって、こういった人々が施設で働く従業員のおおいなる努力と高い成果を得るためには、どのような問題を、どのように扱うかが重要になってくる。そこで本著は「人事・労務管理論」という表題のもとに、大きく分けて二つの領域を扱うことにする。一つは人事・労務の「管理」という領域であり、いま一つは人事・労務の「法理」という領域である。そして前者を第Ⅰ部で、後者を第Ⅱ部で取り扱う。

　まず第Ⅰ部の人事・労務の「管理」については次のような二つの内容が主たるものとなる。一つはモチベーション論（動機づけ論）であり、もう一つはリーダーシップ論である。働く意欲を引き出すための基礎的な理論と、リーダーとして部下にどのような接し方をするかの方法を学びそして実践していただきたいと思う。

　ところで「理論は現実とは違う」と言う人がいる。しかし本来理論とは、現実を観察し、現象を記述し、そこから仮説を引き出したものである。したがって、現実を十分反映したものである。しかし次の二つは考えておかねばならない。まず第1は、理論は仮説の集合であるが、この仮説が時代によって、あるいは新しい価値観によって修正されることがある、ということである。多くの研究者がそれぞれの時代に観察し仮説化した理論が、時代にあわなくなったということが言われる。人々の価値観、行動様式それ自体に変化があるからである。したがって、理論を学ぶとしながらも、それぞれの立場でさらに思考してみる必要がある。

　もう一つ留意しておくべき点は、特に人間の行動は決して10人が10人同じものではないということである。自然現象は人間の意志とはかかわりなく同じである。しかし、人間行動は、すべて同じということではない。したがって理論どおりに行動したのに結果が異なっている、ということは起こるのである。われわれの展開する理論は、因果関係を明確にするのではなく、要因間に相関があるということ、また、確率的にこの現象が起こる割合が高い、ということを明らかにするものである。しかし、だからといって、理論を否定しないでいただきたい。相関関係があり、確率が高いということは、それをまねしてみる価値があるということである。高い確率で同じ結果が得られる可能性があるからである。

　第Ⅰ部では、人々を仕事へ動機づけるために知っておきたい理論のいくつかを学習する。しかし要は、知っているだけでなく、これを現場で試してみることである。是

非、実践していただくことをお願いする次第である。

　次に、第II部の人事・労務の「法理」では以下のような内容を取り扱う。

　まずここでの法理とは、基本的には労使間のトラブルを未然に防止し、適切な人事・労務管理を通して、事業の円滑な運営を図ろうとするものである。すなわち、人が雇われて働き、あるいは働かせる際に労使当事者が遵守すべき労働法規など労働関係上のルールに関する知識を得ることに重点がおかれている。ところで、労使間のトラブルの発生を予防し、事業の円滑な運営を図るための基本的考え方は、労働関係が継続的な人間関係であり、何よりも互いの信頼関係が求められることとなる。何事も労使の合意に基づき、納得ずくで行えば問題は生じないということである。その意味で、労働法規をはじめとする労働関係上のルールは、このような実質的な合意を形成し、あるいは見いだすためのもろもろの工夫を定めたものであるといってもよい。

　この場合、合意といっても、嫌々同意する、形だけの合意、あるいは納得ずくの合意、さらには満足すべき合意というように様々な程度がある。そこで、労働基準法等の労働法規が労働条件の最低基準を定めているのは、それが働く者の健康で文化的な最低限度の生活を維持するために必要だからであるが、同時にそれをクリアする限り、そこには当事者が一応納得し得る合意があったと評価すべきことが期待されているのである。そうした基準がない場合の合意が、とかく当事者をして「本当ならばもっと良い条件で折り合えたのではないか」といった疑心暗鬼を生じさせるものになりがちであることを考えれば、このことは容易に理解できるであろう。このような労働法規に関する一般的説明は、いい替えれば、労働紛争の一般予防的効果について述べたものである。

　個々の事業所においては、その業態や労働関係の特質、さらには事業主の考え方などに応じて、個別の労働問題ないし紛争が生じることがある。裁判所、労働委員会等各種の紛争処理機関で扱われた労働紛争の事例から、トラブルが生じた原因を分析し、その解決のために用いられた法的ルールを整理し、個々の事業所において同様の紛争が起こらないよう、事業主が人事・労務管理を適切に行い、労使間に信頼関係を構築することも労働法規の機能といえる。いうなれば、これは法の個別予防機能とでも呼ぶべきものである。

　このように労働法規の射程は広く、単なる労働紛争の防止に止まらず、円滑かつ安定した労使関係の推進、さらにはそうした労使関係を基礎として事業目的の遂行にとって、有効かつ適切な人事・労務管理を行うことまで及んでいるのである。

　以上のことを充分理解したうえで第II部を読まれ、現実の職場の問題に適応していただくことを願っている。


2023 年 3 月


柴田　悟一

奥山　明良

# 目　次

# 第Ⅱ部　人事・労務の法理

# 第Ⅰ部
# 人事・労務の管理

## 第1章

# 人事・労務管理の
# 重要性

# 人事・労務管理の重要性

## 第 1 節 | 社会福祉施設と人事・労務管理

> **学習のねらい**
>
> 　各施設それぞれ異なる条件を越えて、最低限考慮しておかなければならない人事・労務管理上の問題を考える。その基本は、施設長をはじめ管理者といわれる人々のリーダーシップの問題であり、これらの人々が人事・労務管理をどう考えるかにある。すなわち、リーダーが人事・労務管理の目的を理解し、そこに働く人々をいかにして有効に活用するかに依存する。
>
> 　次に、人事・労務管理の内容について考える。基本的には、採用、教育訓練、モチベーション（動機づけ）、リーダーシップといった内容である。なお、モチベーション、リーダーシップの二つの問題については、それぞれ第 3 章、第 4 章において考察することから、第 1 章では、採用と教育訓練についてのみ考察する。

　本書は、社会福祉施設で働いている人々、特に施設長をはじめ管理者といわれる人々を読者対象として書かれている。しかし、社会福祉施設といえども決してその中身は一律ではなく、その対象者によっていく種類にも分けることができる。たとえば、児童福祉法による児童福祉施設、生活保護法による保護施設、さらに障害者のための施設、あるいは高齢者のための老人福祉施設といったように大きく分けることができる。そしてこれらについて、さらにいく種類かの施設に細分類することができるのである。

　このように、社会福祉施設という呼び方でひとくくりするにはあまりに多くの種類をみることができることから、当然そこで働く人々の仕事の内容についても多くの異なった種類をみることができるであろう。ということは、そこで働く人々にかかわる人事・労務管理においても、そういった仕事の内容の違いを理解し、いろいろ異なった観点での考察が必要になると思われる。

　また、施設の規模すなわちそこで働く人々の数、入所者あるいは通所

者の数等の違いによって、あるいはまた、公営か民営かの違いが考慮されなければならない場合もあると考えられる。

　しかし本書で考察する人事・労務管理は、こういった施設の種類の違い、規模の違い、公営か民営かの違いといったことは考慮しないことにする。たとえいろいろな条件を考慮したとしても、すべての条件を考慮することはできないであろうし、また、いろいろな条件の違いを越えて、最低限理解しておかなければならない人事・労務管理上の問題点は存在する。こういった問題点を本書では取りあげることにする。そしてこれらを理解し、考察し、さらに実践に適用していただきたい。

　さらに、平成 12（2000）年度から介護保険制度も始まり、措置費というこれまでの制度が大きく変わった。社会福祉に関する新たな環境変化である。

　今日のわが国において社会福祉施設の充実は各方面から強い要請を受けている。その理由の一つにわが国の高齢化の問題をあげることができるだろう。これはすでに言いつくされている核家族化と女性の社会進出、さらには少子化や単独世帯の増加とあいまって、要介護者の世話をする人間が家庭にいなくなってきている現象と関係してくる問題である。

　いずれにせよ、これからのわが国において社会福祉施設の充実が求められることは明らかであり、したがってこれからは以前にもまして、そこで働く人材の確保と、その人々のモラール（やる気）の高揚・維持、そしてその職場である施設の諸条件の整備といったことが重要となってくる。

　今日では、価値観の変化とともに、社会への貢献を考える人々が増加してきていると思われる。しかしそのことがすぐ、社会福祉施設の人材確保につながったり、職場でのモラール高揚につながるとは言えない。そこには主として施設長をはじめとする管理者といわれる人々の理念、方針、行動などがかかわっており、いわゆる人事・労務管理に関する考え方、取り組み方が大きく影響すると言えるのである。高邁な理想を掲げ、意気に燃えた人々が社会福祉の仕事に従事するといっても、働く人々にとっては、やはりそこは職場である。毎日の業務のなかで、時には放り出したくなる状況にも遭遇するであろう。上司や同僚との人間関係に悩むこともあろう。勤務条件・職場環境に不満を持つこともあろう。こういったとき、その施設の施設長がしっかりとした理念を持っているかどうか、施設長をはじめ管理者といわれる人々が的確なリーダー

シップを発揮しているかどうかが、最終的には、その施設が本来の目的を全うし、従業員がいきいきと働くことができるかどうかを決定づけると言えるのである。

　これらのことについては、既にすべての施設長をはじめ管理者の方々には十分理解されているところではあろう。しかし、今一度じっくりと考えてみることもよいであろうし、なによりも、たとえ考え方が立派であっても、それが絵にかいた餅ではなく、実践されねば意味がない。じっくり考え、実践するための一つの資料としてこのテキストを活用していただきたい。

　それでは、社会福祉施設の充実を念頭におきながら、そこにおける人事・労務管理の諸問題を考えていくことにしよう。

# 第2節　人事・労務管理の対象と目的

　ここでは、人事・労務管理の対象とその目的、すなわちその意義について考えてみる。

　まず用語について一般的には、人事管理、労務管理と分けて使用したり、人事・労務管理と連結して使用する場合とがある。これまで2つの用語を別々に使用する場合、人事管理はホワイトカラーについて、労務管理はブルーカラーについて使用するといった考え方があった。

　しかし今日、両者の区別が明確ではなくなってきていると考えられる。無論、たとえば営利企業において、オフィスで働く人々、工場で働く人々という区分は今日でも存在する。しかし、いずれの場合においても、人々の報酬、福利厚生、仕事への動機づけといった問題において、両者を分ける積極的な理由は見られなくなってきている。さらに社会福祉施設においては、ホワイトカラー・ブルーカラーといった分類は実際上困難であろう。社会福祉施設に働く人々は皆すべてが、入所者・通所者等と言われる人々と全身全霊で対応しており、ホワイトカラー・ブルーカラーの区別はないと言える。そこでわれわれは今日の実態から考えて、人事管理と労務管理とを分けるための十分な基準を見いだせないことから、本著においてはこれを分けないことにする。

　それでは、人事管理と労務管理とを分ける明確な基準がなく、ほぼ共通しているとするならば、どちらの用語を用いても大差はないことになる。しかしそうはいっても、ニュアンス的には従来から人事は人の採用、配置、教育等といったことに主眼がおかれていると思われ、これに対して労務は福利厚生、苦情処理、職場環境等といったことに主眼をおいていると思われる。こういったニュアンスを含めて広く職場の人間問題を考えるためには、人事管理ないしは労務管理のどちらかの用語を単独に使用することも誤解を招きやすい。そこで本著においては、人事・労務管理というように二つの用語を連結して使用することにしたい。

　次にその内容について考察する。まず人事・労務管理の対象は人である。すなわち、社会福祉施設であろうと、営利企業であろうと、どんな組織体においても人・物・金・情報という資源が必要である。これらの資源を獲得し、運用することによって組織体は存続していく。こういった資源という用語を用いて考えてみると、人・物・金という資源のなかで、人という資源を対象にして、その獲得と運用を図るのが人事・労務

管理である。

　それでは、人という資源を対象とする人事・労務管理の目的は何か。これまでに多くの人々によって定義づけされる最大公約数的なものは「組織体の全体目的に寄与するために組織で働く人々を有効に活用すること」というものである。つまり全体の目的が明示されると、その目的を達成するために人という資源が投入されることから、この人という資源をいかに活用するかが、重要な管理問題として登場するのである。これが人事・労務管理ということである。

　ところで、社会福祉施設は、利益追求が一つの重要な目的となっている営利企業とは異なり、それぞれが福祉という高い使命を持ち、福祉をとおして社会へ貢献していくという究極的目的を持つ。そして他方で、その究極的目的を達成するためにも組織体が存続していくことが前提であり、ここに人・物・金という資源を有効に活用し効率をあげるという、営利、非営利を問わず、組織体共通の目的があるのである。

　したがって以上を整理すれば、社会福祉施設における人事・労務管理は、福祉をとおして社会へ貢献するという究極的全体目的を達成するために、社会福祉施設に働く人々を有効に活用すること、ということになる。

　なおここで断っておく必要があろう。それは人々の有効活用という表現が、人を物扱いしているという誤解を招くといけないということである。この有効活用という意味のなかに、人がいかに率先して仕事をしてくれるか、そのためには、働く人の立場に立って考えねばならないということを含意している点を述べておきたい。

　そこで、こういった人の立場という観点から人事・労務管理を考えていく問題については、第 2 章で若干の歴史的展望をしておくことにする。

## 第3節　人事・労務管理の内容

　最初に述べた人という資源の概念を用いて、人事・労務管理の内容を考えてみよう。まず資源を獲得するということから始まる。そしてその資源の有効活用が次に大事となる。そして人事・労務管理のメインは後者の人の活用についてである。しかし組織体存続にとっては、まず資源の獲得が重要であり、この問題を人事・労務管理の出発点と考える必要があろう。

　この資源の獲得と、その資源の活用という二つの大枠のなかで人事・労務管理の内容について、重要なものをあげてみよう。

①資源の獲得、すなわち具体的には人の採用である。どんな人を、どんな基準で、いつ採用するか、といったことがその内容である。

②資源の有効活用にはいろいろなことが考えられる。まず第1は教育訓練、すなわち獲得した資源を磨くということである。新しい知識・技能を習得するための教育訓練、さらにスキルアップのための講習会、研修会等を実施することである。

③資源としての人が、持てるエネルギーを最大限発揮してくれるようにしむけることである。人事・労務管理における最重要問題はこれだと思われる。そしてこの問題の具体的内容とは、仕事へのモチベーション（動機づけ）問題、とりわけ何故働くか（欲求）と何を求めて働くか（モチベーション要因）の問題が重要である。

④組織体の存続と組織の活性化、あるいは働く人々のモラール（やる気）アップのためには、まずは管理者のリーダーシップ問題が重要である。

　以上が大まかな人事・労務管理の内容である。このなかで筆者は③のモチベーション問題、④のリーダーシップ問題が、人事・労務管理の最も重要な問題であると考えている。そこで、この二つについては章をあらためて詳しく論述し、読者の皆さんにともに考え、ぜひ実践していただきたいと考えている。そこでここにおいては、①の採用と②の教育訓練について若干の考察を行っておくことにしたい。

## （1）採用

　社会福祉施設における採用問題で考えておかなければならないことの一つは、採用人員の計画が難しいことではないだろうか。何百人、何千人という従業員を抱える営利企業と異なり、十数名、数十名といった規模の社会福祉施設では、毎年新たな人員を定期採用することが難しいのが一般的である。しかも他方で、社会福祉施設で働こうとする人材が豊富にひかえているとも言えないであろう。

　しかしだからといって場あたり的に、欠員を待ってその補充に追われるという状態が好ましいものであるとは誰も考えていないだろう。そこで施設長をはじめ管理者と言われる方々に、常に考えておいていただきたいことは、①施設の長期ビジョンを持ち、そのなかで人材の採用計画を策定する、②短期的あるいは臨時の採用について、常に情報の収集をしておく、というこの 2 点である。

　まず①について考える。

①長期的観点からの採用計画について

　長期的観点からの採用計画は、施設の長期ビジョンの策定から始まるため、人事・労務管理についてのみならず、施設全体の経営管理に関するものと言ってよい。すなわち、あらゆる組織において、常に長期的観点から組織の進むべき方向を考え、そのための資源の確保についての計画が必要である。社会福祉施設においては、施設の拡充は時代の要請、地域の要請とあいまって決まってくるものであろう。それはたとえ短期的には、あるいはこのテキストを読んでおられる皆さんが在任する間には、大きな変化がなく拡充の計画もないとしても、いつまでも常に一定ではありえず、時代の要請とともに変化していくものである。

　また予算あるいは財源という厳しい制約があることも事実であろう。しかしそれでもなお、施設の長期ビジョンについては常に考え、そこに働く職員にとっての一つの指針としてこれを示すべきである。しかもそれは長たるものの責務である。そしてこういった長期ビジョンのなかで、人の採用についての長期計画も策定されていくものである。

　具体的内容はそれぞれの施設によって異なるが、一般的・共通的なものとしては、入所者・通所者の人数見通し、それにともなう職務の見直しが基本である。

　入所者・通所者人数の見通しについては、地域の状況変化についての情報収集を前提としている。地方自治体からの情報はいうまでもなく、

他の施設からの情報、職員がもたらす情報といった多くの情報を収集し、今後の当施設がかかわるであろう人達の人数を予測することである。

　次には、現在の職務内容およびその配置について分析し、将来どんな職務が加わると予測されるのか考えてみることである。さらにこの職務の分析は、人の労力に頼る職務に機械・器具等の力が使えないかどうか、の検討も必要であろう。介護に関する機械・器具の導入は重要な問題と思われる。

　以上のような職務の見直し、機械化の見通しといったことを通して、長期的な人の採用計画ができあがってくる。厳しい現在の仕事のなかに、ある意味では将来の夢を込めて、長期的人事計画を策定し、職員全員がこれを共有することは、人事・労務管理の要諦（ようてい）といえるかもしれない。長たるもの、展望（ビジョン）と哲学（フィロソフィー）を持つべきである。

　次に②の短期的あるいは臨時的採用問題についての重要点を考える。

②短期的・臨時的採用計画について

　施設によってはたびたび中途退職者があり、また、一度に2〜3名の職員が産休・育休に入るという現実もある。したがってこの補充のための採用という仕事が発生してくる。こういった問題を的確に処理するために、現在働いている人達についてのデータベースを作っておこう。性別、年齢、経験年数、当該施設で経験した職種等についてのデータを記録しておくことである。さらにそれぞれの業務の特徴についてのマニュアルを作成しておくことである。こういったデータが記録されていることにより、欠員が生じたときどんな仕事内容が要求され、かつてこの業務についていた人の特性が把握され、そこから採用時に必要な人材についての基準が明確となる。つまり、短期にあるいは急に人材を必要とする際のマニュアルが作られていることが大事であり、そのためのデータベース作りが欠かせないのである。

　もう一つの重要なデータベース作りがある。それは外部の人材に関する情報についてである。地域の学校との連絡を密にし、福祉に関心をもつ生徒・学生やボランティアについておよび彼らからの情報のデータベース化、他の施設・地方自治体等からの人材に関する情報の収集といったことが重要となる。

　こういったデータベース作りは、最初は面倒なこともあるが、ひとた

び立ちあげてしまえば作業そのものは毎日の繰り返し作業でできる。あとは常に外部からの情報収集に力を入れることである。

## （2）教育訓練

　人事・労務管理の一つの役割に教育訓練が含まれている。当然、教育訓練の直接的目的は、新しい知識・技能の習得であることは言うまでもない。

　教育訓練にはいわゆる OJT（On the Job Training）と OFF–JT（Off the Job Training）の二つがある。前者は日常の仕事をとおして、上司や先輩が教育訓練を行うことであり、後者は仕事を離れたところでの教育訓練をいう。そしてまずは日常業務のなかでいろいろと仕事を覚え、工夫・改善を加える訓練が必要である。すなわち OJT がまずは基本であり、日常業務をしっかりと、かつ効率よく行う必要がある。

　しかし、こういった教育訓練についてのしっかりとした計画ができている施設は、必ずしも多くはないのではないだろうか。それぞれの施設における業務について一定のマニュアルを作成し、それに従って業務知識・技能を習得できるようにしておく必要があろう。特に採用まもない職員についての教育訓練は、先輩が短期間にしっかりと行う必要がある。

　次に、他の施設の見学、地方自治体や関連機関が行う研修への参加といった形での教育訓練が OFF–JT である。これについては、できるだけ全員がどれかのプログラムに参加できるような計画を立案しなければならない。すべての職員がいろいろな方面からいろいろな情報をもちより、本人はもちろん当該施設すべての職員が情報を共有し、知識・技能を高めていくことが必要である。

　日常業務に追われる日々のみではなく、外に出て新しい知識・技能を習得することは、気持ちのうえでも次の日からの新しい出発にもなる。それは施設の活性化にもつながるのである。

　以上の二つの種類の教育訓練について、先の採用のところで述べたと同じように、しっかりとした計画が必要である。これも場あたり的ではなく、年間スケジュールが必要である。しかもこれについては、できるだけ現場で働く人々の意見を反映させるようにすることである。現場で働く人々が現在の仕事に関して何を考え、何を求めているかを理解しておくことが肝要なのである。そのためにも、既述した、職員に関するデータベースの作成は必須である。なお、こういった働く人々のことを十分考え、

リーダーシップを発揮していくことについては、章をあらためて論述する。

【参考文献】

1．森　五郎『現代日本の人事労務管理』有斐閣、1995 年.
2．野中郁次郎『経営管理』日本経済新聞、1980 年.
3．奥林康司・吉田和夫編著『現代の労務管理』ミネルヴァ書房、1993 年.
4．津田眞澂『新・人事労務管理』有斐閣、1995 年.
5．守山勝儀編著『社会福祉施設経営論』光生館、2005 年.
6．京極髙宣『福祉書を読む』ドメス出版、2014 年.

# 人事・労務管理の課題
## ——人はどのように扱われてきたか——

# 人事・労務管理の課題
## ——人はどのように扱われてきたか——

　有史以来、組織体のあるところ必ず人事・労務管理は存在した。なぜならば組織体は常に目標をもち、これを達成するために人という資源の有効利用が図られたからである。しかしその内容は時代によって大いに異なり、必ずしも人を人として十分考慮することがない、という時代もあった。では現在は、人に対して理想的な扱いが人事・労務管理のなかでなされていると断言できるだろうか。管理者の多くは大いに悩み、時には間違いを犯しているのが現状であろう。そういった意味で、これまでの人事・労務管理の歴史的展開のなかで、人がどのように扱われてきたかを振り返ってみることは意義のあることと思われる。歴史のなかから反省点や、あるいはまた今日にも通じる同じような考え・行動が発見されると思われる。そこで、経営管理、人事・労務管理に関連する文献が多く出始めた 20 世紀初頭から考えてみよう。ただこの場合、社会福祉施設における人事・労務管理の研究は皆無に等しく、むしろ民間の営利企業における研究が全てといってよい。したがってわれわれも、それらの営利企業についての人事・労務管理を取りあげざるを得ない。とはいえ、われわれの社会福祉施設に十分当てはまる共通の問題点は多く存在しており、これらに焦点を絞ってその概要を考察することにしよう。

# 第 1 節　科学的管理法時代における人事・労務管理

**学習のねらい**

　組織のなかで人はどのように扱われてきたか。歴史のなかから反省点や、今後の指針を発見していく。まず第 1 は 20 世紀初頭のアメリカで広く展開された科学的管理法の考察である。

　1 日の作業量を科学的に決定し、人が無駄な動作を省き、能率よく作業を行うための作業動作の研究が実施された。

　また、賃金の支払い形態について考える。今日流に言う実績主義がうまく機能したかどうかを見てみる。

　こういった一連の科学的と言われる管理法の概要を知ることにより、そのなかで働く人はどのように理解されたのかを考える。人を単に道具として見ていないか、心理的な側面にも注意が払われているかどうかを考える。

　20 世紀初め頃、アメリカで科学的管理法と呼ばれる作業管理についての管理法が現れ、基本的な考え方はわが国にも導入され、広く普及したのである。これは作業管理についてであるが、そのなかで人がどう扱われたかという観点では人事・労務管理の内容を包摂する。以下この観点から考察しよう。

　科学的管理法提唱の中心人物はテイラー（Taylor, F.）である。彼が、管理という問題に努力を傾注したのは、19 世紀末から 20 世紀にかけてのアメリカの多くの企業で発生していた労働者の組織的怠業の改善への関心であった。

　当時考えられた労働者の組織的怠業の主たる原因は、①働き過ぎが他の労働者の仕事を奪い仲間を失業させてしまう、と多くの労働者が考えたこと、②経営者は、1 日の仕事量を明確に示し得ず、ただ成りゆきによって労働者を管理していたこと、であった。①は、労働者の無知から生ずる問題であり、これは教育することによって改善できるとした。そして問題はむしろ②であり、これは経営者の責任であるとし、テイラーは、1 日の作業量を科学的に決定し、成りゆき管理ではなく科学的な管理方法を確立しようとしたのであった。

　テイラーが行った科学的管理法の具体的内容のなかで、われわれの問題に関連するものは、①課業管理、②差別出来高払い制度、である。こ

れについて考察する。

## 1　課業管理

　まず第 1 の課業管理とは、一流の作業者による 1 日の作業量を決定し、これを標準として設定する。そしてさらに、作業方法、材料、工具、機械についての標準を決定することである。

　この標準的作業量を決定するために、時間研究、動作研究がなされた。前者は、一定の作業にはどのくらいの時間がかかるのかという標準作業時間の測定である。後者は、無駄な動作を省き、能率的な作業が行われるための標準的作業動作の研究である。この 2 つがあいまって、一流の作業者が能率よくできる 1 日の標準作業量が決定されたのである。

　さて、この課業管理における人の問題は何であったのだろうか。実はテイラーの頭のなかには、人は生来怠け者で、アメとムチによって叱咤激励しなければ働かないという考え方があった。したがって明確な作業内容についてのマニュアルが必要であった。しかもその作業量を一流の作業者によるものとするところが、ここでは重要である。すなわち、訓練によってすべての労働者を一流にしようとしたのであろう。しかし問題は、この一流労働者が行うべき 1 日の作業量の決定に際して、人の心理的側面は一切無視され、単に生理学的に人をとらえていることである。すなわちストップウォッチをもって作業を測定し、しかもそれを極めて機械的に行っている。労働者が機械的に作業をし、規則的に休憩をとることによって最大の能率が達成されると考えたのである。彼の管理法が牛馬論であるとして批判を受けたのはまさにここにあり、何も考えることをせず、ただ黙々と作業をする労働者を求めたのである。

　さて、今日においてはこういった考えを持つ管理者は皆無である、と断言できるであろうか。職員は与えられた仕事をただこなせばよい、と考えたり、人は生来怠け者であるから、規則をしっかり作り、規則を守らせることが最も大事であると考えている施設長あるいは管理者はいないであろうか。管理者は人をただ機械的に見てよいのだろうか。もっと心理学的な見方も必要ではないだろうか（この問題は第 3 章で扱う）。

　これは 20 世紀初頭に起こった問題にすぎない、としてかたづけられない重要な示唆を与えてくれるだろう。人の上に立つ者が、人をどうみるかについての伝統的な考え方をまず理解しておいていただきたい。

## 2　差別出来高払い制度

　第2の差別出来高払い制度について考えてみる。これは、決定された標準作業量を達成した労働者には、割増賃金を支払うべく高い賃率を当てはめ、標準作業量を達成できなかった労働者には、罰則的に低い賃率を当てはめた賃金を支払うという制度である。したがってこの制度においては、高能率の労働者には高い収入をもたらすが、能率の悪い労働者には低い収入しかもたらさない。しかも標準の値が、一流労働者のそれであることから、標準以下の非能率労働者とされる人々の猛反発をかったのである。このことから、このテイラーの差別出来高払い制による賃金支払いは、実際にはほとんど採用されることがなく、むしろ、テイラーの後継者と言われた人々が考案した刺激給制が多く採用されることになる。

　さてこの制度における今日的意義を考えてみよう。まず罰則としての低い賃率設定はやはりなじまないものである。出来高払いという制度そのものはわが国にも存在したし、現在でも若干は存在する。しかしそれは、同じ仕事につく人々には同じ賃率を当てはめるのが通常である。そして同じ賃率のなかで、よく働く者は多い賃金を得、あまり働かない者は少ない賃金しかもらえないのは、しかたがないことである。

　さてまず問題は、出来高払いということであろう。今日、民間企業の多くが、給与決定に際して年功制を廃止し実績主義を採用するという、すなわち実力に応じた給与の支払い制度が確立されてきているのである。したがって、出来高に応じて賃金を支払おうとしたテイラーの時代の賃金システムは、一種の実績主義であり、今日の新しい流れの先駆であると言えるかもしれない。

　しかし、今日においても出来高払い制度は若干は存在するが、主としてパートタイマー、あるいは軽労働の一部においてのみ採用されているにすぎない。勿論、介護保険制度におけるヘルパーの仕事給には出来高払いの仕組みが入っている。しかし一般的には、そして特に社会福祉施設における多くの業務についてはこの制度はなじまないものと言える。したがって出来高払い制そのものは、ここでは議論しないことにする。

　そこで次に問題にしたいのは、テイラーにあっては、単純に実績主義の反映と言えない側面があり、この制度の背景にある「人間の働く動機づけ」についての考え方である。それは、彼の頭には、人はただ経済的欲求のみによって仕事をするという仮説があったからである。すなわ

ち、人はただ金銭のみに関心があり、高い賃金を求めて行動するという考えである。したがって労働者を働かせるためには、賃金の支払い方法を工夫することが重要な問題だと考えていたのである。

　さて、今日ではこういった考えを持つ人はいないと言えるだろうか。「最近の若者は、残業手当がでるのに残業をしてくれない」等という声が時折聞こえてくる。この声のなかには、無意識ながら「金さえだせば人は働くものだ」という考えがあると言えないだろうか。少なくとも、人々を働かせるための重要な刺激は金銭である、というように考えているだろう。

　人はいろいろな欲求を持っている。もちろん金銭もそうである。しかし、金銭のみではない。したがって、人に働いてもらうためには、人の欲求についての理解が必要である。社会福祉施設における管理者の方々がまず理解せねばならない問題である。これについては第3章で詳しく論じたいと思う。いずれにせよ、科学的管理法の時代における人事・労務管理の問題は、人を人として考えるのではなく、ただ金銭だけを求め、管理者の指示に従い機械的に動くと仮定する機械視的観点に立った人間観といってよい。対象となる労働者は自らが思考する人間ではなく、指示によってあたかも機械のごとく動くことが求められたのである。多くの人々が、「機械視された人間」と批判するところである。あるいは今日では、働く者すべてを人間そのものとして主体的にとらえていることから言えば、テイラーにあっては（彼の心情は計り得ないとしても）、結果的には、人間は管理者のみであり、労働者は人間の外におかれてしまったと言えるだろう。

# 第 2 節　人間関係論と人事・労務管理

**学習のねらい**

　本節は、1930 年代、世界を席巻した人間関係論について考察する。人事・労務管理についての今日的な思考の出発が、この人間関係論からであると言ってもよいだろう。なぜなら、一連の実験から発見された人間に関する仮設は、今日でも十分意味を持ち得るからである。人を心理学的に捉え、職場集団の規範に従って働く人を考察の対象とすることが注目に値するのである。集団のなかで、働く仲間と仲良く仕事をしたいという欲求は、人の持つ基本的欲求として、今日においても十分な意味を持つと言ってよいだろう。

　テイラーの科学的管理法を中心とした管理論が産業界で地位を築くなか、新しい発見と発展が始まる。アメリカのシカゴ郊外にあるウエスタン・エレクトロニック会社のホーソン工場において実施された、生産性向上をもたらす要因についての一連の実験から得られた理論であり、それは、生産性をもたらす重要な要因が人間関係にあり、しかもインフォーマル（非公式）な集団における人間関係の重要性を主張する人間関係論であった。これもまた営利企業に関する実験であり、営利企業における人事・労務管理における問題提起であるが、これについて要点のみ概観し、社会福祉施設における人事・労務管理に応用できるところを探っておこう。

## 1　実験過程

　ホーソン工場では、1920 年代後半から工場の生産性が低下し始めた。そこで生産性向上を規定する要因を発見するために、まず照明度と作業能率との関係についての調査を開始した。すなわち最初は、労働者の作業条件が重要な原因であると予測されたのである。しかしこの調査では、照明度と生産性との間にはなんら明確な相関関係は発見されなかったのである。

　次の第 2 回の調査は周到な準備のなかで行われ、ここからはいろいろな事実が発見されたのである。それは継電器組立実験と言われる調査である。調査に参加したのは 5 名の女子従業員で、彼女達は準備された実

験室で、電話用継電器組立作業を行った。この実験は 2 年 2 カ月・12 期に渡って続けられた。この実験のなかで、コントロールした主要な作業条件は休憩時間である。それに付随してスナックの支給、勤務時間、出来高払い制といった要因をコントロールしている。すなわちあるときには休憩時間を長くし、あるときには短くし、またその休憩時間に簡単なスナックを支給したり、しなかったり、あるいは全体の勤務時間を長くしたり短くしたりという具合である。

　さて、このいろいろ作業条件を変更した実験期間のうち、6 期を除いてほぼすべて生産性は上昇するという結果を示した。つまり作業条件がどのように変化しようとも、5 名の女子工員による生産性は高まったのである。このことは、それまでの科学的管理法に代表される伝統的な経営管理の考え方、特に金銭を求めて行動するという仮説では説明できない現象である。つまり生産性向上の要因が従来の考え方からでは発見できなかったのである。そこで実験者達は、実験に参加した女子工員に面接し、彼女達の作業態度という心理的な要因を発見し、そのなかから、人間に関する新しい仮説を構築するに至るのである。そしてこの仮説およびそれに基づく管理方法が、人間関係論として世界に広がっていったのである。

## 2　人間関係論の仮説と人事・労務管理

　以上の実験から、当初の成果は得られなかったものの、実験者達は新しい事実とそれへの推定を行うことができた。その事実とは、実験に参加した女性達の仕事へのモラール（やる気）が非常に高かったことと、このモラールを高めた要因は、実験で試みたいろいろな要因以外のものであるということである。そして、モラールを高めたと推定される最大の要因は、①自分達が実験のために選ばれたのだというプライド、そして②仕事についての大きな枠組みは会社によって決められていたが、作業の分担、作業のペース等は自分達の決定にまかされていたこと、したがって③これらの決定過程をとおしての作業員相互の意思の疎通が図られ、良好な人間関係が形成されていた、というものである。

　このように、モラールという極めて心理的な要因が生産性を決め、このモラールを決める重要な要因が人間関係であるという新たな発見は、それまでの人間に関する仮説である「（金銭によってのみ行動するという）経済人の仮説」を変更し、新たな仮説「社会人の仮説」を構築し、

人事・労務管理の具体的内容に大きな変更をもたらすことになるのである。

　この仮説構築につながるいま一つの発見は、インフォーマル（非公式）集団の発見である。会社側が前もって決めたリーダーを中心としたフォーマル（公式）な作業集団のなかに、いつのまにか別のリーダーを中心としたインフォーマルな集団ができあがり、このインフォーマル集団を中心に仕事量が決められたり、その他集団内での行動規範がつくられたりしていたのである。つまり、フォーマルな集団の生産性が、インフォーマルな集団によって決められてしまうという現象が発見されたということである。

　さらにこれに関連し重要な点は、このインフォーマルな集団内に働いている論理は、フォーマルな集団内で働く論理すなわち、コストの論理（コスト意識を優先させ、コストを下げようとする論理）、あるいは能率の論理（最小の犠牲で最大の成果を創出しようとする論理）とは異なった、感情の論理と言われるものである、ということである。

　インフォーマルな集団が集団内に作りあげる規範は、人間関係に基づくものであり、したがってそこには、お互いの感情が優先し、それが集団を支配することは十分理解できるのである。集団メンバーは、このインフォーマル集団に所属することがまず重要であり、この集団の規範に従って行動することに満足感を覚えるのである。こういったところから、人間関係論における人間の仮説を「社会人の仮説」と呼ぶものであり、この一連の実験から得られた人間に関する仮説の全体を人間関係論というのである。

　以上のように概観できる人間関係論から、社会福祉施設における人事・労務管理は何を学ぶことができるだろうか。

　この人間関係論で最も注目すべきことは、従業員を心理的側面でとらえようとしたことである。すなわち、人は決して合理的行動ばかりをとるのではなく、時には感情に従って行動するものであり、特に自らが参加する集団の規範には従おうとするものであるということである。常に金銭的欲求を第一義に考えるという仮説は当てはまらず、金銭的報酬を犠牲にしても集団仲間との人間関係を第一義とする、ということである。社会福祉施設に働く人々のなかにも、仲間との人間関係に強い関心を持つ人々がいるであろう。人間関係の大事さを理解し、インフォーマル集団のもつエネルギーを利用することが大事である。

　このように、人間関係論の仮説は、今日における人事・労務管理にも

大いに応用できるものであることが理解できよう。

　しかしながら、ここにもまた問題点が存在する。その第 1 は、人間関係論が人の心理的側面に注目したことは評価できるものの、人の欲求についての十分な考察がなされていないことである。すなわち、人が集団に所属したいという欲求はあるものの、それが唯一あるいは絶対であるということはないだろう。むしろ、もっと多くの欲求の存在を仮定することが必要ではないだろうか。

　第 2 の問題は、人間関係論があまりにインフォーマル集団に注目し過ぎていることである。すなわち、われわれの組織体は基本的にはフォーマルである。したがって、フォーマル集団における人の問題を考える必要がある。

　以上の二つの問題点を指摘した上で、こういった問題を解決し、新たな人の問題を考えることを、われわれの人事・労務管理の課題としたい。それが次章からの考察である。

【参考文献】

1．Mayo, Elton, *The Human Problems of an Industrial Civilization*, The Macmillan Company, 1960, Fourth Edition.（村本栄一訳『新訳　産業文明における人間問題：ホーソン実験とその展開』日本能率協会、1969 年.）
2．野中郁次郎『経営管理』日本経済新聞、1980 年.
3．Schein, Edgar H., *Organizational Psychology, 3rd edition*, Prentice-Hall, 1980（松井賚夫訳『組織心理学』岩波書店、1981 年）.
4．占部都美『新訂経営管理論』白桃書房、1984 年.

# 第3章

# モチベーション論

# 第 3 章

# モチベーション論

　人事・労務管理にはいくつかの内容が含まれることを第1章で示した。そしてさらに、人事・労務管理の最大の問題は、人々にいかにして一生懸命仕事に励んでもらうか、すなわちモチベーション（動機づけ）の問題であることを示唆した。そこで第3章では、モチベーション論というテーマでこの問題を検討したいと思う。基本的には人々をどう理解したら動機づけにつながるか、について検討するものである。

　まず次のような事例をみることから始めよう。

■事　例

　特養施設Aホームの施設長鈴木さんは、部下の指導でいつも悩んでいる。特に最近の学卒の新人の考えはよくわからない。仕事はそこそこ頑張ってくれるが、勤務時間にうるさく、少し柔軟性に欠けると感じている。かと思えば、入所者提案のカラオケ大会を開くことを検討する委員会をつくったところ、勤務時間外でも遅くまで残って仕事をし、しかも結構楽しそうにやっていた。

　また、今の若い人達は皆、何でも自分でやりたがるのかと思えば、決してそうでもなく、仕事を任せたはずなのに、いちいち指示を受けにくる者もいる。

　さてこういったなかで、人々を仕事に向かって動いてもらう、すなわち仕事へ動機づけるためには鈴木施設長はどんな点に留意したらよいであろうか。

　以上のような事例を、現実には多く見ることができるだろう。こういった問題の解決のためにはモチベーション論（動機づけ論）についての十分な理解が必要である。そしてこの事例についての解答を得るためには、人について次の2つの説明がヒントになる。

①「Aさんはお金のために働くと言っている。Bさんは人から認められることこそが最大の関心事だと言っている」

②「Cさんは一生懸命努力しているのに、Dさんはなぜか適当にさぼっている」

この二つの文の意味するところは、これまた日常的に常に起こっていることがらである。そしてこの二つの意味するところが、モチベーション論の内容なのである。

　まず①の文の意味するところは、人は何を求めているかについてであり、それは人の持つ欲求・動機といったことの内容について、われわれが知ることを示唆している。

　次に②の文の意味するところは、努力の大きさであり、求めている欲求の中身がたとえ同じでも、それを求めて努力する人々の姿勢の違いを示している。いわばモチベーションの過程についての説明である。

　以上のことからするならば、施設長の鈴木さんは、上記の①②の二つについての理論を学び、その理論を自分の部下について当てはめてみればよいことになる。それでは、この二つを説明できる理論について学ぶことにしよう。

# 第1節　欲求の理論—人は何を求めるか—

## 学習のねらい

　人を仕事に対して動機づける、すなわちモチベーションを考えるためには、まず人間の欲求について考察しなければならない。経済的欲求を唯一絶対とする「経済人の仮説」、集団に所属し、集団の規範に従うことを主たる欲求とする「社会人の仮説」、これらについての概略を理解したうえで、現代の人間の持つ基本的欲求について考察する。

　心理学の分野で取りあげられる欲求は、いろいろな分類で説明される。ここでは、マズローの欲求階層説を取りあげる。基本的な生理的欲求から、最高次の自己実現欲求まで5段階に分類する欲求について理解することは、良きリーダーとしてのいわば常識であると言ってよいだろう。

　人は何を求めるか。多くの心理学者が人の欲求について論じている。そのなかで、人事・労務管理に役立ち、実際にも現場の多くの人々が理解している欲求について考えてみよう。

　第2章で、人事・労務管理において人はどのように扱われてきたかを歴史的に考察した。ここではあらためて人そのものに焦点を当て、心理学的考察を行うものである。そこで第2章で考察した、科学的管理法の時代における人事・労務管理と、人間関係論と人事・労務管理の内容について若干振り返り、人は何を求めるか、を考える出発点としたい。

## 1　経済人の仮説から社会人の仮説へ

　古くから、人に関する仮説は「経済人の仮説」であった。第2章で述べたように、テイラーの科学的管理の時代がまさにそうである。人はただ経済的欲求をのみ追求するものという理解である。たとえば企業では、企業家は利潤を追求し、従業員は賃金を追求する。しかもそれがあたかも唯一の欲求であるかのごとく強調されるのである。

　たしかに人々は経済的欲求を持っている。まずは生きるために金銭が必要なのである。人々の多くの行為の前提は経済的裏づけである。その意味では人々は経済的欲求を持つことを否定することはできない。しか

し問題はこれが唯一絶対のものであるとしたり、あるいは人々の行為の
ほとんどすべてをこの欲求で説明しようとするとき、そこには大いなる
問題が発生するのである。特に社会福祉施設に働く人々については、こ
の経済人の仮説のみによる説明は説得力を持たないであろう。

　この経済人の仮説に修正をせまったのが、1927 年から 5 年間にわたる
実験において登場した人間関係論であった。この実験過程の概略は第 2
章で説明したとおりである。

　さて、生産性向上をもたらす要因の調査から、人々の欲求が経済的欲
求であるということでは説明できなくなった。つまり人々の欲求は別の
ところにあることが明らかになったのである。すなわち、一連の実験の
結果わかったことは、人々は経済的欲求を充足させることができなく
なった状況においても最大の努力を払い、結果的に生産性向上に寄与し
たことである。これらは、従来の人に関する経済人の仮説では説明でき
ない状況である。そしてこの仮説に代わる新しい仮説として、人が仕事
へ動機づけられるのは、監督者、仲間達との人間関係のありようである
というものである。

　そこでホーソン実験では、これらの仮説を確かめるべく実験がさらに
行われ、また多くの事実を発見していったのである。それは、①仕事集
団のなかに、さらに二つのインフォーマルな集団が形成されていた。②
全体の作業集団は、自分達の作業量について自分達で作りあげた規範を
持っていた。そして、「仲間達より余計に働いてはいけない、仲間達よ
り怠けてはいけない」という、「基準破りをしない」という規範をこれ
につけ加えていた。そしてこのことから、③彼らが報告する毎日の仕事
量は大体決まった数量であった。実際にはその日の作業員の調子あるい
は作業条件によって出来高に大きな差があるにもかかわらずであった。

　彼らは決して過大な量を報告するのではなく、むしろ控えめな数字を
報告することによって、成果のあがらない日のために準備をしていたの
である。④集団のなかに発生していた二つのインフォーマル・グループ
は、互いに競争し、また対立し、いがみ合い、このことが時には全体の
生産性を下げる結果ともなっていた。

　以上のようなホーソン実験の概要から、人々の行動を経済人の仮説で
は説明できないことがわかるだろう。経済人の仮説に従うならば、従業
員は常に企業が決めた高い目標をめざし、その見返りとしての高い賃金
を得ようとするだろう。しかし実際はそうではなかった。

　そこでこの状況を説明するには、経済人に代わる新しい概念が必要で

ある。心理学者シャイン（Schein, E. H.）は、これを「社会人」という
概念を用い、既述したような社会人の仮説として説明したのである。集
団に所属することに満足し、集団の規範に従って行動しようとする人々
を社会人として概念化し、経済人に代わる社会人の仮説が生まれたので
ある。

　経済的欲求ではなく集団のなかでうまくやりたいという欲求が、集団
のなかで仕事をしていく人々にとっては重要な欲求であるということで
ある。この意味で、単に人は経済的欲求によって行動するという仮説で
はなく、集団に所属し、仲間との人間関係を良く保とうとする社会人の
仮説は理解できるであろう。

　だがしかし、このホーソン工場の実験においても、集団の仲間が設定
した規範を守らない基準破りは存在した。現実にも、決してすべてが同
じ方向に向かわないという事実をわれわれは経験する。こういったなか
で、経済人の仮説に代わった社会人の仮説も、やはり一つの側面しか説
明できないのである。人々の欲求は人によって異なるだろうし、また同
じ1人の欲求も時によって変化するものであろう。そう考えるほうがよ
り現実的であるように思われる。

　そこで次には、人々の欲求を一元的にみるのではなく、多元的なもの
とみることについて考察する。ここから、今日の人事・労務管理におけ
る人の問題がスタートすると考えてよいだろう。

## 2　マズローの欲求階層説

　マズロー（Maslow, A. H.）はまず、欲求は多元的であり、階層をなす
とする。そしてその多元的な欲求のどれかが、あるときに最も強く発現
し、その充足を求めて行動が起こると理解する。では、多元的な欲求と
はどんな欲求であろうか。マズローは次の五つであるという（Maslow,
A. H., 1954、邦訳、1974）。

①生理的欲求　　食べることへの欲求、睡眠への欲求、性への欲求と
　　　　　　　　いった、人間のもつ基本的な欲求を意味している。人
　　　　　　　　間が生きていくうえでまずは最初に登場する欲求であ
　　　　　　　　る。
②安全欲求　　　①の欲求がある一時点で満たされていても、それが
　　　　　　　　ずっと続いてくれなくてはこまる。人々が身の安全を

求め、あるいは身の安定を求める欲求である。

③愛と所属の欲求　周りの人々とうまくやっていきたい。人々との人間
　　　　　　　　　関係についての欲求である。

④尊敬欲求　　　　ここでの欲求は、自己に対する高い評価、自尊心、他
　　　　　　　　　者から尊敬されたいという欲求である。もう少し具体
　　　　　　　　　的に言えば、一つには、業績、熟練、資格に対する欲
　　　　　　　　　望であり、二つめには、評判、名声、地位といったこ
　　　　　　　　　とへの欲望である。

⑤自己実現欲求　　他者との関係ではなく、あくまで自分自身が納得し、
　　　　　　　　　自分自身が成長し、心理的満足を得たいとする欲求で
　　　　　　　　　ある。


　さてこのように、マズローのいう五つの欲求は、基本的な欲求の分類
であり、確かにわれわれのすべてにおいて認識されると思われる。そし
て組織のなかにいる人々は、欲求階層のどのレベルにおけるかは異なっ
ても、それぞれが自己の求める欲求を充足させようとしていると仮定さ
れる。

　以上のマズローの欲求階層説以外においても、多くの心理学者が欲求
の分類を行っている。それらについてはここでは取りあげないことにす
る。まずはマズローのいう五つの欲求を理解し、皆さんの施設で働く職
員の方々が現在どの欲求を強く持っているかを観察してみることであ
る。そうすれば、それぞれの職員に対する接し方も違ってこざるを得な
いであろう。

# 第2節　X理論・Y理論

**学習のねらい**

　人に関する基本的な二つの仮説、X理論とY理論について考察する。果たして人は働くことを生来嫌いなものとするのであろうか。あるいは、条件次第では積極的に働き、また責任を負おうとするものであろうか。こういった相対立する考え方のどちらを基本に捉えるかによって、人事・労務管理の方法が異なってくるのである。

　人は本来重要な意思決定に参加し、責任ある仕事を任せられ、積極的に働こうとしているのではないだろうか。従業員が仕事を怠け、責任逃れをしていると思っているリーダーは、まずは自分の考えそのものを反省する必要がないだろうか。リーダーが人に関する誤った仮説を持っていないだろうか。

　ここで取りあげるX理論・Y理論は、マズローの欲求階層説のような欲求そのものについての理論ではなく、人に関する考え方の仮説である。これもまた、事例についての解答を見つけるヒントを得るためには重要な理論である。また、これは先のマズローの欲求階層説の影響を受けた、その流れを汲むものである。

　これはマグレガー（McGregor, D.）が展開した理論で、この理論の基本的な仮説は、管理者が意思決定し、行動に移す際、人に関しての考え方が背後にあり、その考え方に二つのタイプが存在するという仮説である。そしてその二つのタイプがXでありYである。では具体的にそれぞれの特徴を記述してみる（McGregor, D., 1960、邦訳 1970）。

（1）X理論
①普通の人間は、生まれながらに仕事が嫌いで、できることなら仕事はしたくないと思っている。
②仕事は嫌いだというこの人間の特性のために、たいていの人間は強制されたり、統制されたり、命令されたり、処罰するぞとおどされたりしなければ、企業目標を達成するために十分な力を出さないものである。
③普通の人間は命令されるほうが好きで、責任を回避したがり、あまり野心も持たず、何よりもまず安全を望んでいるものである。

　マグレガーによれば、以上の①から③までの人に関する仮説は、多く
の人々によって語られてきたし、多くの組織に関する文献や経営政策・
施策で暗黙のうちに了解されてきているものであるとする。そして、こ
のX理論で、組織内の人間行動を説明できることも確かにあるだろう。
しかし逆に、この考え方と矛盾すると一見してわかるような現象が、組
織の内外にたくさん存在していると主張するのである。

　いずれにせよ、このX理論の仮説が正しいとするならば、こういった
人を管理する方法はいわゆるアメとムチである。アメとしての金銭やそ
の他フリンジベネフィット（本俸以外の給与、よい待遇条件、よい福利
厚生条件）の提供が一方であり、他方で、命令、処罰というムチによっ
て仕事に対して人々を動かそうとする管理方法である。

　さて、こうしたX理論を仮定した管理方式が現実には決して有効では
なく、むしろ間違ったものであるとマグレガーは主張する。なぜならそ
れはX理論自体が正しくないし、それを支持する狭い考え方が間違って
いるからであるとする。そしてその根拠には、先のマズローの欲求階層
説を引き出し、人々の欲求は低次な欲求（生理的欲求、安定の欲求）か
ら高次な欲求（尊敬欲求、自己実現欲求）へと変化するものであり、こ
ういった高次な欲求を想定する方が現実的であると考えるのである。そ
してそこから考え出されるのが、次のY理論なのである。

## （2）Y理論
①仕事でも心身を使うのは人間の本性であって、これは、遊びや休憩の
　場合と同様である。
②人間は自分が進んで身を委ねた目標のためには自ら自分にムチ打って
　働くものである。
③献身的に目標達成につくすかどうかは、それを達成して得る報酬次第
　である。
④普通の人間は、条件次第では、責任を引き受けるばかりか、自ら進ん
　で責任をとろうとする。
⑤組織内の問題を解決しようと比較的高度の創造力を駆使し、手練をつ
　くし、創意工夫をこらす能力は、たいていの人間に備わっているもの
　であり、一部の人だけのものではない。
⑥現代の組織においては、日常、従業員の知的能力はほんの一部しか生
　かされていない。

　以上のような仮説を包含するのがY理論である。この内容は明らかに先のＸ理論と相反するものである。このＹ理論に従うならば普通の人は、生来仕事が嫌いなのではなく、条件次第で仕事は満足の源泉となるのである。仕事を達成して得られる報酬（物的のみならず心理的報酬）次第では、献身的に努力もするし、責任をとろうとするものである。したがって、もし従業員が怠けていたり、無関心であったり、責任を取りたがらなかったりするのは、その従業員がそういった人間性を持つからではなく、彼らにそうさせている管理者に問題があるというのである。管理者が、人をＹ理論の仮説でとらえていないからなのであり、Ｙ理論に立脚した管理方式をとるならば、従業員はもっと積極的に働くはずである、と考えるのである。

　そしてマグレガーは、このＹ理論が実証されたものではないが、現在の社会科学的知識とつじつまがあうことは確かであり、Ｙ理論に立脚することにより、経営方針なり、施策の新分野が展開することになると主張するものである。

　以上のＸ理論・Ｙ理論をわれわれはどのように理解したらよいであろうか。確かに人々を単にＸ理論として仮説化することは非現実的であろう。われわれの周りには、新しい仕事にチャレンジしている多くの人々を見ることができるし、大きな責任ある仕事を引き受けている人々を見ることができる。

　問題はＸなのか、Ｙなのかという二者択一的であるかどうかにある。すなわち、Ｘ理論はだめでＹ理論でなければならない、ということかどうかである。

　マズローの欲求階層説を考慮するならば、人々はすべてが画一的な欲求のレベルにあるのではなく、それぞれ異なったレベルにあると考える方が自然であろう。その意味ではＸ理論は間違いで、Ｙ理論がすべて正しいとする考え方には問題があろう。現実には責任をあまりとろうとしない人々は確かにいる。あまり積極的に仕事をしたがらない人々もいる。つまりＸ理論的な人々が存在することを否定できないと思われるのである。

　しかし、そうは言っても、今日のわが国において、そして一般的に組織で働く人々を考えたとき、おそらくはほとんどの人々はＹ理論的タイプと理解することが管理上必要と思われる。マズローの指摘でもあったように、低次の欲求がある程度充足されると、いつまでもその欲求レベルに留まるのではなく、さらに高い段階の欲求を求めていくことも多く

の場合現実的であるように思われるのである。やはり管理者の方々が、
人間は成長していくものだと理解し、アメとムチのみの管理方式は捨て
なければならないだろう。

# 第３節 仕事へのモチベーション要因

**学習のねらい**

　人を仕事に対して動機づける具体的要因を考える。まずハーズバーグの実証研究を理解する。アメリカの技師と会計士を対象とする実態調査のなかから、人が何に満足し、何に不満を抱くかを明らかにする。仕事における達成感、周りから認められること、仕事そのものといった主として仕事に関連する要因が満足をもたらし、仕事の環境に関する要因が不満足をもたらすというものであった。この実証研究はきわめて重要であると思う。ともすれば、作業環境の改善によってモチベーションを高めようとする傾向もあった。こういった点をじっくり考えてみる必要があろう。

　次いで、筆者自身の実証研究の結果を紹介する。日本の実態からモチベーション要因を考えていくことにする。

## 1　ハーズバーグの動機づけ=衛生理論

　これまでに見てきた欲求の理論および人に関する仮説は、現実の組織のなかで具体的に仕事へのモチベーション（動機づけ）を考える基礎的なものである。しかし若干抽象的でもある。そこでここでは今少し具体的な考察を行う。それがハーズバーグ（Herzberg, F.）の「動機づけ=衛生」理論である（Herzberg, F., 1966. 邦訳 1970）。

　まず初めにこの理論の結論を述べておくことが有意義だろう。ハーズバーグ理論の結論は、一つには、仕事へのモチベーションをもたらすのは、仕事の内容およびそれに関連する要因である、ということである。二つには仕事の環境にかかわる要因は、直接には仕事への動機づけとはなりにくい。しかし、不満を取り除き組織崩壊の予防となるということである。

　この理論は、実証研究に基づいた、そして今日においても十分な実践的意味をもつものである。では詳しくみていこう。

　アメリカのピッツバーグで働く 200 人の技師と会計士に対して、次のような面接が行われた。彼らは、仕事のうえで経験した事柄のうちで、どんな事柄が彼らの職務満足の顕著な改善に役立ったか、又は職務満足の顕著な低下をもたらしたか、について質問されたのである。

　まず技師と会計士達は、職務について非常に良く感じた時期を思い出すよう求められた。そしてその時期を念頭におきながら、彼らと研究者達との面談をとおして、技師や会計士達がなぜそのように感じたのかについての理由が探索されていった。技師や会計士達はまた、仕事に関する満足感が、彼らの職務遂行上、個人的関係および健康状態に影響したかどうかについて訊ねられた。

　次に今度は、職務に対して消極的感情をもたらした事柄について同じような面接が行われた。以上のような面接調査から得られた結果が図Ⅰ-3-1である。

　まずこの図の見方であるが、各箱の長さは、述べられた事象のなかで図の要因が現れた頻度を示している。また、箱の幅は、よい職務態度又は悪い職務態度が持続した期間を示している。2週間以内の持続しかない要因もあれば、数年にわたる持続期間も報告されている。

図Ⅰ-3-1　満足要因と不満足要因の比較

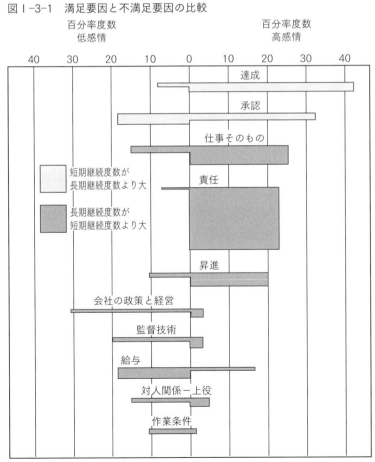

（出典）Herzberg, F., *Work and The Nature of Man*, World Publishing Co., 1966, P81（北野利信訳『仕事と人間性：動機づけ―衛生理論の新展開』 東洋経済新報社、1968 年、86 頁）

　では図に示される結果についてである。まず図の高感情にあらわれる要因が満足要因である。満足要因のなかで、達成、承認、仕事そのもの、責任および昇進の五つの要因がきわだっている。しかもこれらの五つの要因は、左側の低感情すなわち不満足要因としてあらわれる頻度が、右側の満足要因としてあらわれる頻度に比べてはるかに少ないことが読み取れる。つまりこれらの要因は、被面接者が職務に関する満足感を述べるときに多く現れたものであり、不満足感のときにはあまり現れなかったということである。

　次に図の左側を見てみる。すなわち満足感をもたらした頻度よりも不満足感をもたらした頻度の方が多い要因は、会社の政策と経営、監督技術、給与、対人関係、そして作業条件の五つである。ここで給与については若干の解説が必要であろう。

　給与について見てみると、やや左側の不満足として出る頻度が多いものの、右側にもそれに近い頻度で出てくることがわかるであろう。つまり満足感をもたらす要因でもあり、不満足感をもたらす要因でもありうるということである。それにもかかわらずハーズバーグがこの要因を不満足要因としたのは、その満足と感じた感情の継続期間の短さである。すなわち給与は、不満足要因としても現われ、満足要因としても現れるけれども、満足感の期間のほうがはるかに短い。これは、たとえ給与が上がって満足感を味わっても、その満足感は長続きしないということである。すぐ満足感は消えてしまうのである。それに対して、給与に不満を持つ人は、その不満がかなり長く継続するのである。不満を持ち続けるということである。

　こういったことから、この給与という要因を満足要因とはしないで、不満足要因とするのである。

　さてこの不満足要因は、本質的には環境にかかわる要因であり、既述したように不満の解消を求める要因であり、組織崩壊の予防的役割をもつ要因である。そこでハーズバーグは、予防と環境を意味する医学的用語を用い、この不満足要因を「衛生要因」と命名したのである。そして先の満足要因は直接仕事にかかわる要因であり、これを「モチベーション要因」とするのである。

　以上のハーズバーグの調査結果および要因についての定義から、われわれは、社会福祉施設も含めたすべての組織での、管理上の重要な示唆を得ることができるのである。それについてまとめておこう。

　すなわち、従業員の職務態度については二度吟味されねばならないと

いうことである。まず第1は彼は何を求めているか、何が彼を幸せにするかを問うことである。そして第2は彼は何を回避しようとしているか、何が彼を不幸にしているかを問うことである。なぜなら、人が求めている満足要因と、回避しようとする衛生要因は別の次元のものだからである。第1の問いからは第2の問いの答えは見いだせないということである。

　第1の問いから出てきた要因が仕事へのモチベーション要因である。これらの要因を満たすことができるような職務対策が必要である。そして第2の質問から出てきた要因を改善する施策が必要である。

　モチベーション要因を満たすための職務対策として、ハーズバーグが主張するのは職務充実である。そしてその基本的考えは先の図の右側に示された要因から演繹（えんえき）されるものである。その結果職務に対して次のような提案がなされる。

　第1に、職務になんらかの達成感を得る機会が存在し、これらの達成によって従業員がいままでより、より多くのことを彼の職種や職務について知るようにならなければならない。

　第2に、責任の増大のためにはもっと複雑な課業が要求される。職務の複雑性を増大することによって、さまざまな仕事の関係づけを理解する機会が与えられるのである。

　第3に、課業の設定において創造の余地を残しておくことである。創造性を発揮する機会が仕事のなかにあることから、人は成長することができ、仕事そのものに生きがいを感ずるのである。具体的には、いろいろな意思決定に従業員が参加できる機会の提供ということであろう。

　以上のような職務に関する提案が職務の充実であり、これによって従業員が満足感を持ち、仕事へのモチベーションを高めることができるのである。

　ところで第2節で論じたY理論を思い起こしてほしい。Y理論が仮定する人々は、このハーズバーグ理論の満足要因を求める人々と一致すると言えるだろう。自ら積極的に責任を負担し、仕事に対して挑戦的である人々は、達成、承認、昇進、責任といった要因によって満足感を味わうであろう。その意味では、ハーズバーグ理論はY理論の妥当性を検証し、さらにより具体的に組織のなかで何をすべきかを教えていると言えよう。この点を考えておくことは極めて大事であると思われる。

　次に、衛生要因について施策を考えてみる。

　まず第1には、組織の政策・経営方針を定期的に検討し直すというこ

との提案である。環境の変化、働く人々の価値観の変化といったことは常に発生している。したがって、こういった変化に対応した組織の政策・経営方針が必要となる。そのために組織は定期的に政策の見直しを行う必要があると言えるのである。変化した環境、価値観に対して、経営政策・方針がマッチしているかどうかを常にチェックするのである。

　第2には、管理者の教育である。いわゆるリーダーシップについての教育訓練を行う必要がある。先述したY理論に立脚したリーダーシップをとれるように、管理者を教育訓練する必要がある。

　第3には、仕事環境の改善に努めることである。この場合の環境にはいろいろなことを含めている。勤務時間、休憩時間、仕事場の環境といったことはすべて含まれる。

　このように、ハーズバーグが実証的に展開した動機づけ・衛生理論は、具体的な管理上の施策を提言し得る実践的な内容を持つものである。しかも、その後アメリカだけではなく他の多くの国々で、いろいろな職種の人々について同じような調査がいくつか行われ、ハーズバーグ理論と基本的には同じ結果を得たという報告がなされている。

　では日本においてはどうであろうか。日本においても当時の日本生産性本部（現公益財団法人日本生産性本部）が会員企業の協力のもとに実証研究を行いほぼ同じ結果を得ている。筆者もまたモチベーション要因についての実証研究を行っている。そこでの結果からは、日本人の特性というものが現れている要因がいくつか発見できる。そこで日本人についてのモチベーション要因の確認という意味で、次に筆者の調査結果を見ておくことにする。もちろんこの調査も、社会福祉施設に働く人々についてはなされておらず、民間企業に働く人々を対象に行っている。しかしこの調査から発見できたことがらについては、社会福祉施設に働く人々についてもほとんど適用できるものと考えている。

## 2　日本の実証例

　筆者は「働く意志について」というテーマで実態調査を行った（柴田、1990）。これはハーズバーグの追試ということではなく、現実に企業で働く人々数人のディスカッションにより、どのような要因が働く際のモチベーション要因として考えられるか、をまず抽出した。次いでこれらについて「仕事をしていくうえで、よし、また頑張ろうと、やる気をおこしますか」という質問を約1,400名の従業員に行い、その程度（4

図Ⅰ-3-2　仕事をしていく上で次の要因によってどの程度やる気をおこすか

N＝1,435

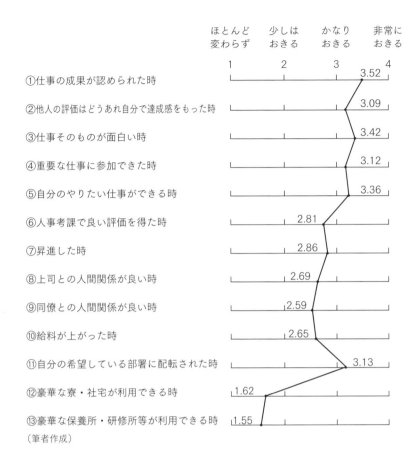

（筆者作成）

点法）を測定している。その結果を示したのが図Ⅰ-3-2である。結果的にはハーズバーグの追試となっており、ハーズバーグのいう動機づけ要因はすべて妥当していることがわかる。そして重要なことは日本の従業員においてはさらに追加されるべき要因が存在するということを示しているのである。

　図においてやる気が「かなりおきる」（3点）以上の要因が六つある。値の高いものから列挙すると次のようになる。

「仕事の成果が認められた時」（3.52）

「仕事そのものが面白い時」（3.42）

「自分のやりたい仕事ができる時」（3.36）

「自分の希望している部署に配転された時」（3.13）

「重要な仕事に参加できた時」（3.12）

「他人の評価はどうあれ自分で達成感をもった時」（3.09）

　これらは動機づけ要因としては高い程度を示しており、日本の組織で働く従業員についてのまず重要なモチベーション要因として理解しておかなければならない。このなかで「成果が認められた時」「仕事そのもの」「やりたい仕事」「達成感」の四つは、まさにハーズバーグの動機づけ要因と同じである。しかし残る二つは新たな要因である。
　「自分の希望している部署に配転された時」は、基本的には仕事そのものにかかわる要因ではある。しかし、部署のなかでもいろいろな仕事内容に分かれるのが現実であり、そのことからするならば、「希望する部署」という広い概念での要因にも意味があるということである。たとえば企業という組織では、経理、人事、営業といった部署への配属そのものが、従業員のやる気を引き起こす大きな要因となっているのである。ハーズバーグに見られなかった新たな要因として考えておきたい。
　社会福祉施設においては、この点については十分考えてみなければならないかもしれない。すなわち、最初から職種を限定して採用していることが多いからである。しかしまた、仕事のローテーションを行っている施設も多く見られ、この調査結果が当てはまることも考えてみなければならない。その場合、非常につらい仕事もあり、できたら避けたいと思う仕事もあるかもしれない。いつも個人の希望どおりに配置することが難しいことが十分考えられる。十分なコミュニケーションとローテーションの工夫が必要であろう。十分に話し合い、たとえ自分が望まない仕事であっても、当施設にあっては重要な仕事であり、誰かが行わなければならないことを理解してもらう努力が重要である。
　次に「重要な仕事に参加できた時」も同様、ハーズバーグに見られない要因である。
　この要因は基本的に仕事にかかわる要因である。しかしこの要因の本質は、「参加」というところにある。周りが重要と思っている、あるいは自分が重要と思っている仕事へ参加できるということは、自分の評価が高まったことでもある。施設で行う重要なイベントへの参加といったことが、具体例として当てはまる。
　この「参加」は、他人からの承認につながるし、自己の達成感にも関連する。明らかにマズローのいう尊敬欲求と自己実現欲求の両方を満たしてくれるものである。したがって多元的な欲求を包含していると言えるだろう。

　このように重要な意味を持つ「意思決定への参加」という要因に、日本の従業員は高い関心を持っているのである。
　さて、以上見てきた六つの要因は、平均点が３点を越える「やる気がかなりおきる」から「非常におきる」の間の強いモチベーション要因である。そしてさらに図をみれば、２点の「少しはおきる」よりも「かなりおきる」に近い平均点を出している要因が五つある。そこで次にはこれらについて考えてみる。
　まず五つの要因について値の高い順に列挙してみる。

「昇進した時」（2.86）
「人事考課で良い評価を得た時」（2.81）
「上司との人間関係が良い時」（2.69）
「給料が上がった時」（2.65）
「同僚との人間関係が良い時」（2.59）

　以上の五つである。このうち最初の「昇進した時」はハーズバーグの調査の動機づけ要因と同じである。平均点の2.86はほぼ３の「かなりおきる」に近く、日本人についてもハーズバーグ調査と同様、仕事への動機づけ要因として重要であることを示している。
　ただしかし、多くの社会福祉施設においては、昇進を行うための役職がないのが一般的である。したがってこの要因は、民間企業ほどには考えにくい要因となる。しかし多くの場合、施設のなかでグループを形成することがあり、このグループのリーダーに就かせることは可能である。そしてこのことが、ここでの昇進の意義を受けることになるだろう。
　次の「人事考課で良い評価を得た時」も平均点が2.81と３点に近く、重要な要因である。実は、実業界にいるトップマネジメントのほとんどの人々は、この人事考課における公正な評価こそが最も重要なモチベーション要因であると主張している（清水龍瑩、1994）。ほとんどの日本の企業では、人事考課を行っており、この要因が仕事へのモチベーション要因となるということは重要な意味を持つ。なぜなら、常に人事考課の公平性が言われ、したがって逆に言えば、一般的には人事考課がなかなか公平に行われていないということでもあるからだ。公正な考課がなされ、そのなかでよい評価が得られれば、人々は仕事に対してやる気を起こすものなのである。このことをこのデータは示しているということである。社会福祉施設においても、施設長および管理者が職員を常に公

平に評価している、ということが、極めて重要であることを理解しておかなければならないだろう。

　次の三つの要因、すなわち「上司との人間関係」、「給料」そして「同僚との人間関係」の三つの要因は、いずれもハーズバーグにおいては衛生要因としてあげられたものである。しかし、われわれの調査においては、事前の討論においても、これらの要因は十分モチベーション要因となりうるということであり、調査結果もこのように約2.6から2.7という値となり、「やる気がかなりおきる」に近い値であると言ってよい。したがって、この三つの要因もモチベーション要因としてあげてよいと思われる。

　しかし図でも明確に見られるように、先の「仕事の成果が認められた時」から、「他人の評価はどうあれ自分で達成感をもった時」までの六つの要因とは、3点を境にしてはっきりと分かれている。そこでわれわれは、これらの二つに分かれる要因群をそれぞれでくくり、前者の六つの要因を第1重要群のモチベーション要因、後者の五つの要因を第2重要群のモチベーション要因と命名しておきたい。つまりモチベーション要因といっても、重要度の違いがあるということである。

　以上われわれの調査結果をもとに、日本人の仕事へのモチベーション要因を考察した。基本的な要因についてはハーズバーグと同じであると言える。それ以外に若干の要因を加えたものが日本人のそれである。しかも、その加えた要因が極めて重要なものであることを注意しておかねばならない。

　さて本節は、ハーズバーグの調査研究を中心に、仕事へのモチベーション要因について考察した。人々が仕事に対して熱心に取り組んでくれるか否かは、彼らに与えられるモチベーション要因が、彼らの求めているものと一致していることが重要である。そのためには、何が仕事へのモチベーション要因であるかを知っておくことが大事なのである。本節で明らかになった具体的要因をしっかりと理解していただきたいと思うのである。

# 第 4 節 │ 期待理論

**学習のねらい**

　同じ種類の欲求を持ちながらも、人によって熱心に仕事をする者もいれば、適当にさぼる者もいる。こういった人の行動をどのように理解すべきであろうか。われわれはこれを人の努力の大きさとして考え、心理学の期待理論を用いて説明する。

　期待理論は基本的には、人の努力の大きさは、努力すれば報酬につながるだろうと思う期待と、その得られる報酬に対する価値の大きさによって決まる、というものである。ただし実際には、組織のなかではこの行動結果に対しての評価が行われる。すなわち一般的に言われる人事考課である。これによっては人は不満に陥り、努力をやめてしまうことがある。まさに人事・労務管理が問われるところである。

　前節までに考察したのは、人が働くとき、何を求めて働くかという欲求についてのものであった。すなわち最初に問題提起した①についてである（24 頁参照）。次にわれわれは、②の「Ｃさんは一生懸命努力しているのに、Ｄさんはなぜか適当にさぼっている」について説明することができる理論を考察することにしよう。

　既述したように、②の文の意味するところは、努力の大きさであり、求めている欲求の中身がたとえ同じでも、それを求めて努力する人々の姿勢の違いを示している。いわばモチベーションの過程についての説明である。そしてこの過程についての説明を行うのに最も適した理論が期待理論である。ここではこの理論の考察を行う。

## 1　期待理論の一般的概念

　期待理論の基本は次の式に示される。

$M = f(E \cdot V)$　　ここで、M＝行動の大きさ、 f＝関数記号、

E＝行動結果が報酬をもたらす期待

V＝その報酬の価値

　すなわち、人々の行動の大きさは、その行動を行う、すなわち努力することがなんらかの報酬につながると期待するその期待の大きさと、そ

こで得られる報酬に対する当人の価値の大きさによって決まるというものである。しかもここでの関数はかけ算であるため、結果としてのMはゼロもありうるわけである。すなわち、報酬につながる期待がまったく持てなかったり、その報酬にまったく価値を見出せなかったりする場合は、いずれかが、あるいはいずれもがゼロであることから、結果としてのMはゼロとなり、行動は起こらないということである。

さて以上のような期待理論をさらにわかりやすくしたのがポーター＆ローラー（Porter, L. W. & E. E. Lawler）の期待理論モデルであり、これを示したのが図Ⅰ-3-3である。このモデルによって、人々の努力の大きさはどのようにもたらされるかを考えてみる。

## 2　ポーター＆ローラーモデル

この図Ⅰ-3-3の概略は次のように説明される。まず仕事が与えられたとき、人はその仕事の遂行から得られる報酬に対して、個人的な価値を持つ。この価値の大きさは当然人によって異なる。そしてこの価値の大きさが人の行動（努力）の大きさを規定する。次に、行動の結果がどの程度報酬につながるかは、人によって理解が違う。すなわち、努力した結果が報酬につながることを強く期待する人は努力が大きい。報酬につながることをあまり期待しない人は努力が小さいということである。

このようにして努力の大きさが決まり、やがて成果につながる。そし

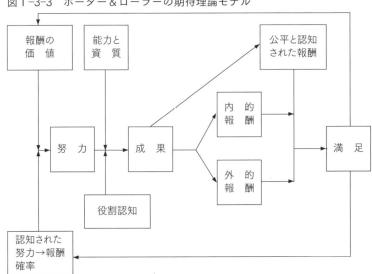

図Ⅰ-3-3　ポーター＆ローラーの期待理論モデル

（出典）Porter, L. W. & E. E. Lawler, *Managerial Attitudes and Performance.* Richard D. Irwin, 1968, p.165.（一部修正）

てその成果が報酬につながり人は満足する。ところがこのプロセスで重要なことが二つ示される。まず第 1 は、人がたとえ同じような努力をしても、同じ結果につながらないということである。そしてその原因には二つあり、一つはそれぞれ個人のもつ能力・資質には個人差がある、言い替えれば能力・資質の限界が人によって異なっているということである。どんなに練習してもすべての人が一流の野球選手やサッカー選手になれないと同じである。そこには残念ながら越えられない遺伝学的差があるということである。あとの一つは、役割認知、すなわち行動していく方向、内容についての認識にずれが生じた場合、せっかくの努力も成果につながらないというものである。上司が指示した内容を部下が十分に理解しないで、あるいは勘違いで行動してしまうという例は実際によく起こるケースである。

　第 2 の重要点は公平と認知された報酬ということである。すなわち、成果が報酬につながるとき、その報酬の内容・大きさについて個々人の認知の違いが生じ、そこに公平感あるいは不公平感が生ずるということである。そしてこの公平感・不公平感によって満足の大きさが異なることになる。するとこの経験が学習されて、同じような仕事に対しての次の努力の大きさが異なってくることになる。

　この公平・不公平という感情が生ずるのは、成果に対する報酬の大きさ、重さを人が評価するからである。そして評価については絶対評価と相対評価の二つがある。絶対評価は、個人が自分自身の努力の大きさと得られた報酬とを比較して評価するものである。これに対して相対評価は、他人との比較である。たとえば、自分とほとんど同じ程度と思われる努力をしたにもかかわらず、他の人は自分より大きい報酬を得ているのは不公平である、といった場合がこの相対評価である。

　さて、絶対評価・相対評価いずれにせよ、人は公平を期待する。そして上述したように、その結果によって個人の満足感が異なり、これが学習されることによって次の努力の大きさを規定することになる。ということから考えると、この期待理論の教える管理上の最も重要なことは、この評価の問題であるといってもよいだろう。既述したように、モチベーションの実際上の重要な要因は人事考課であると考える実業界の人々は多い。人事考課が公平・公正になされることが、人々を仕事に対して動機づけることになるのである。したがって、この期待理論の心理学的説明を理解したのち、管理上最も考慮すべきことは、評価を公平に行うということになる。組織の長（リーダー）が常に心しなければなら

ない点であり、次章の「リーダーシップ」のところでもこの点は強調したいと思っている。

　それでは次に、努力の見返りとして期待する報酬について考えてみる。

　人が価値をおく報酬については、大きく分ければ「内的報酬」と「外的報酬」に分けられる。まず、内的報酬とは精神的な満足感が得られる報酬で、具体的には、友情、尊敬、承認、仕事の充実感といったことがあげられる。一方、外的報酬とは、賃金、福利厚生上の便益といったいわば物質的報酬というものである。

　このように期待理論で考えている報酬は、先に考察したハーズバーグの動機づけ要因、衛生要因いずれをも含むものである。ただ基本的には内的報酬がハーズバーグの動機づけ要因であり、外的報酬がハーズバーグの衛生要因であるといえるであろう。

　いずれにしてもこの期待理論は、人の努力が報酬につながることを期待することから出発するという、合理的かつ楽観主義的なモデルであるといえる。しかも他方で、能力・資質の差、役割認知の違いといったことから、努力のすべてが報酬にはつながっていかないという極めて現実的な側面を強く持つ理論なのである。

　そして最後に、この理論は人事・労務管理上の重要な問題を内包し、人事・労務管理における人の問題で何が重要かをわれわれに教える理論である。その場合の人事・労務管理上の問題として三つの問題を指摘することができる。それを以下のようにまとめておこう。

①まず最初は、資質・能力の差ということから人材の確保（採用）と育成（教育・訓練）という問題である。
②役割認知ということから管理者のリーダーシップのあり方という問題である。
　一般的にはリーダーは上司であり、上司がどのように部下に接するかによって、部下のモチベーションの程度が異なってくることを考えてみることが必要である。
③最後には公平性についての人事考課すなわち評価の問題である。

　以上のように整理したなかで、2番めのリーダーシップのあり方が次の重要な問題である。次の章でこれを取りあげることにする。

　いずれにせよ、期待理論によって、人の努力の大きさを説明すること

ができ、その基本は、報酬への期待と、報酬への価値の大きさである。
人々の極めて合理主義的側面を表明したものと言えるだろうが、現実的
には十分考えておかなければならないと思うのである。

# 第5節　インセンティブ・システムについての考え方

**学習のねらい**

　第3章のまとめとして、モチベーションのためのインセンティブシステムについて考察する。既にみてきた動機づけ要因と、衛生要因という範疇でこれを考える。またそれぞれの範疇において、さらに主として精神的なインセンティブを取りあげる。

　これまでのモチベーションについての考察から、人は何によって仕事に動機づけられ、何に対して不満をつのらせるかが理解された。したがってこのことから、インセンティブ・システムについても理解されたことになる。しかし、第3章のまとめとして、あらためてインセンティブ・システムという観点からまとめておくことにしたい。

　インセンティブすなわち、人々に対する刺激とは、人々が組織に参加し、人々を仕事に対して動機づけるための報酬である。

　これまでの議論から、インセンティブを考える場合、動機づけ要因と衛生要因とに分けて考えるのがよいと思われる。すると大枠としては次のように分けられるであろう。

## 1　動機づけ要因としてのインセンティブ

　これをさらに二つに分ける。

①主として精神的なインセンティブ
　―仕事をまかせる、ほめてやる、重要な仕事に参加させる
②物質的インセンティブ（人によっては衛生要因）
　―給与を引き上げる、賞与の支給、昇進させる

## 2　衛生要因としてのインセンティブ

　これまでの議論で明らかになったように、直接的には動機づけ要因として期待できなくても、不満を取り除き、組織の安定化に役立つことができるインセンティブである。職場に不満があると、日頃の態度に出るかもしれない。入所者や通所者にも悪い影響を与えるかもしれない。や

がては職場を去っていき、重要な戦力を失うことになるかもしれない。さらにまた人によっては動機づけ要因ともなると考えられるものである。これについても次の二つに分けることができよう。

①主として精神的なインセンティブ
　―よい人間関係をつくる、職場の風土を明るく・活気あるものにする
②物質的インセンティブ
　―給与を上げる、福利厚生施設の充実、作業環境の整備

　以上のように整理したインセンティブを、しっかりとしたシステムとして構築しておきたいものである。すなわち、定例的な職場会議、毎朝のミーティング、日報の作成、会報の発行、提案制度等々が考えられる。
　また、各種イベントの開催にあたっては職員の参加が前提で、その都度チームを作って素案を作らせ、全体会議で討論するという慣行を作りあげることが大事である。
　最後に、公正で公平な人事考課システムの構築である。できるだけ首尾一貫性を持たせるためにも、あらかじめ考課項目を作成しておく必要がある。そしてこれを職員に公表しておくとよい。職員はそれによって自らのインセンティブとするであろう。考課項目としては、それぞれの仕事の遂行度合い、人間関係・協力性・やる気を中心としたその人の態度、今後に対する計画性・工夫・改善の度合い、といったことがらが考えられよう。
　以上、インセンティブ・システムについて、その考え方および若干の具体的システム内容について述べてきた。これ以外にも、それぞれの施設において考えられるものがあるかもしれない。しかし、どのような施設においても共通して適用できる基本的考え方を記述した。是非参考にしていただきたいと思っている。

## 【参考文献】

1．Goble, Frank G., *The Third Force*：*The Psychology of Abraham Maslow*, Grossman Publishers, Inc., 1970.（小口忠彦監訳『マズローの心理学』産業能率短期大学出版部、1972 年.）
2．Herzberg, Frederick, *Work and The Nature of Man*, World Publishing Co., 1966.（北野利信訳『仕事と人間性』東洋経済新報社、1968 年.）
3．Maslow, A, H, *Motivation and Personality*, Herper & Row, 1954.（小口忠彦監訳『人間性の心理学』産業能率短期大学出版部、1974 年.）
4．McGregor, Douglas, *The Human Side of Enterprise*, McGraw-Hill Inc., 1960.（髙橋達男訳『企業の人間的側面』産業能率短期大学出版部、1970 年.）

5．Schein, Edgar H., *Organizational Psychology*, 3rd edition, Prentice-Hall, 1980.（松井賚夫訳『組織心理学』岩波書店、1981 年．）

6．柴田悟一・中橋國藏編著『経営管理の理論と実際（新版）』東京経済情報出版、2003 年．

7．清水龍瑩『ソファで読む経営哲学』慶応通信、1994 年．

8．Vroom, Victor H., *Work and Motivation*, John and Wiley & Sons, 1964.（坂下昭宣、榊原清則、小松陽一、城戸康彰共訳『仕事とモティベーション』千倉書房、1982 年．）

# 第 4 章

# リーダーシップ

# リーダーシップ

　組織体のなかで、施設長をはじめ管理者と言われる人達が、部下である職員に対してどう接するか、という問題は非常に大事な問題である。この接し方次第で、職員がやる気を起こしたり、逆にやる気をなくしたりするケースが多い。われわれの人事・労務管理の最後のテーマとしてこれを取りあげ、リーダーシップとして考察することにしたい。

## 第 1 節　リーダーシップとは何か

**学習のねらい**

　まずリーダーシップの定義について考える。往々にして、リーダーシップを命令、指導、指示といった概念で考える人がいる。しかし、人事・労務管理で考えるリーダーシップはそのようなものではない。基本的にはリーダーの影響の過程である。こういった観点でまずリーダーシップの定義を考察する。

　リーダーシップの問題は、古くてかつ新しい問題である。古くは、古代エジプトにおいて、ピラミッドがあのように整合的に建設された背景には、優れたリーダーの存在を想像させるし、わが国においては、日本の国家統一にかかわった多くの武将たちを優れたリーダーとして登場させることができる。

　こういった歴史上の優れたリーダーの研究は決して無意味ではない。しかし問題は、こういった歴史上の優れたリーダーについての研究のほとんどは、リーダーの行動面についての分析ではなく、そのリーダーの持つ資質・能力といったことについての研究である点ということである。しかし歴史を動かすほどの人々と同じような資質・能力を、われわれすべてが持ち合わせることはない。また、われわれが知る必要があるのは、それらをわれわれが学習し、体得し実際に生かすことができるというものでなければならない。

　しかも、リーダーシップの研究は、現実のなかでリーダーシップを発揮している多くの管理者と言われる人々に対して、オペレーショナル（操作可能）なモデルを提示することができなければならない。なぜな

ら現実には、リーダーは育成することが可能であるという前提のもとで、多くの組織体とりわけ営利企業では、一般従業員および管理者の教育・訓練が実施されており、この教育・訓練に対して実践的意義を提供せねばならないからである。したがって、リーダーシップの研究が、優れたリーダーの資質・能力の研究である、とするならば、それが学習できるものという前提が必要である。そういった意味では、資質・能力というよりは、リーダーの行動面を考察する方がより実践的である。なぜなら、行動は学習し、まねができるからである。その意味で今日のリーダーシップ研究が、「優れたリーダーの行動面について」であることを指摘できるのである。

　さて、学習し・まねをするために、あるいは教育し・訓練を可能とするためには、リーダーシップに関するモデルが必要である。また、モデルが提示されることによって、自らの行動をチェックし、理想型に向かって向上する努力を容易にすることが可能である。そこで、本章では、いくつかの具体的モデルを提示し、検討を加えることにしよう。

　ところでこれまでわれわれは、リーダーシップについてなんらの定義も行わず話を進めてきた。そこでここで定義を行っておこう。

　近年最も多く採用されている定義は以下のようなものである。すなわちリーダーシップとは、「一定の目標を達成するために、個人あるいは集団をその方向に行動づけるための影響の過程」である。

　このようにリーダーシップを定義した場合、それではこの影響の過程としてどのようなことが考えられるであろうか。それを二つの点で考えてみる。まず第1は、リーダーの資質、能力あるいは性格的側面による影響というものである。そして第2はリーダーの行動・役割あるいは機能といった問題である。節をあらためてまず第1の考察から始めよう。

## 第 2 節　リーダーとしてふさわしい資質はあるか

**学習のねらい**

　リーダーシップを影響の過程と定義すると、ではどのようにして影響を与えるかが問題となる。第 2 節ではリーダーの資質的特性からこれを考える。すなわち内外の実証的研究の結果を整理し、優れたリーダーと言われる人々が、どんな個人的特性をもっているかを理解しようとするものである。

　人の資質はなかなか変えられないところもあるが、できるだけ変化可能な行動レベルで、優れたリーダーの特性を理解し、真似をしてみようとするものである。

　最初に述べたように、歴史上の優れたリーダーの個人特性についての研究は、それが学習できるものでなければ意味がない。特にそういった人々については、現時点においては検証が難しい。

　そこでわれわれができうるのは、研究対象をまず一般の管理者に絞ることである。そして、日頃の活動のなかで優れたリーダーシップを発揮していると思われている管理者について、彼らの資質的特性を明らかにすることである。そしてそれらの資質的特性を、行動面で学習できるレベルにおいてみることである。なお、ここでも社会福祉施設についての研究データではなく、主として民間企業におけるものであることをことわっておきたい。しかし、社会福祉施設におけるリーダーにもそのまま当てはまるものであることは間違いない。

　それではこれまでの先駆的研究のなかから、検討に値するものを取り出し、われわれのモデルとして理解することにしよう。

　白樫（白樫三四郎、1985）はその著において、多くの外国の文献をサーベイすることによって、優れたリーダーシップとして提示される資質的要素（少なくとも常に優れているということとプラスの相関がある要素）を提示している。また、潮崎（潮崎通康、1978）は日本の経営管理者に対しての行動因子分析を行い、やはり、優秀なリーダーの行動レベルに近いところでの資質的特性を明らかにしている。この二つの研究はわれわれに大いなる示唆を提供するものであり、ここでは主としてこれらに依拠しながら、われわれがリーダーシップを考える際の資質的モデルをまとめることにしたい。

　われわれが優れたリーダーシップの資質として取りあげるものは以下のものである。

## （1）自信を持った行動

　優れたリーダーの持つ一つの特性として、常に何事にも自信を持って対処できるということがあげられる。そしてこの自信とリーダーシップとの間には＋0.08から＋0.58の間の相関係数が外国の調査によって報告されている。なかには、値としてはかなり低く、無相関とすべき研究も存在する。しかしマイナスの相関係数の報告は見られない。またわが国での因子分析においても、この要因がはっきりと出ているのである。したがってわれわれとしては、「自信を持つこと」は優れたリーダーの資質として考えておきたいと思うのである。そして自信を持つということを単に性格上の特性と理解するのではなく、これを学習し、行動として発現する必要がある。ということは、自信を持って何事にも対処することであり、相手に不安感を与えたり、躊躇する状況を作り出すような発言をしない、行動をとらないということである。したがって、自分の発言をくるくる替えたりせず、判断を求められたときにははっきりと自己の考えを述べることができる、決断するときにはしっかりと意志を表明するということである。そのためには関連した情報を十分に収集し、吟味・熟考の癖をつけておかねばならない。筆者の調査でも、よい管理者についての最も重要度の高い要因は「決断力がある」というものであった（5点法で平均4.77）。また同じ調査で「一貫性がある」についても重要度が高かった（同4.00）のである。

　このように、決断性、一貫性を含めて、自信のある言動をとることが優れたリーダーシップであるという評価がでていることをまず注目したい。

## （2）対人的積極性と人間関係への円滑な順応性

　対人的に接触する状況のなかで、他人とのつきあいを別段苦にすることなく、常に有効な関係を維持し、さらに積極的に、主導的に、あるいは指導性を発揮するといった特性を持って行動できるということである。要するに、部下に対してであれ、上司に対してであれ、あるいは外部の人と接するときに、相手に不安感、不信感を与えることなく、また、常に自らが先頭に立って行動を起こす気持ちが必要である。この要因は日本の優れた管理者の行動因子として現れているものである。

## （3）分析的・合理的な態度

　人々は直感によって行動することが多々ある。しかし優れたリーダーとしての普遍性のある特性は、物事を分析的に考え、合理的に判断するということがあげられている。

　人々を指導し、リードしていくためには、自己主張も必要であり、妥協をしない意志の強さが必要である。しかしそれが部下の反感を買うものであってはならず、そのためには部下に対して説得的でなければならない。その説得的態度がとれるには、物事を分析的にみることができ、合理的に判断することが必要なのである。

## （4）責任感

　与えられた仕事、課題を遂行するうえで、信頼性、確実性を保証できる責任感を持つことは優れたリーダーの条件である。しかも行動には常に結果がともなうが、その結果は常に予想と同じとはいかない。しかし、どのような結果になろうとも、リーダーはそれに責任を持つ勇気が必要ということである。

　以上述べた四つの特性の他にも、まだ報告されている特性はいくつかある。しかし、以上の四つがまずは統計的にみても有意であり、われわれが参考にし、身につけたい優れたリーダーとしての特性なのである。

　初めに特性論の研究はあまり多くのことをわれわれに教えないと述べたが、それは単に性格的なことだけを考えた場合であり、自信を持ち、意志を強固にし、状況をしっかり判断し、そして積極的に良好な人間関係を作ろうと意識し、行動するリーダーは、優れたリーダーとして評価される確率は高いのである。

　われわれも、すべてを持ち合わすことは難しいであろうが、これらのいくつかを身につけるべく努力したいものである。

# 第3節　リーダーシップの二つの機能

**学習のねらい**

　影響の過程をリーダーシップの機能レベルで考えてみる。まず従来から言われている二つの機能を取りあげる。すなわち仕事志向機能と人間関係志向機能の二つである。まずこの二つの機能の内容について理解する。そしてこの二つの機能のどちらを強く打ちだしたほうがよいのか、あるいはどの組み合わせの機能を実施したらよいのかを考える。

　次に、これら二つの機能によるリーダーシップを、どんな状況においても、あるいはどんな相手（部下）に対しても一律に発揮してよいのかどうかを考える。すなわち、リーダーを取り巻く環境状況の違いや、影響を及ぼす相手である部下の特性の違い等によってリーダーシップ・スタイルを変えることが望ましい、とする理論を考察する。

　2番めのテーマ、リーダーシップ機能について考えてみよう。そしてこれがリーダーシップについては重要なテーマである。すなわちリーダーがどのような機能を果たすのか、あるいはどのような役割を果たすのか、日常の行動レベルのリーダーシップについての検討である。

　これについてはまず日常起こりうる一つの事例を考えてみよう。

**■事　例**

　施設長の佐藤さんは、日頃から部下である職員たちの面倒みは良いと自負しているところである。なにかにつけ細かいことにも気をつかい、常に職員すべてに細かい指示を与えたり、アドバイスを行ったりしている。また時には、仕事が終った後も職員に声をかけ、一杯やるのを楽しみにしている。ところがある日、次のような会話が聞こえてきた。

　　X「施設長は少し細かいんだよな。われわれにもっと任せてくれ
　　　ればいいんだよね」

　　Y「でも、私にはありがたいですよ。なにしろ私は役場には長く
　　　いましたが、この施設にきてまだ3カ月ですから、仕事にはま
　　　だ自信が持てなくて」

　　Z「そうですね、私もまだ学校を卒業してこの４月に入ったばか
　　　りですから何も分からないんです。いろいろ指示していただけ
　　　るのはありがたいですね。ただ、仕事の後までのおつきあいは
　　　ちょっと…」
　　これを聞いた施設長の佐藤さんは、いったいどのように職員達と
　つきあっていったらよいのか困ってしまった。

---

　さてこういった事例に近い現象は、常に身の回りで起こっていると思
われる。そしてこれをうまく処理している施設長さんもいるであろう
し、この事例の佐藤さんのように、いろいろ悩んでいる人達もいるであ
ろう。
　そこでこの事例をもとにリーダーシップ機能、すなわち行動レベルに
おいてリーダーにはどういうスタイルがあるかについて考察してみるこ
とにしよう。
　まず二つの機能から考える。

## 1　　一般論としての二つの機能

　前述のとおりこの施設長の行動のなかに、二つの異なったものが発見
される。

①仕事志向機能、つまり仕事について細かいところまで指示をするとい
　う行動である。
②人間関係志向機能、つまり人間関係についていろいろ配慮をしようと
　することである。

　この二つが、多くの実証研究から明らかになっているリーダーシップ
の２機能なのである。組織のなかで働くリーダーたるものは、当然その
組織全体の目的、目標を達成するために、個々人の具体的目標を立てさ
せ、達成手段を検討させ、実行方についての指示、監督を行うものであ
る。それはあくまで仕事中心の合理的、合目的的機能遂行である。これ
が「仕事志向」機能である。
　ところがこの機能ばかりでは組織は長期的に存続していかない。すな
わち、人間は一方で合理的、合目的的に行動しようとするが、他方で、

やはり心理的、情緒的行動をとろうとするものである。ときに優しい言葉をかけ、また愚痴も聞いてやらねばならないであろう。これが「人間関係志向」機能である。

このように、まずわれわれは、リーダーシップについてこの二つの機能を理解する必要がある。とはいえ、この読者である管理者の方々は意識するしないにかかわらず、この二つの機能については、日頃から十分実行されておられるはずである（ただ実際は、自分では実行しているつもりでも、部下から評価をしてもらうとかなり低い評価となるのが、これまで多くの企業で筆者が得たデータである）。いずれにせよ、ここのところまではとりたてて目新しいことでもなく、またすべての管理者に当てはまるいわば一般理論として考えておいてよいであろう。

ところが問題は、この二つの機能をどのように使い分けるかということである。事例にもあったように、上司が部下に対して行う細かい指示、あるいは人間関係を、ある人はうるさいと感じ、別の人はこれをありがたいと感じることがある。そこで出てくる解答は「人に応じて使い分けること」、ということになる。まさにそのとおりである。しかしこの「人に応じて」が難しい。

そこで、人に応じてとはいえ、そこになんらかのモデルがあれば便利である。初めにも述べた、よい結果が確率的に高く出るやり方があれば，それを真似してみようということである。

## 2　二つの機能の組み合わせ―PM 論―

ではまず、この二つの機能の使い分けについて、その組合せを考えよう。これを見るのに最もわかりやすいモデルが PM 論である。

PM 論は三隅二不二氏（み す み じ ゅ う じ）（元九州大学教授）が提唱するモデルであるが、基本的なところは他の研究者のモデルと同じであり、2 機能である。ここで P とは performance（業績）の P であり、M は maintenance（維持）の M である。前者は仕事志向機能と同義であり、後者は人間関係志向機能と同義である。このモデルを図示したのが図Ⅰ–4–1である。

図Ⅰ–4–1においてセル（箱）1 は仕事志向を強く、人間関係志向を弱くするという組合わせである。これを P 型という。セル 3 はその逆で、人間関係志向を強く仕事志向を弱くする組合せである。これを M 型という。セル 2 は両機能とも強くするもので PM 型という。最後のセル 4 は両機能とも弱くするもので pm 型という。

図Ⅰ-4-1　PM モデル

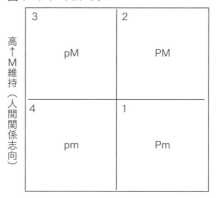

（出典）三隅二不二『リーダーシップ行動の科学』有斐閣、1984 年）

　このように二つの機能の組合わせは、大きく分ければ四つになるといってよい。もちろん大小の組合わせは無限にあるといってもよい。しかし説明をわかりやすくするためにPM論でいう四つの組合わせを基本型とする。

　次に問題となるのは、この四つの組合わせのどれが最もよいかということである。三隅によれば多くの実態調査ではPM型が最も優れたリーダーの型であるというものである。確かに理論的には、両機能とも高い、つまり仕事志向も人間関係志向もしっかりやるPM型のリーダーシップが最も優れたものと言えるであろう。あるいはそれが理想モデルであろう。

　しかし先に出した事例では、部下によっては違った反応を示しているのである。つまり部下によってリーダーシップ機能の組合わせの変更が暗示されることになる。あるいはまた、われわれ人間は決して理想どおり行動できない。どちらかが強く出てしまうことは当然あり得る。したがって次に考えねばならないのは、どのような場合にはどのスタイルが有効かという組合わせの問題である。では部下によってどのような組合わせができるのであろうか。これについてのモデルが必要である。次にこれを考えよう。

## 3　部下の成熟度によって使い分け—SLモデル—

　実のところ、部下によってリーダーシップ機能をどのように使い分けるかについては、それほど多くの研究があるとは言えない。その数少な

い研究のなかでハーシー（Hersey, P.）とブランチャード（Blanchard, K. H.）による SL モデル（Situational Leadership Model）がわれわれに有用な示唆を与えてくれる。彼らのモデルの意味する内容を、先の図 I－4-1 を用いて簡略に解説しよう。

　まず、リーダーシップ・スタイルは PM モデルと同じである。すなわち、図 I－4-1 に示すように縦軸に人間関係志向機能 M をとり、横軸に仕事志向機能 P をとり、右下からセルの番号 1、2、3、4 に従って Pm 型、PM 型、pM 型、pm 型となる。なお、ハーシーとブランチャードにおいては、これらは高指示・低協労型、高指示・高協労型、低指示・高協労型、低指示・低協労型という名称となっている（Hersey, P. & K. H. Blanchard、1977. 邦訳 1985）が、ここでは PM 論の名称にあわせて説明する。

　次に、リーダーが部下のどのような条件に自分のリーダーシップ・スタイルを適合させるかという点である。この条件を部下の成熟度（maturity）とする。ここで成熟度とは、①高い目標を掲げ、それに挑戦しようとする意欲、②責任を負おうとする意思と能力、③教育や、経験の深さ、を統合したもので測定される。このなかで、最も単純に測定できるのは、③の教育や、経験の深さであろう。つまり一般的には、新入社員に比べてベテランは仕事について多くの教育を受け、経験を積んでいると推定できることから、ベテランの方が成熟度は高いと仮定できるのである。もちろん成熟度は三つの要因の統合されたものであることから、ベテランといえども、他の要因において低い値しか示し得ねば、成熟度は低いことになる。いずれにせよ、ここでは各々の部下の成熟度が測定されたものとして説明する。そして重要なのは、成熟度が低い部下が成長して成熟度を高めていく過程を、この図の右（セル 1 の右端）から左（セル 4 の左端）の方向へ移動していくように理解する。具体的に考えてみよう。

　今、A さん、B さん、C さんの 3 人の部下を想定する。A さんは入社したばかりの新人、B さんは 3 年くらいたった経験者、C さんは 10 年近いベテランと考える。

　まず A さんを考える。この A さんは成熟度が低く、したがってセル 1 に当てはめる。するとこのセル 1 のリーダーシップ・スタイルは Pm 型となっていることがわかる。すなわちリーダーは、成熟度のまだ低い A さんに対しては仕事志向を強くし、人間関係志向を弱くするスタイルである。ただし、ここで注意していただきたいのは、Pm 型だからといっ

て人間関係志向（M）を無視しているのではないということである。仕事志向に比べれば、その強さを抑えているということで、相対的には低いが、やはり若干の人間関係志向は必要なのである。

　次に、経験も積み、自信もでき、積極的に仕事ができるようになったBさんを考える。Bさんの成熟度はある程度高くなっていると仮定する。図ではセル２の位置にいることになる。そして図でわかるように、このセル２のリーダーシップ・スタイルはPM型となっている。すなわち、Bさんに対しては仕事志向も強く、人間関係志向も強いリーダーシップ・スタイルが適応するということである。

　最後にベテランCさんを考える。経験豊富なCさんは成熟度がしっかり高くなっていると仮定して、図の左の方向へ移動し、セル３の位置にいると考える。このセル３のリーダーシップ・スタイルはpM型である。すなわちCさんのようなベテランにはリーダーは仕事志向は弱く押さえ、人間関係志向を強くするスタイルが適応するということになる。

　さてこのようなSLモデルを理解するならば、先に示した事例の施設長佐藤さんに対して、われわれは有用なアドバイスを与えることができるであろう。すなわち、部下を一律に扱うのではなく、各々の成熟度によって異なったリーダーシップを発揮すべきだという提言である。したがって、新入社員や、配転後まだ日の浅い社員に対しては、セル１のPm型すなわち人間関係志向をやや抑えて、仕事志向を強く前面に出していくリーダーシップ・スタイルをとるということである。そして、2、3年もたった社員に対しては、新入社員よりも仕事志向のアプローチは少し弱め、人間関係志向的アプローチを強くする、しかし全体のバランスとしては両者ともに強いセル２のPM型ということになる。さらに年数もたったベテランに対しては仕事志向は弱く押さえ、人間関係志向を強くするセル３のpM型となり、最終的には両機能ともにやや抑え、部下に任せるというリーダーシップが必要となろう。

　要するに、まずは仕事を覚えさせるということからいっても、仕事志向から入り、徐々に人間関係志向へと移行し、やがて両機能ともに弱めにするというのが基本的なパターンといってよいだろう。ただし既に述べたところであるが、多くの経験的データから、再度次のことを強調しておきたい。それはPm型はMをなくすということではなく、相対的にはPを強くするすなわち仕事志向で接するということで、Mすなわち人間関係への配慮も怠ってはならない、ということである。

　さてこれまで述べてきたものには、リーダーが、ある時には仕事志

向、ある時には人間関係志向といったように、部下の成熟度に応じて自分のリーダーシップ・スタイルを変更することが可能という前提がある。昔から日本の企業では管理者研修が盛んであるが、これは、その前提に管理者は育成することができる、という了解があるからである。換言すれば、教育・訓練することにより、管理者は変わっていくものということである。したがって、ここで述べた SL モデルも、管理者自身が部下の状況によって自分のスタイルをうまく変えていけることを前提にしているのである。

　ところが人間はなかなか変わらないと言う人もいる。もちろん、生まれ持った、あるいは、およそ３歳ぐらいまでに形成されると言われる心理学でいう気質というものは、なかなか変わるものではない。したがってわれわれが言う変わる部分というのは、その後の成長過程で作られる性格という部分である。あるいはもっと厳密に言えば、行動レベルにおいて変えられる部分である。たとえば「気が小さい」と人は言う。しかも、こういった性格はなかなか直らないとも言われる。しかし人前に出ても、ものおじしないような態度に訓練することはできる。人の前で何度も何度もしゃべってみるのである。ときには人前で恥をかいてみる。こういったことを繰り返すうちに、やがて人前で話すことに気後れしなくなる。つまり「気が小さい」という性格の行動レベルでは、変わったのである。

　以上のことから言えば、部下の状況に応じてリーダーシップ・スタイルを変えていくことの可能性と必要性は、大いに主張されるべきであろう。しかし次のようにも言われる。

　人は、右手も使うが左手も使う。しかしある人は右手がきき腕であるし、ある人は左手がきき腕である。つまり得意手があるのであり、それほど器用には両方を使い分けられるものではない。

　なるほどこれも一理である。そこでこういった人々のために有用なモデルを検討しておかなければならない。次にこれを考える。

## 4　自分の特性にあわせて環境を変えよう─LPCモデル─

　このモデルは、フィードラー（Fiedler, F. E.）という研究者が開発したものである。LPC（Least Preferred Coworker）とは、自分自身が一緒に仕事をするのに最も好ましくないと思う同僚・上司・部下と、仮に一緒に仕事をしたときに感ずるであろう感じ方を、いろいろな諸要因につい

て測定し、その合計点を出す。そしてその得点がある基準点より高い場合は、その人は、「人間関係志向」のリーダーとする。逆に基準点より低い人は「仕事志向」のリーダーとするものである（具体的測定方法については、章末の資料を見ていただきたい）。

　ここでは、少し乱暴な分け方であるが、まず、いつも職員に対して細かなことまで指示している人は仕事志向型、あまり自分だけで意思決定をせず、職員の言うこともよく聴いている人は人間関係志向型としておこう。読者ご自身がどちらのタイプかをまず決めておいていただくとわかりやすい。

　さてモデルは図Ⅰ-4-2のごとくである。先に示したSLモデルでは、部下の成熟度を条件としたが、ここでは、①リーダーとメンバーとの関係、②仕事の構造化─目標が明確になっているかどうか、それを達成する手段がわかっているかどうか等、③リーダーの地位力（権限）の強さ。以上の三つについて考える。図の左側はこれらの三つの条件がすべて、あるいはおおむね満たされている状況で、これを好意的状況とする。図の右側は逆にすべてが満たされていないか、それに近い状況であり、これを非好意的状況とする。そして図のまん中あたりの状況を中間の状況とする。

　さてこれで準備は整ったわけである。結論を述べよう。フィードラーは、多くの実態調査からの結論として、次のように述べるのである。す

図Ⅰ-4-2　各区分ごとに示したリーダーのLPC得点と集団効果性との相関

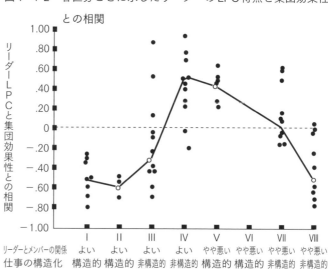

（出典）フィードラー『新しい管理者像の探求』より筆者作成

なわち、左のリーダーにとって好ましい状況とするⅠ、Ⅱ、Ⅲおよび右端のⅧの非好意的状況においては、仕事志向型リーダーシップが有効であり、中間のⅣ、Ⅴ、Ⅵ、Ⅶの状況においては人間関係志向型リーダーシップが有効であるというものである。この状況との適合性がなければ、業績との間にはプラスの相関はないということである。

　このモデルは、既述したように、リーダーの特性は容易には変えられないという前提である。それでは、もしこの状況との間に適合性がない場合には、どのようにしたらよいのであろうか。フィードラーの答は二つである。一つはリーダー自身を適合する部署へ配置転換する、というものである。しかし福祉施設において、まずこのリーダーが施設長の場合には配転ということはかなり難しい。また、他のリーダーについてもそれほど簡単に、しかもそれほど頻繁に配転を行うことはできないであろう。そこで二つめの方法として、リーダーの特性に環境状況を合わせるということである。そこで二つのケースで、具体的行動を考えておこう。

①人間関係志向のリーダーが、左端の好意的状況の部署に配属された場合である。

　　このままでは業績との間にマイナスの結果が出る確率が高い。すなわちこれはミスマッチである。そこでこの場合は、次のような行動が一つの対応策として考えられる。

　　＊部下である職員との非公式な付き合いを少し減らす。
　　＊仕事のなかに、異なった意見を持つ人を参加させる。
　　＊部下に権限を委譲する。

　　といったようなことのどれか一つを行ってみるのである。つまり人間関係志向のリーダーに合う中間の状況を作り出すのである。

②仕事志向のリーダーが中間の好意的状況に配属された場合である。これもミスマッチである。この場合には、次のような対応策が考えられる。

　　＊部下と非公式に付き合う時間を持つ。
　　＊仕事の手続き、ガイドライン等をはっきり定める。
　　＊自分の上司から、自由裁量権を与えてもらう。

　　といったようなことのどれか一つを行ってみることであろう。すなわち、中間の状況から好意的状況へ環境を変えることである。

　以上のように、リーダー自身の資質は変えられないし、また部下自身の性格的なものも変えられないことから、リーダー自身のスタイルを変えるのではなく、リーダーを取り巻く環境状況を変えよう、というものである。

　以上われわれは、リーダーシップの二つの機能を理解し、それらを部下の状況にあわせて使い分けるか、あるいは自分にあわせて環境状況を変えるかという観点で考えてきた。そして結論的には、ＳＬモデルかＬＰＣモデルかではなく、この両モデルも使い分ける必要があるだろう。人間は変えられないのだ、と主張するのではなく、やはり変えていく努力は必要だと思う。そして、環境そのものも自分に適合できるように少しづつ変えていくべきであろう。つまり、自分も環境も、急速には変わらないものであるし、双方が徐々に変わるほうが両者の適合に近づくと思われるのである。まずは自分のスタイルが仕事志向を強くするタイプか、あるいは人間関係を強くするタイプかを見きわめ、弱い機能を高める努力も必要であろうし、それと同時に自分のスタイルに適合する状況作りもまた必要であると思うのである。

　さてこれまでわれわれは、リーダーシップ機能として二つを考えてきた。しかし果たしてこの二つでよいのであろうか。最後にこれを考えて締めくくりとしたい。

# 第4節　リーダーシップの4機能

**学習のねらい**

　これまでに学習してきたリーダーシップは二つの機能であった。しかし現実を観察するならばこの二つの機能では少なすぎると思われる。そこで現実のリーダー行動の中からさらに発見された二つの機能を追加し、これを考察し、最終的には四つの機能とするものである。追加される機能は①情報収集・伝達機能、②信頼性機能である。これらの機能について是非十分な理解をしていただきたい。

　近年の多くの実証研究から明らかになったことは、日本の管理者のリーダーシップを、これまで見てきた仕事志向機能と人間関係志向機能の二つの機能だけで説明するのは難しく、さらに二つを付け加えたほうがよいということである。その二つとしてあげられるのは、①情報収集・伝達の機能と②信頼性と呼んでいい機能である。分析されたデータそのものは、これまで同様営利企業のものであるが、社会福祉施設におけるリーダーについてもまったく同じことが言えると思われる。

　まず①情報収集・伝達機能は、文字どおりの意味である。リーダーは常にまわりからいろいろな情報を収集せねばならない。かの有名な織田信長も、「今川義元ただいま田楽狭間で昼食中」というこの情報がなかったなら、10倍の大軍を破ることはできなかったであろう。あるいはまた、「連合軍によるノルマンディ上陸がなされたようだ」というせっかく収集された情報が、即刻ヒットラーに伝わっていたなら（実際には数時間後といわれている）、歴史の歯車の回転はもう少し遅くなってしまったかもしれない。

　いずれにせよ、このような歴史を動かす局面での情報のみならず、管理者が直面する日常業務の中での情報収集も、同じように組織の命運を分けることもあろう。そしてまた情報についても、部下への情報提供が不十分であることが、部下からの信頼を十分に得ることができなかったり、部下の仕事への動機づけが不十分となってしまうことを実証データは示しているのである。

　このように、一つには情報収集の機能があり、もう一つには情報伝達の機能がある。①について強調しておきたいのは、職員の方々から現場の生の声を聞く姿勢を示したり、それができるシステム作り（フリー

トーキング、おしゃべり会等）を行うことであり、こうすることによって、リーダーと職員とのコミュニケーションもでき、信頼関係もできるということである。えてして、ワンマンと言われる施設長は、職員の声を聞こうとはしない。これは短期的にも、ましてや長期的には決してよい結果が出ないものである。双方のコミュニケーションが必要である。

　後者の情報の伝達は、施設に関するニュース、リーダーの考える理念、方針を全職員に伝えるということである。自分の働く職場がどうなっていくのか、施設長はじめ管理者は何を考えているのだろうか、と皆思っている。こういった思いに日頃から応えていく必要があるということである。

　次に②信頼性機能について述べてみる。これは、部下に直接働きかける行動面ではなく、リーダー自身が自己の力を蓄え、自己の優秀さを種々の形で表現することによって、部下の信頼を勝ち取る機能である。この機能の中心的なものは二つあり、一つは専門知識を身につけ、状況判断力を養い、常に自己啓発に努めるべきことを意味している。人の上に立つリーダーたるもの、自己鍛錬に励むべしというところである。

　あとの一つは、部下の評価を公正にそして公平に行うということである。既に「第3章モチベーション論」の期待理論で指摘したように、人事考課の公正さ公平さは、部下の期待に応えるかあるいは裏切るかであり、これが部下の仕事に対する努力の大きさを決めるという、重大な役割を担っている。

　このように、自己啓発に努め、また部下を正しく評価するというリーダーの行為は、リーダーと部下の関係が間接的でありながらも、双方の信頼関係を築きあげていくものである。

　以上ここで論じた情報収集・伝達機能と、信頼性の二つの機能は、管理者の行動分析から発見された行動因子であり、われわれのリーダーシップ機能として考えられるものである。

　そこで最終的結論は次のようになる。

　リーダーが心得るべき重要なリーダーシップ機能は、①仕事志向、②人間関係志向、③情報収集・伝達、そして、④信頼性、の四つの機能ということである。

　この四つの機能のなかで、①の仕事志向機能と②の人間関係志向の機能については、部下の成熟度に応じてできるだけ接し方を変え、また、リーダーを取り巻く環境状況をよく見きわめ、自分の得意なリーダーシップ・スタイルに近い環境状況を整備する努力が必要であろう。

　そして③の情報収集・伝達機能と④の信頼性機能については、いかな
る場合においても常に心し、機能発揮に努力していただきたいのであ
る。

# 第 5 節　リーダーシップと集団

**学習のねらい**

　これまでの主として個人を対象としたリーダーシップの問題を、ここでは集団レベルで考えてみる。あるいは、集団が成果をあげるためには、リーダーはどんなことを行うかについての、基本的な問題を考えることにする。

　集団の成果は集団のもつ凝集性に依存する。そこでこの凝集性を高めるためにはどんなことを行ったらよいかを、リーダーシップとの関連で考える。ここでは①支持的関係について、②集団的意思決定状況の形成、③高い集団目標設定の三つについて考える。

　さてこれまでは、リーダーシップの問題を主としてリーダーと部下個人との関係で考えてきた。しかしもう一つ、集団との関係を考えておかなければならない。すなわち、リーダーは集団を意識して行動せねばならないからであり、第 2 章第 2 節の「人間関係論と人事・労務管理」、のところで明らかになったように、集団の成果は集団の行動規範に依存する割合が高いからである。いかにリーダーが優れていても、集団全体の優劣が大きな鍵を握ることも事実である。そこで本節では、成果をあげるために集団がどのような状況にあったらよいのか、そしてそのためにリーダーはどのように行動したらよいか、について考察しよう。基本的な考えはリカート（Likert, R. 1968）に依存しながら、その他のデータから明らかになった点を加えながら論じていく。

　リカートは優れた集団として次のような状態を求めている。まずこの集団のメンバーの動機づけの特徴は、経済的欲求はもちろんながら、自我動機、および集団とのかかわりから生ずる動機づけ要因といったことと関連する。そして目標設定・目標達成評価プロセスへの一般従業員の参加、すべての人々が組織目標に責任を感じ、その目標を履行する方向に行動する、という特徴を持つ。また、コミュニケーション過程は、相互にコミュニケーションがなされ、情報は一方通行ではなく、上下および横と、ネットワークを形成していることが特徴的である。したがってこの集団というシステムの最大の特徴は、参画的ということである。

　そこでわれわれは、こういった集団を作りあげるための具体的な問題について、以下考えることにしよう。

## 1　集団の成果は凝集性に依存する

ひとたび集団の目標が決まれば、その目標に向かって集団の努力が結集される必要がある。人々の努力の大きさが成果の大きさを決めるものである。そこで人々の努力を大きくするためには、まず人々が仕事に魅力を感じることが必要であり、さらに集団に魅力を感じなければならない。この集団に魅力を感じ、集団と一体となろうという気持ちが凝集性である。

このことからすれば、集団が魅力あるものでなければならない。そこで次に考えねばならないのは、どのようにしたら集団が魅力を持つかということである。これを考えてみる。

## 2　凝集性を高めるために

集団の成果が凝集性に依存するとなれば、いかにして凝集性を高めるかが重要な課題となる。これには次の三つを考えることにする。

### (1) 支持的関係の形成とリーダーシップ

集団に魅力を持つことから凝集性は生ずる、ということは、基本的には、人間関係によって凝集性が決まってくると言えよう。なぜなら集団の魅力のほとんどは人間関係そのものと言えるからである。そして良好な人間関係の基本はお互いの信頼関係と言ってよいと思う。したがって凝集性を高める最も基本的なことは、人々の信頼関係であり、この関係を作りあげることが大事であると言える。

次にこの信頼関係は、お互いが信頼し合うことであり、お互いが理解し支持できる状態を言うのである。これをリカートにならって支持的関係と言おう。つまりは、お互いが信頼しあっている状況を作り出すのが支持的関係の形成であり、凝集性を高めるために、こういった状況の集団あるいはシステムの形成が求められるのである。

それではこの信頼関係を作りあげるために、リーダーとしてはどんなことを考えるべきであろうか。その最も重要な方法は、コミュニケーションをよくすることである。お互いが考えを述べあい、意思の疎通をはかることである。先に考察したリーダーシップの4機能のなかで情報機能の重要性を明らかにしたが、この機能の発揮は、まさに、ここでの支持的関係を形成する有力な方法であることを示している。

できるだけ回数多く人と接し、相手の話をじっくり聴き、次いで自分の考えをしっかり伝えるということが重要である。

リーダーが集団のメンバーとの間で活発なコミュニケーションを展開するならば、リーダーとメンバーとの間に強い信頼関係が生まれ、そこに強い凝集性が生まれる。この関係を組織全体に構築することにより、組織全体が高い成果達成に向けて動き出すのである。

## (2) 集団的意思決定状況の形成

人々が自ら参加して決定したことがらと、他人が決定したことがらとではそのことがらについての理解度ははるかに異なる。当然ながら、自ら決定したことがらについての理解度は高い。したがって実行をともなう決定事項での実行率は、自ら参加したものほど高い。人は他人が決めたことをただ実行するより、自ら意思決定に参加したことを実行するほうがはるかに積極的になれるのである。このことについての事例をわれわれは多く観察することができる。

そこで組織にあっては、何事も管理者が決定し、従業員にはその実行のみ行わせるというのではなく、従業員にも意見を聞いたり、会議を開いて意思決定に従業員を参加させる方法をとることである。最終的責任は管理者がとるとしても、決定のプロセスに従業員が参加しているという気持ちを持たせることが大事なのである。このことは、先に示した情報の収集を、意思決定という状況に応用して考えてみることである。代替案を探求し、評価し、選択するという意思決定プロセスは、言い換えれば情報を収集するプロセスを内包する。そしてそのプロセスに従業員を参加させることなのである。

## (3) 高い集団目標の設定

一般的には、集団には目標が設定される。それに向かって強い凝集性が必要なことは既に述べた。ではその目標について、どのようなことを考えておいたらよいであろう。それは目標は高くするということである。もちろん高ければ高い程よいというのではない。しかも部署によっては具体的高さの数値を示すのは難しい。しかし、それぞれの高い目標とは、それぞれの集団が経験してきた過去の実績という基準があり、それをまず新しい基準の出発点とする。そしてそれを上回り、簡単にクリアーするようなものではないほうがよい。達成には努力を必要とする。おおいなる努力の後に達成できる水準が必要である。

　あるボーイスカウトの研究では、ボランティアや隊長に、かなり大変な仕事を要求しているボーイスカウトの支部のほうが成果が高いという。週末の夜に 2〜3 時間現れてこなせる程度のことではなく、しかも高い基準を求める支部のほうが、ボランティアを引きつけ、少年達をも引きつけて離さなかったというのである（Drucker, P. F. 1990, 邦訳 1991）。

　高い目標は、集団の成果そのものにかかわると同時に、人々を仕事に動機づける側面にも役立つというものである。

資料

LPC 得点によって、あなたのリーダーシップ・スタイルを考える。

まずあなたが最も一緒に働きにくい人を頭に描く。嫌いだということではなく、一緒には働きにくいという人である。過去・現在、上司・同僚・部下いずれでもよい。その人を念頭において、次の図Ｉ-4-3 の数値に考え過ぎないで直感でどんどん○をつけていくこと。つけ終わったら、○をつけた数字を合計する。

図Ｉ-4-3　LPC 尺度

| | 非常に | かなり | やや | どちらかといえば | どちらかといえば | やや | かなり | 非常に | | 得 点 |
|---|---|---|---|---|---|---|---|---|---|---|
| 楽　し　い | 8 | 7 | 6 | 5 | 4 | 3 | 2 | 1 | 楽しくない | _____ |
| 友　好　的 | 8 | 7 | 6 | 5 | 4 | 3 | 2 | 1 | 非友好的 | _____ |
| 拒　否　的 | 1 | 2 | 3 | 4 | 5 | 6 | 7 | 8 | 受　容　的 | _____ |
| 緊張している | 1 | 2 | 3 | 4 | 5 | 6 | 7 | 8 | ゆとりがある | _____ |
| 疎　　　遠 | 1 | 2 | 3 | 4 | 5 | 6 | 7 | 8 | 親　　　近 | _____ |
| 冷　た　い | 1 | 2 | 3 | 4 | 5 | 6 | 7 | 8 | 暖　か　い | _____ |
| 支　持　的 | 8 | 7 | 6 | 5 | 4 | 3 | 2 | 1 | 敵　対　的 | _____ |
| 退　　　屈 | 1 | 2 | 3 | 4 | 5 | 6 | 7 | 8 | 面　白　い | _____ |
| 口　論　好　き | 1 | 2 | 3 | 4 | 5 | 6 | 7 | 8 | 協　調　的 | _____ |
| 陰　　　気 | 1 | 2 | 3 | 4 | 5 | 6 | 7 | 8 | 陽　　　気 | _____ |
| 開　放　的 | 8 | 7 | 6 | 5 | 4 | 3 | 2 | 1 | 警　戒　的 | _____ |
| 陰口をきく | 1 | 2 | 3 | 4 | 5 | 6 | 7 | 8 | 忠　　　誠 | _____ |
| 信頼できない | 1 | 2 | 3 | 4 | 5 | 6 | 7 | 8 | 信頼できる | _____ |
| 思いやりがある | 8 | 7 | 6 | 5 | 4 | 3 | 2 | 1 | 思いやりがない | _____ |
| 卑劣（きたない） | 1 | 2 | 3 | 4 | 5 | 6 | 7 | 8 | 立派（きれい） | _____ |
| 愛想が良い | 8 | 7 | 6 | 5 | 4 | 3 | 2 | 1 | 気むずかしい | _____ |
| 誠実でない | 1 | 2 | 3 | 4 | 5 | 6 | 7 | 8 | 誠　　　実 | _____ |
| 親　　　切 | 8 | 7 | 6 | 5 | 4 | 3 | 2 | 1 | 不　親　切 | _____ |
| | | | | | | | | | 合　　　計 | _____ |

（出典）フィードラー他『リーダーシップ教科書』より筆者作成
　　　　および白樫三四郎『リーダーシップの心理学』を参照

　図における得点とリーダーシップ・スタイルの関係は以下のようである。

　　　64 点以上──人間関係志向

　　　57 点以下──仕事志向

　58 点以上、63 点以下の人はどちらかにハッキリ分かれにくい。しかし次のような基準で、自分でどちらかに分類する。

　細かなことまで指示したり、部下の行動に厳格である人は仕事志向と考える。仕事を行っていく過程で、部下の参画を求める人は人間関係志向と考える。

## 【参考文献】

1．Bass, B. M., *Stogdill's handbook of leadership*：*A survey of theory and research.* Free Press, 1981.

2．Drucker, P. F., *Managing The Nonprofit Organization,* Harper Collins Publishers, 1990.（上田惇生・田代政美訳『非営利組織の経営』ダイヤモンド社、1991 年．）

3．Fiedler, F. E., *A Theory of Leadership Effectiveness.* McGraw–hill, Inc. 1967.（山田雄一監訳『新しい管理者像の探求』産業能率短大出版部、1970 年．）

4．Fiedler, F. E., M. M. Chemers & L. Mahar, *Improving Leadership Effectiveness*：*The Leader Match Concept,* John Wiley & Sons, Inc. 1977.（吉田哲子訳『リーダーシップ教科書』、プレジデント社、1978 年．）

5．Hersy, P. & K. H. Blanchard, *Management of Organizational Behavior,* Prentice–Hall, 1977.（山本成二 他訳『行動科学の展開』日本生産性本部、1978 年．）

6．Likert, R, *New Patterns of Management,* McGraw–Hill, 1961．（三隅二不二訳『経営の行動科学』ダイヤモンド社、1968 年．）

7．三隅二不二『リーダーシップ行動の科学』有斐閣、1984 年．

8．柴田悟一『日本企業の管理者リーダーシップ』横浜市立大学経済研究所「経済と貿易」140 号、1985 年．

9．柴田悟一・中橋國藏編著『経営管理の理論と実際（新版）』東京経済情報出版、2003 年．

10．白樫三四郎『リーダーシップの心理学』有斐閣、1985 年．

11．潮崎通康『成功する管理者』リクルート出版、1978 年．

12．Stogdill, R. M., *Personal factors associated with leadership*：*A survey of the literature.* Journal of Psychology, 25, 1948.

# 終章
## ──法人の長としての心構え──

# 終章
## ──法人の長としての心構え──

**学習のねらい**

　リーダーシップについては、第4章で考察した内容以外にいま一つトップのそれがある。法人の長としてのリーダーシップである。

　第4章までの考察で、日常業務におけるリーダーシップについて理解できたと思われるが、さらに全体的、長期的観点に立って、組織全体を考えるリーダーシップについて考察する。

　本テキストが人事・労務管理ということから、それに関連する諸問題を考察してきた。しかしこういった問題とりわけリーダーシップに関しては、人事・労務管理の問題というのみならず、もっと広く経営管理全般の問題でもある。特に法人の長という立場にある人々は、日常業務のあらゆる問題にかかわり、施設の内外を飛び回っておられることであろう。そしてさらに、経営者として職員とは異なった経営全般という大所高所からの行動が求められているだろう。こういったことから考えるならば、第4章で考察したリーダーシップの問題には、さらに法人全体の長としてのリーダーシップというものをつけ加える必要があると言えるだろう。むろん、第4章で考察したリーダーシップ論すべてについて、法人の長の方々が理解し、実践していただきたいことには変わりない。しかしさらに、トップにのみ要請されるリーダーシップというものがあり、これが組織体全体の発展・拡充を担っているといっても過言ではないかもしれない。そこで最後の章として、特に福祉サービスを提供する法人の長としてのリーダーシップについて論述し、第Ⅰ部のまとめとしたいと思う。

　どんな組織体にもトップマネジメントと呼ばれる人々が存在し、これらの人々がある意味では最も重要な影響力を行使しているものである。むろん日常業務の遂行において、トップの下で働くミドル、あるいはロアーと呼ばれるマネジメントの人々の影響力は極めて大事であり、現場に近いところほど情報が豊富であることからいえば、これらのマネジメントの重要性が最も強調されねばならないと言っても過言ではない。

　しかし、変化していく環境のなかで、組織体の存続と成長を図るため

には、その組織体が進む方向を示し、その方向に向かうべく組織体全体の枠組みを構築し、構成メンバー全員の共通認識を提示することが極めて重要である。そしてこういった組織体全体の問題を考え、構成メンバー全員に強い影響力を発揮していくのはまさにトップマネジメントのリーダーシップなのである。しかも今日では、この環境の変化は質・量ともに激しく、まさに不確実性の時代である。上述したようなトップマネジメントのリーダーシップが強く求められる時代なのである。

　さて、こういった一般論を踏まえて福祉サービスを提供する法人という組織体を考えてみると、必ずしも他の一般企業と同じように考えられない部分はある。すなわち、他の一般企業では、環境の変化に対応して新しい製品を開発したり、新しい事業を興したりしていかなければならない。常に現状にとどまることなく、事業そのものを見直していくことが存続の必要条件である。

　これに対してかつての社会福祉法人等は必ずしも新しい仕事、新しい事業を増やすことは必要ないと考えられてきたであろう。極端に言えば、日常業務の積み重ねのみによって、現在の施設を半永久的に存続させることは容易なことかもしれない。しかしもっと大きく、もっと広く施設というものを考えてみよう。新世紀におけるこれからの社会状勢を考えてみよう。

　出生率の低下、医学の進歩、そして超高齢社会。他方で医薬の危険性の増加、決して減らない交通災害。こういった現象を見る限り、科学の進歩、経済の発展は必ずしも人間の幸せに直接に結びつかないのかもしれない。そしてこういった社会を考えていくとき、社会福祉の問題は、今後ますます重要視されていくことは間違いないであろう。しかも、介護保険制度導入にも見られるように、福祉に関する社会制度の変革は今後も続くであろう。そのようなとき、社会福祉施設といえども十年一日の如し、というわけにはいかない。これからの社会福祉についての考え方、今後の社会福祉施設のあり方、施設の環境整備の問題等々について、考え、検討し、折衝し、改善していく、あるいは大変革を行っていくことが求められるのではないだろうか。そのためには、福祉サービスを提供する法人の長は何をすべきであろうか。具体的なことはそれぞれの施設で検討することである。それぞれの施設の経営主体に合わせ、それぞれの施設の目的に合わせ、そしてそれぞれの施設が立地する地域にあわせて考えていただきたい。そこでここにおいては、福祉サービスを提供する法人の長の一般的心構えについてまとめておきたい。

　第1は、当該法人の使命と役割について再考察することである。皆さんのなかには、理念をもって法人を設立した人もおられるだろう。ただ単に仕事で配属されてきたという人もおられるであろう。どんな事情であれ、現在は当該法人の責任者あるいはそれに近い方々であることには間違いない。そうであるならば、まずは当該法人のよって立つ使命、理念について明確な考えを持っていただきたい。これが第1番めになされねばならないことである。

　その際、特に現代では「地域社会との関わり」を重視していることを考えておいてほしい。すなわち、「地域への貢献」、「地域との共存」といったキャッチ・フレーズと共に、現実に、法人が地域との関わりを積極的に実行することが、社会から期待されている、ということである。この点を理念の中に反映させてほしいと思う。

　第2は、この使命あるいは理念をもとに、いろいろな具体的目標を設定するであろうが、それを全員に周知させるという役割である。人々が具体的目標を持つことの重要性は既に述べたが、全体目標を人々とともに作りあげ、それを具体化し、実現していく旗ふりを行うことである。

　第3に、法人の長は、組織体の存続をかけ、外部機関と強い信念をもって接することである。特に自治体の予算の制約、政治家あるいはその他多くの利害者の思惑といったことがからんでくることがあるかもしれない。こういったとき、確固たる信念を持ち、法人の立場を代表してことに当たらなければならないのである。

　最後に、内部葛藤の処理を行うことである。法人に集まる人々はいろいろな価値、考え方を持っている。仕事上の役割もさまざまである。そこでは常に対立・葛藤が起こるのがむしろ自然である。こういった葛藤はときには職場の活性化につながる。停滞した空気を活気づける役割も持つ。しかしそれが放置されたときには、組織体崩壊につながる危険性も持つのである。時に発生する衝突・葛藤を、公平・公正に処理できる立場にいるのはトップしかいないのである。どちらかに片寄ることなく、長期的ビジョンに照らして、処理していただきたいと思う。

　以上、少なくともこの4点について、法人トップとしての心構えあるいは役割と考え、今後の社会福祉施設運営のなかで応用・実践していっていただければ幸いである。

# 第Ⅱ部
## 人事・労務の法理

## 最近の労働法規の改正・施行状況

# 最近の労働法規の改正・施行状況

## （1）労働基準法関係（第5章第7節）

　平成30（2018）年6月29日、働き方改革関連法（働き方改革を推進するための関係法律の整備に関する法律）の成立により、労働基準法（労基法）が改正され、長時間労働の是正、多様で柔軟な働き方の実現等の一環として、時間外労働の上限規制が違反に対する罰則付きで規制された。具体的には、時間外労働の上限については月45時間、年360時間を原則とし、臨時的な特別の事情があって労使が合意する場合でも、1カ月100時間未満（休日労働を含む）、年720時間以下、複数月平均での時間外労働と休日労働の合計時間は80時間が上限、また時間外労働が月45時間を超えることができるのは年6カ月までが限度と法定された。この時間外労働の上限規制は、すでに大企業については平成31（2019）年4月1日から、中小企業については令和2(2020)年4月1日から施行されている。

　また、特に長い時間外労働を抑制することを目的とした1カ月60時間を超える時間外労働にかかる割増賃金率の引き上げ（25%以上から50%以上）が実施され、大企業については既に適用されていたが、中小企業についてはこれまで適用が猶予されていた。しかし、令和5（2023）年4月1日以降、この猶予措置が廃止され、中小企業についても月60時間を超える時間外労働に対しては50%以上の割増賃金率が適用されている。

　次に、法律本体ではないが、施行規則の一部改定により労働者の募集や採用等に際して明示すべき労働条件の追加に関する制度改正がある。一つは、労働基準法施行規則（労基則）第5条の改正に関するものであり、他は職業安定法施行規則第4条の2の改正に関するものである。まず、前者に関しては、すべての労働者に対する明示事項と有期契約労働者に対する明示事項等に区別されて追加事項が明記されている。具体的には、すべての労働者に対する明示事項についてはすべての労働契約の締結時と有期労働契約の更新のタイミングごとに、「雇い入れ直後」の就業場所・業務の内容に加え、これらの「変更の範囲」について明示が必要になる。ちなみに、「変更の範囲」とは、将来の配置転換などによって変わり得る就業場所・業務の範囲をいうとされる。有期契約労働者に対する明示事項については、有期労働契約の締結と契約更新のタイ

ミングごとに、「更新上限（有期労働契約の通算契約期間または更新回数の上限）の有無と内容の明示が必要とされる。また、更新上限を新たに設けたり、短縮したりする場合、使用者はそれらの理由を有期労働契約者にあらかじめ説明することが必要になる。さらに、無期転換ルールに基づく「無期転換申込権」が発生する更新のタイミングごとに、無期転換を申し込むことができる旨（無期転換申込機会）の明示の他、無期転換後の労働条件の明示なども必要とされる。

　労基則の一部改正による労働条件の明示項目の追加に伴い、職業安定法施行規則についても一部改正され、2024（令和6）年4月1日から労働者の募集や職業紹介事業者への求人の申込みの際に明示しなければならない労働条件が追加された。具体的には、求職者等に対して明示しなければならない労働条件として、①従事すべき業務の変更の範囲、②就業場所の変更の範囲、③有期労働契約を変更する場合の基準（通算契約期間または更新回数の上限を含む）等が追加されている。今回の改正により、業務の内容（変更の範囲）や就業の場所等について、労働者は募集や採用の段階から確認できるようになり、そのキャリア形成に有意義に機能することが期待される。

　労基法第24条第1項は、賃金が労働者に安全・確実に支払われるための賃金支払い原則の一つに通貨払いの原則を定めているが、その例外として労働者の同意を踏まえ労働者の指定する金融機関等の口座への賃金の振り込みを認めている。そうしたなか、近時のキャッシュレス決済の普及や送金サービスの多様化が急速に進むなかで、2022（令和4）年11月28日、労基則の改正（労基法施行規則の一部を改正する省令の公布）が行われ、新たに2023（令和5）年4月1日より「厚生労働大臣の指定を受けた資金移動業者の口座への資金移動による賃金支払い（いわゆる「賃金のデジタルマネー払い」）が一定の要件の下に認められている。なお、この「賃金のデジタル払い」は義務ではなく、あくまでも任意のものであるため、その実施については労働者への説明・個別同意の取得とともに、対象となる労働者の範囲や取扱指定資金移動業者の範囲等を記載した労使協定の締結が必要である。ちなみに、実務上では、就業規則の変更等への対応も必要となろう。

　その他、裁量労働制に関しても労基則の改正により、令和6（2024）年4月1日以降、新たに、または継続して裁量労働制を導入するためには、制度を導入するすべての事業場で新たな手続きが必要となる。具体的には、専門業務型裁量労働制に関しては労使協定に本人同意を得ることや同意をしなかった場合に不利益取扱いをしないことを定め、また同意の撤

回の手続きと、同意とその撤回に関する記録の保存（当面の間は3年間）を労使協定・労使委員会の決議に定める必要がある。また、企画業務型裁量労働制に関しては、労使委員会の運営規程に対象労働者に適用される賃金・評価制度の内容等についての使用者から労使委員会に対する説明に関する事項、制度の趣旨に沿った適正な運用の確保に関する事項、6カ月ごとに1回の労使委員会の開催を追加後、労使委員会の決議に本人同意・同意の撤回の手続き、労使委員会への賃金・評価制度を変更する場合の変更内容に関する説明を行うことを定めること、企画業務型裁量労働制においても同意及び同意の撤回の労働者ごとの記録の保存（当面の間は3年間）等が必要とされる。なお、継続導入する事業場では令和6（2024）年3月末までに労働基準監督署に協定届・決議届の届出を行う必要がある。

### （2）女性活躍推進法関係（第6章第3節）

　令和元（2019）年5月29日、「『女性の職業生活における活躍の推進に関する法律（女性活躍推進法）』等の一部を改正する法律」が成立し、一般事業主行動計画の策定や情報公表の方法が改正されている。同法は、これまで、常時雇用する労働者が301人以上の事業主（一般事業主）に対して、その事業における女性の活躍状況を把握した上で、これを改善するための「一般事業主行動計画」を策定し、厚生労働大臣に届け出る義務を課していた（第8条第1項）。また、一般事業主行動計画を定め、または変更したときは、これを労働者に周知させるための措置を講じ（同条第2項）、かつ、公表しなければならなかった（同条第5項）。

　今次の法改正では、常用労働者301人以上の事業主については、令和2（2020）年4月1日以降が始期となる。一般事業主行動計画を策定する際には、原則として①女性労働者に対する職業生活に関する機会の提供、②職業生活と家庭生活との両立に資する雇用環境の整備の区分ごとに一つ以上の項目を選択し、それぞれ関連する数値目標を定めた行動計画の策定届を管轄の都道府県労働局まで届け出ることが必要とされた。さらに、女性の活躍推進に関する情報公表については、常用雇用労働者301人以上の事業主は、令和2（2020）年6月1日以降、①女性労働者に対する職業生活に関する機会の提供、②職業生活と家庭生活との両立に資する雇用環境の整備の区分ごとにそれぞれ1項目以上選択して2項目以上情報公開することとされ、併せて、情報公表に関する勧告に従わなかった場合には企業名公表ができることとされた（第20条）。

これに対して、常時雇用する労働者が300人以下の事業主に対して
は、一般事業主行動計画の策定や情報公表は努力義務であったが、令和
4（2022）年4月1日からは、かかる義務が常時雇用する労働者数が101
人以上の事業主まで拡大されることとなった。加えて、情報公表の義務
についても令和4（2022）年7月の省令改正により常時雇用する労働者が
301人以上の事業主に対しては、新たに「男女の賃金の差異」に関する項
目（必須）を追加し、年1回公表することとされた（詳細は215頁以下）。
　一般事業主行動計画の実施状況が優良な事業主は、厚生労働大臣か
ら、その旨の認定を受け（第9条）、認定事業主であることを示すマー
ク（「えるぼし」）を企業の商品や取引に用いる書類や名札等に表示する
ことができる（第10条第1項）が、今次の改正では、さらに女性の活
躍推進に関する状況等が優良な事業主の認定として、新たに現行の「え
るぼし」認定よりも水準の高い「プラチナえるぼし」認定が創設されて
いる（令和2〈2020〉年6月1日施行）。

## （3）育児・介護休業法関係（第6章第4節）

　育児・介護休業法に関しては、令和3（2021）年6月に一連の重要な
改正が行われ、令和4（2022）年4月1日から段階的に施行されている。
改正内容の詳細は後述（221頁以下）するが、具体的には令和4（2022）
年4月1日からの①雇用環境整備や個別の周知、意向確認の措置の義務
化、②有期雇用労働者の育児・介護休業取得要件の緩和、令和4（2022）
年10月1日からは、③産後パパ育休（出生時育児休業）の創設、④育
児休業の分割取得が施行され、さらに令和5（2023）年4月1日からは、
新たに常用雇用労働者が1,000人以上の企業について、年1回、⑤男性
労働者の育児休業取得状況の公表が義務化された（詳細は223頁）。

## （4）高年齢者雇用安定法関係

　「高年齢者雇用安定法」（高年齢者等の雇用の安定等に関する法律）の
一部が改正され、令和3（2021）年4月1日から施行されている。今次
の改正は、個々の労働者の多様な特性やニーズを踏まえ、70歳までの就
業機会の確保について、多様な選択肢を法制度上整え、事業主としてい
ずれかの措置を制度化する「努力義務」を設けるものとなっている。改
正の主要な内容、概略は以下のとおりである。
　まず、現行では経過措置として65歳までの雇用確保が義務づけられ
た。この措置は令和7（2025）年3月末に終了し、以降は事業主は65歳

までの継続雇用を希望する労働者について「希望者全員雇用」が義務づけとなるとともに、新たに65歳から70歳までの就業確保が努力義務となった。そして、70歳までの就業確保措置を講じることが努力義務となったことに伴い、再就職援助措置や多数離職届等の対象が追加されることとなった。

高年齢者就業確保の措置について、対象となる事業主は、定年を65歳以上70歳未満に定めている事業主と65歳までの継続雇用制度（70歳以上まで引き続き雇用する制度を除く）を導入している事業主である。

対象となる事業主は、次の①～⑤のいずれかの措置を講じるよう努める必要がある。ただし、今次の改正は70歳までの定年の引き上げを義務づけるものではない。

①70歳までの定年引き上げ

②定年制の廃止

③70歳までの継続雇用制度（再雇用制度・勤務延長制度）の導入

④70歳まで継続的に業務委託契約を締結する制度の導入

⑤70歳まで継続的に以下の事業に従事できる制度の導入

　a.事業主が自ら実施する社会貢献事業

　b.事業主が委託、出資（資金提供）等する団体が行う社会貢献事業

（ちなみに、上記④⑤については過半数組合等の同意を得た上で、措置を導入する必要がある）

また、上記の高年齢者雇用安定法の改正による65歳までの雇用確保の義務づけ、さらに70歳までの就業確保の努力義務等との関係もあって雇用保険法上の「高年齢雇用継続給付」制度についても見直しが予定されている。周知のとおり、60歳以上の従業員を再雇用する場合において、一定の要件（60歳時点の賃金額の75%未満）を満たした場合には、雇用保険から「高年齢雇用継続給付」が支給される。現行では、65歳に到達するまでの期間において60歳以後の各月の賃金の15%が支給されている。しかし、令和7(2025)年4月1日以降は、新たに60歳以上となる労働者への給付率が15%から10%に引き下げられる予定となっている。

## （5）障害者雇用促進法関係

障害者雇用促進法に関係しては、周知のとおり令和3（2021）年3月1日から民間企業における障害者の法定雇用率が従前の2.2%から2.3%に引き上げられている。その後、障害者雇用促進法施行令等の改正によ

り、障害者の法定雇用率の見直しが行われ、新たに民間企業に適用される障害者雇用率は、令和6（2024）年3月31日までは現行の2.3%であるが、令和6（2024）年4月1日から令和8（2026）年6月30日までの期間は2.5%、令和8（2026）年7月1日からは2.7%に引き上げられる。これに伴い、障害者を少なくとも1人雇用しなければならない民間企業の範囲も「高齢者雇用促進法施行規則の一部を改正する省令（令和5年厚生労働省令第16号）」により、令和6（2024）年4月からは労働者数が40.0人以上の企業、令和8（2026）年7月からは労働者数37.5人以上の企業に拡大されることになっている。対象企業に該当する場合、毎年1回、障害者の雇用状況について厚生労働大臣への報告が求められ、さらに障害者の雇用の促進と継続を図るため「障害者雇用推進者」選任の努力義務が求められる。

　上記に関連して、短時間勤務の障害者の実雇用率の算定基準についても見直しが行われている。これまでは1週間の所定労働時間が20時間未満の場合障害者雇用率の算定においては雇用人数に含めることはできなかったが、令和6（2024）年4月1日以降は1週間の所定労働時間が10時間以上20時間未満の短時間勤務の障害者（ただし、精神障害者、重度身体障害者、重度知的障害者に限る）についても、事業主が雇用した場合、実雇用率の算定において雇用人数に含めることができ、算定においては1人当たり0.5人としてカウントされる。

## （6）社会保険関係

　社会保険関係に関しても理解しておくべき改正が行われている。すなわち、パート・アルバイト等短時間労働者の増加を背景に令和2（2020）年5月に成立した「年金制度改正法（年金制度の機能強化のための国民年金法等一部を改正する法律）」によりパート・アルバイト等短時間労働者に対する社会保険（健康保険・厚生年金保険）の適用が段階的に拡大された。現行では、従業員数（厚生年金保険の被保険者数）が101人以上の企業が対象であったが、令和6（2024）年10月からは適用がさらに拡大され「従業員（厚生年金保険の被保険者数）51人以上の企業を対象に適用要件を満たすパート・アルバイト等の短時間労働者には社会保険の適用を義務づけている。加入対象となる短時間労働者の要件としては、特定適用事業所に使用されている者であって、①週の所定労働時間が20時間以上であること、②1カ月当たりの給与が8.8万円以上であること、③2カ月を超えて雇用が見込まれること、④学生ではないこと、となっている。

# 労働法の生成と発展

# 労働法の生成と発展

　労働関係とは、一般には労働者が、使用者のために一定の労働を行い、使用者がこれに報酬を支払うことを内容とする関係をいう。こうした関係は、法的には「雇用されて労働すること」と「報酬を支払うこと」の合意、すなわち労働契約関係（雇用契約関係）として形成される。そこでは、市民法の中心となる民法における契約法理として、労働者と使用者が、それぞれ、独立した対等な個人として、その自由な意思と判断により、労働契約の締結をはじめ、労働条件等の内容を交渉し、決定することができる。

　しかし、現実には労働者と使用者は決して対等な関係ではなく、使用者が社会的、経済的に優位な立場に立っているため、労働者は、採用のほか賃金や労働時間その他の労働条件の決定について不利な立場に立たされがちとなる。その結果、労働者は、長時間の労働、低賃金さらには劣悪な労働環境下での労働を強いられることになりがちである。

　労働法は、こうした市民法の契約法理を労働関係に適用した結果発生する弊害を正して、個々の労働者が、人たるに値する処遇と環境の下で労働できることを実現・確保することを目的としていることを理解することが大事である。

## 第 1 節 ｜ 労働法とは何か

### 1　労働法の意義

#### （1）労働契約関係の成立と契約自由の原則

　現代の労働関係は、身分や権力等による支配と服従の関係ではなく、ある人（労働者）が他の人（使用者）のために労働し、見返りに報酬を受け取ることを内容とする「契約」関係として成立する。そうした契約は、法的には労働契約（民法では雇用とか雇用契約）と呼ばれる。そこでは、いわゆる市民法の基本原理である「契約自由の原則（私的自治の

原則とも呼ばれる）」にしたがって、労働者及び使用者が互いに独立した対等の立場から、その自由な意思と判断に基づいて、労働契約を締結するかどうかをはじめ、締結する場合、賃金や労働時間等の処遇の内容（労働条件と呼ばれる）を自由に決定できる。

## （2）契約自由の原則と現実との乖離

　しかし、現実には労働者と使用者は決して対等ではない。使用者は、経営者として資本や工場、機械等に対する所有権を有し、他方、労働者はそうした財産的権利や利益を持たず、もっぱら使用者に雇用されて働かなければ賃金を得られず、生活ができない状況下に置かれがちである。こうした現実の下では、使用者は労働者に対して社会的、経済的に優位な立場に立ち、労働者は弱い立場に立たされざるを得ない。こうした社会的、経済的力関係の差異が労使間の立場の不平等、交渉力の不均衡になって現れ、その結果、労使間の労働力取引においては、労働契約の締結自体をはじめ、労働の諸条件の決定などが労働者の不利に機能するのは必然であった。実際、労働契約の締結に際しては、賃金や労働時間等労働条件が事実上使用者により一方的に決定され、労働者はその内容を受け入れるかどうか、二者択一の自由しか認められなかった。そこでは、契約自由の原則は名ばかりのものとなってしまい、現実には低賃金による労働者の貧困をはじめ、長時間の労働、不衛生で危険な労働環境の下での労働、さらには労働自体が労働者の人格と切り離せない形で提供されることから、労働者と使用者との間には、契約関係を超えて、事実上、支配と従属の関係が生まれ、時として労働者の人格的自由の侵害が生じ得る状況が発生したのである。

## 2　労働法の登場

## （1）契約自由の原則の修正と生存権理念の確立

　市民法の基本原理である契約自由の原則による労働契約関係の成立と内容決定に伴う弊害を是正し、労働者に人間らしい労働の諸条件と働く環境を実現・確保するためには、市民法とは別の法理念による規律が必要となった。その法的基盤になったのが「生存権理念」である。

　すなわち、そこでは、市民法におけるように個人を抽象的、形式的に「自由・平等・対等」の法的人格ととらえるのではなく、現実的、具体的に「日々生活している」生身の個々人（生活者）としてとらえること

を法理念の基礎に置く。こうした法理念により、労働契約関係の場において働く個人を劣悪な労働条件や労働環境、そして事実上の支配と従属関係から生じる人格的支配（人権侵害）から解放し、人間らしい働き方を実現・確保しようとする。このような法の基本理念は、単に労働関係の分野だけに限定されるものではなく、すべての社会生活関係の分野において、社会的、経済的弱者に対し人間らしい生活を保障しようとする「生存権理念」にほかならず、憲法は、この法理念を「健康で文化的な最低限度の生活を営む権利」（第 25 条）として、すべての国民に保障しているのである。

### （2）社会法と労働法の登場

　こうした生存権理念を基盤にした法の分野は、一般に社会法と呼ばれ、そのうち、労働生活関係の分野で生存権理念の実現・確保を図る目的で制定されたのが労働法である。その意味では、労働法は、社会法の一部門を構成している。そのため、労働法は、市民法の下での契約自由の原則やその他のルールに一定の修正を重ねつつ生成・発展してきた。歴史的には、まず女性や児童の保護を嚆矢として、産業革命期以後の工場制手工業の発達により工場で働く労働者の劣悪な労働条件の改善を目的とした法律（工場法）が制定され、基本的な労働条件の最低基準設定による保護がつくられた。

## 3　労働法はどのような労働を保護の対象としているか

### （1）自己のために行う労働（独立労働）と労働法

　一口に人間の労働といっても、そこにはさまざまな態様の労働がある。大別すると「自己のために行う労働」と「他人のために行う労働」とがある。前者は、基本的には労働の担い手自身が、自身の自由な意思と判断（自己の自由な意思決定）により、自分自身のために労働するというものである。具体的には、たとえば自作農民や商人、個人の家庭内での労働（家事労働）等を挙げることができる。しかし、こうした労働は、基本的には労働法の対象とはならない。労働法が適用の対象としているのは、後者の労働、すなわち他人のために行う労働である。もっとも、他人のために行う労働のすべてが労働法の対象となるわけではない。たとえば、開業医や大工は、他人のために労働している（患者や注文主等のため）が、その労働の遂行については自身の自由な意思に基づ

く判断と責任の下に行われている。こうした労働は、一般に「独立労働」と呼ばれ、原則として労働法の対象とはならない。

## （2）他人決定の労働（従属労働）と労働法

　労働法が適用の対象としている労働は、他人のために行われる労働、すなわち自己の自由な意思と判断に基づくのではなく、基本的に他人（労働を提供する相手方）の指示・命令にしたがって行われる労働である。こうした労働は、労働関係に即して言えば、労働者が自己の労働（力）を使用者に提供し、その指示・命令にしたがって仕事をすることにより報酬（賃金）を受け取る労働として現れる。

　こうした労働は、労働者が自分自身やその家族の生活（生存）のために、社会的、経済的に優位な立場にある使用者の下に服し、その指示・命令にしたがって行われることから、「他人決定の労働」とか「従属労働」と呼ばれている。

## 第 2 節　労働法の体系と関連法規

### 1　憲法規定と労働法

　わが国の労働法の体系は、原理的には憲法第 25 条に定める「生存権」の保障、すなわち「健康で文化的な最低限度の生活を営む権利」を労働生活の場で実現することを指導理念としている。そして、こうした生存権保障を労働生活の場で実現するために、憲法第 27 条が、いわゆる「勤労の権利・義務」（同条第 1 項）とともに、「勤労基準の法定」（同条第 2 項）を定める。これらの憲法規定自体は、基本的には国と国民との関係を定めるものであり、直接的には使用者と労働者の関係（私人間の関係）にまで適用されるものではない。しかし、たとえば、使用者がこうした規定の趣旨に反するような行為を行った場合は、いわゆる「公序違反」として、当該行為が法律行為であれば無効（民法第 90 条）となり、事実行為であれば不法行為（民法第 709 条）として評価されることになる。

　その上で憲法第 27 条第 2 項は、労使間の立場の不平等、交渉力の不均衡を前提として、労働条件の決定を労使間の自由な交渉、すなわち契約自由の原則の下に放置することなく、労働条件決定における最低の基準を国の強行法規によって設定し、その違反に対しては罰則を科することを担保にして、当該法規の実効を図ろうとする。そして、そうした最低基準を超えたところで労使当事者の自由な交渉による労働条件の決定を認めている。とはいえ、その場合でも労働者はやはり弱い立場にいることから、憲法第 28 条が、労働者個々人に団結する権利（組合結成権）を認め、そして労働組合を介して団体交渉を行う権利（団体交渉権）さらに団体交渉がうまくいかない場合にストライキに代表される団体行動（争議行為）を行う権利を労働者の基本的権利（労働基本権）として保障しているのである。

### 2　労働法の体系と労働法の種類

　上記のように、わが国の労働法は、その基本的な原理と権利がわが国の最高法規たる憲法により定型的に明記され、それに基づき個別の労働法規が制定されている。

## (1) 個別的労働関係法

　上述した憲法規範に即しつつ、労働法の体系と種類をみると、まず個々の労働者と使用者との関係を規律する個別的労働関係法の分野がある。個別的労働関係は、基本的には労働契約（雇用契約）を基礎にして成立するものである。そこでは、民法の契約法による規制を受けるが、すでに述べた労働関係の特質から労働条件の決定に関して一定の法的規制を行う必要があり、その限りで民法の契約法理の適用も制約を受けることになる。そうした法的規制の中核が労働基準法（労基法）である。その他にも、代表的には労働契約における労使当事者の権利義務関係の基本ルールを定めた労働契約法（労契法）をはじめ、最低賃金法、労働安全衛生法、労働者災害補償保険法（労災保険法）、男女雇用機会均等法（均等法）、育児・介護休業法（育介法）等がある。これらの法律は、「強行法規」として労働条件について労使当事者の合意によっても左右できない法律上の最低基準を設定することにより、個々の労働者の労働条件を保護することを基本目的としている。

## (2) 集団的労働関係法

　憲法第 28 条の労働基本権保障によって、個々の使用者あるいは使用者団体と労働者の利益擁護団体である労働組合との関係を規律する集団的労働関係法の分野がある。この分野の法は、集団的労働関係法という呼び名のほかに、労使関係法とも呼ばれたりする。この分野では、労働組合と使用者との団体交渉や労働協約さらには争議行為等を通じての労使関係のルールを定めた労働組合法（労組法）、労使間に紛争が発生した場合にこうした紛争を解決するための手続（争議調整の手続等）を定めた労働関係調整法（労調法）が中心である。その他にも、いわゆるスト規制法（電気事業及び石炭鉱業における争議行為の方法の規制に関する法律）などがある。

## (3) 雇用市場法（労働市場法）

　以上の個別的労働関係法と集団的労働関係法を含む分野が労働法の二大分野である。しかし、そのほかにも雇用市場法とか労働市場法と呼ばれる労働法の分野がある。市場の競争原理に基づく資本主義経済下での労働関係では、時として失業といった状況が発生する。前述した憲法は、その第 27 条第 1 項で労働者に「勤労の権利と義務」を保障し、国に対して働く意思と能力を持った人に対し雇用の機会を提供する責務を

負わせている。こうした責務を果たすべく、関係法規を整備した分野が
雇用市場法とか労働市場法と呼ばれる分野である。そこでは、基本法で
ある職業安定法（職安法）をはじめ、雇用対策法（同法は、平成 30
(2018) 年の働き方改革関連法の成立により、現在は「労働施策総合推
進法（労働施策の総合的な推進並びに労働者の雇用の安定及び職業生活
の充実等に関する法律)」に改正されている)、雇用保険法、職業能力開
発促進法、高年齢者雇用安定法（高年齢者等の雇用の安定等に関する法
律)、障害者雇用促進法（障害者の雇用の促進等に関する法律）等の法
規が存在している。

# 第 2 章

# 労働関係と労働基準法

# 労働関係と労働基準法

## 第 1 節　労働関係と労働基準法の適用

### 1　労働基準法の適用事業

#### （1）適用の単位

　労働基準法（労基法）は、刑罰法規（法違反に対する罰則の適用）としての性格とともに、労働時間規制の特例や適用除外などの観点から、従前、その適用については「事業」又は「事務所」を単位として、全体で 17 事業を個別に列挙する方法で適用されてきた。しかし、平成 10（1998）年の法改正により、適用事業を個別に列挙する方法をやめ、新たに包括的適用を原則とする方法に変更した。とはいえ、これによって「事業」や「事務所」の概念が無意味となったわけではなく、第 9 条や第 10 条においては、同法の適用対象となる「労働者」及び「使用者」の概念規定において「事業」の概念が適用基準として残されていることや各種労使協定の締結を事業所ごとの要件としていることなどから、依然として「事業」概念が労基法適用の基本的な単位であるといえる。その上で、上述のように、労基法は、事業の種類により規制の特例を設けたり、適用除外を認めたりしているので、従来の 17 号にわたる事業のうち 1 号から 15 号の事業に若干の修正を施しつつ、これを労基法の「別表一」に列挙し直して明記している。

#### （2）「事業」の概念

　労基法適用の基本的単位となる「事業」とは、行政解釈によれば、「一定の場所において、相関連する組織の下において業として継続的に行われる作業の一体をいう」ものとされている（昭 22・9・13 発基 17号）。それは、営利を目的とするものに限られず、たとえば政治団体、宗教団体、慈善団体、公共事業の団体等も含まれる。とはいえ、「事業」といえるためには「業としての継続性」が必要であることから、たとえば選挙期間中の選挙事務所などは、業としての継続性が認められないので、ここにいう「事業」にはあたらない（昭 27・3・5 基収 1063 号）。

他方、業としての継続性が認められれば「違法な」事業の場合であっても、労基法の保護法的性格から適用が肯定される。

### (3) 同一の事業か否かの判断基準

　労基法は、一定の場所的観念に基づき同一の事業か否かを判断しつつ適用されることから、経営上一体をなす企業全体に一括して適用されるのではなく、一企業において本店をはじめ、支店、工場等個別の事業（所）ごとに適用される。この観点から、同一の場所において行われる作業は原則として一個の事業と評価される。しかし、同一の場所にあっても一般事務や製造業務あるいは食堂と診療所のように、労働の内容や態様が大きく異なり、そのために、通常、労務管理も異なって行われる部門については、それぞれ、別個の事業として取り扱われる。さらに、場所的に分かれていても、事業規模が小さく組織構成や事務処理能力等の点で一個の事業としての独立性を認めることが困難もしくは適切ではないような場合（たとえば、小規模の出張所や支所等）には、直近上位の組織と一括して一個の事業として扱われる。

### (4) 労基法の場所的・人的適用の範囲

　労基法の、いわゆる場所的適用の範囲としては、「事業」単位を基準にしつつ、「属地主義」の原則をとっている。したがって、たとえば「事業」が日本国内で展開されている企業については外国の企業であっても適用対象とされ、またそこに勤務する者には国籍の違いを問わず労基法の適用が及ぶ。逆に、日本の企業であっても、事業が国外で展開されている場合には、労基法の適用が及ばず、またそこに勤務する者が日本国籍を有していても適用がない（昭 25・8・24 基発 776 号）。ただし、海外に進出した日本企業の支店（海外支店）、現地法人（現地企業）への出張や短期派遣の場合であって、日本国内の本店や本社（親企業）を通じて雇用管理が行われていると認められる場合には、労基法の適用が及ぶ。

　次に、労基法の人的適用の範囲についてであるが、労基法は、「同居の親族のみを使用する事業及び家事使用人」には適用されない（労基法第 116 条第 2 項）。その理由は、家族関係や個人の私的な生活領域における労働関係への法の介入・適用は望ましくなく、実際、法適用による規制も困難となりがちというところにある。具体的に、前者に関して「同居」とは、世帯を同じくして、常時、生活を共にしていることをい

う。しかし、単に「同居」しているということではなく、生計を共有する（居住と生計を一つにする）ものでなければならない。また、「親族」とは、民法第 725 条に定義される範囲の者（6 親等内の血族、配偶者、3 親等内の姻族）をいう。加えて、同居の親族であっても、常時、同居の親族以外の労働者を使用する事業において業務に従事し、かつ業務を行うにつき事業主の指揮命令に従っていることが明確であり、就業の実態が当該事業場における他の労働者と賃金や労働時間等が同様に管理されている場合には、労基法上の労働者とみなされる（昭 54・4・2 基発153 号）。また、後者の「家事使用人」とは、個人の家庭内において家事全般に従事する者をいう。一般家庭で使用される家政婦、ハウスキーパー等がその代表例である。家事使用人に該当するかどうかについては、従事している作業の種類のほか、その内容、性質等を勘案するなど当該労働者の労働実態に基づき具体的に判断することになる。しかし、個人の家庭において家事を事業として請け負う者に雇われて、その指揮命令下で当該家事を行う者は、ここにいう家事使用人には該当しない（昭 63・3・14 基発 150 号、平 11・3・31 基発 168 号）。

## 2　労働基準法の基本理念

　労基法の基本理念としては、次の二つを指摘することができる。一つは、労働生活の場での生存権理念の実現・確保ということであり、二つは、近代的、民主的な労働関係の確立ということである。

### (1) 生存権理念の実現・確保

　前者に関して、わが国の憲法は、その第 25 条で「すべて国民は、健康で、文化的な最低限度の生活を営む権利を有する。」ことを明記するとともに、その第 27 条第 2 項で「賃金、就業時間、休息その他の勤労条件に関する基準は、法律でこれを定める。」としている。労基法は、こうした憲法上の基本理念を労働生活の場で実現し、確保することを目的にしている。この点に関して、労基法は、具体的には「労働条件は、労働者が人たるに値する生活を営むための必要を充たすものでなければならない。」（第 1 条第 1 項）、「労働条件は、労働者と使用者が、対等の立場において決定すべきものである。」（第 2 条第 1 項）、「使用者は、労働契約の締結に際し、労働者に対して賃金、労働時間その他の労働条件を明示しなければならない。」（第 15 条第 1 項）旨を定めている。

## （2）近代的・民主的労働関係の確立

　労基法は、戦前の労働関係において多く見られた前近代的な労働慣行そして労働者に対する人権侵害の悪弊を失くし、近代的で民主的な労働関係の確立を図るために、人権保障に関するさまざまな規定を設けている。

### 1）均等待遇

　労基法第 3 条は、使用者に対して、労働者の国籍、信条又は社会的身分を理由として、賃金、労働時間その他労働条件について、差別的取扱いをすることを禁じている。本条は、憲法第 14 条第 1 項が明記する「法の下の平等」原則を労働関係の場で具体化し、確認した規定である。国籍とは人種や出身国も含む概念であり、また、信条とは何らかの具体的な信仰や思想に限定されず、個々人の内面的な精神活動やものの考え方をも含む広い概念である。さらに、社会的身分とは自らの意思では左右できない地位や事情を意味する概念であり、パートタイム労働者とか臨時工といった就業形態は含まれない。

　ここにいう労働条件には、賃金や労働時間をはじめ、労働関係における労働者の待遇全般をいい、解雇は含まれる。他方、採用については、労基法自体が労働契約関係の存在を前提に適用される法規であることから、一般にここにいう労働条件には含まれないと解されている。

### 2）強制労働の禁止

　労基法第 5 条は、使用者に対して、暴行、脅迫、監禁その他精神又は身体の自由を不当に拘束する手段によって、労働者の意思に反して労働を強制することを禁じている。奴隷的拘束と意に反する苦役を禁じた憲法第 18 条の趣旨を労働関係の場で具体化し、確認した規定である。本条違反に対しては、労基法上最も重い罰則が科せられる（第 117 条）。

### 3）中間搾取の排除

　労基法第 6 条は、何人も、法律に基づいて許される場合の外、業として他人の就業に介入して利益を得てはならない旨定める。本条は、いわゆる労働ブローカー等による「ピンハネ」行為や人身売買的な就業あっせん等の行為を禁止して、労働者の賃金確保や人権を保護することを目的としている。職安法の規制に基づく適法な有料職業紹介事業や有料報酬委託募集は、法律に基づき許される場合として中間搾取の禁止違反と

はならない。「他人の就業に介入」とは、使用者と労働者の間に第三者が介在して、労働関係の成立や存続についてあっせん等を行うことをいう。また、「業として……利益を得る」とは、営利を目的に同種の行為を反復継続して行うことをいう。

### 4）公民権行使の保障

労基法第 7 条は、労働者が労働時間中に、選挙権その他公民としての権利を行使し、又は公の職務を執行するために必要な時間を請求した場合、使用者はそれを拒んではならないと定める。ただし、使用者は、権利の行使又は公の職務の執行に妨げがない限り、請求された時刻を変更することができる。本条は、労働者にとって、労働生活と市民生活との調和を図ることを目的とするものであり、労働時間中に労働者が市民として公的活動を行う時間を保障しようとするものである。

ここにいう「公民としての権利」とは、具体的には選挙権・被選挙権をはじめ、最高裁判所裁判官の国民審査、憲法改正の国民投票等を例としてあげることができる。また、「公の職務」とは、法令に根拠のある職務のことをいい、具体的には国会や地方議会の議員、労働委員会等の行政委員会や法令に基づき設置される審議会の委員、裁判員や労働審判員等がある。

この点に関して、たとえば労働者の公職就任により、職場での業務遂行に支障が生じる場合に、同人を休職扱いにしたり、解雇したりすることができるかについては、当該労働者の職務や地位、公職就任による業務への支障の程度その他の事情を総合的に考慮して、その適否が判断されることになる。

### 5）賠償予定の禁止

労基法第 16 条は、使用者が、労働契約の不履行について違約金を定め、損害賠償額を予定する契約をすることを禁じている。民法では、こうした契約は取引の迅速性や安全性の確保等の理由から許容されている（民法第 420 条）。しかし、労働関係においては、契約期間中の退職につき違約金を定めたり、機械等の損壊等に対する損害賠償額をあらかじめ定めたりしておくと、労働者はその意思に反して労働を強制され、自由な退職が妨げられることになりかねないことから、労基法は、こうした事態の発生を防止し、労働者に退職の自由を確保することを目的に、これを禁止した。

　以上に関連して、近時、問題になっているのは、使用者の費用負担により労働者を研修や海外留学させた後、一定期間勤務すれば費用返還を免除するが、そうでない場合には費用の返還を求めるという制度（就業規則上の定め）の効力についてである。判例は、研修・留学の業務性、研修・留学に際しての自由度（定期的な報告義務等の有無）、勤務期間の長さ、返済免除の基準の明確さなどを考慮して、個別に判断している。こうした制度に関して、留意すべき大事な点は、金銭消費貸借の契約と労働者の退職の自由を切り離しておくことである。

6）前借金相殺の禁止

　労基法第 17 条は、前借金その他労働することを条件とする前貸の債権と賃金を相殺することを、使用者に禁じている。戦前を中心に、従前の労働関係では、労働者本人やその家族が使用者から事前に借金をし、それをその後の労働に対する賃金で弁済する約定が、労働者の不当な足止め策として利用され、強制労働につながりかねない状況が見られた。労基法はこれを禁止することにしたものである。ただし、前借金自体は禁止されるわけではなく、禁止されるのは、あくまでも労働することを条件に賃金と相殺する場合である。

7）強制貯金の禁止

　労基法第 18 条は、使用者に対し、労働契約に付随して貯蓄の契約をさせ、又は貯蓄金を管理する契約をすることを禁止する。本条は、労働者の権利である貯蓄金が自由に返還されないことにより、労働者の財産の保全とともに、労働者の自由な退職が妨げられ、強制労働につながる事態を防止することを目的としている。「貯蓄の契約をさせ」とは、労働者に対し使用者以外の第三者（金融機関等）と貯蓄の契約をさせることなどをいう。また、「貯蓄金を管理する」とは、使用者自身が預かった労働者の預金を受け入れ、自ら管理する契約を労働者と結ぶことをいう。もっとも本条は、任意貯金の制度（いわゆる社内預金制度）までを禁止するものではない。

（3）職場におけるパワーハラスメントの防止

　職場での男女を含む労働者の人権を擁護し、安心して働ける職場の環境づくりをめざして、令和元（2019）年 5 月、労働施策総合推進法が改正され、職場におけるパワーハラスメントの防止につき事業主の措置

義務が設定された（第30条の2～第30条の8）。こうした職場におけるパワーハラスメントの防止対策については、大企業は令和2（2020）年6月1日から、また中小企業では令和4（2022）年4月1日より義務化された。同法に基づき策定された指針「事業主が職場における優越的な関係を背景とした言動に起因する問題に関して雇用管理上講ずべき措置等についての指針」（令和2年1月15日、厚生労働省告示第5号）によると、職場におけるパワーハラスメントとは、①優越的な関係を背景とした言動であって、②業務上必要かつ相当な範囲を超えたものにより、③労働者の就業環境が害されるもの、と定義されている。その上で、パワーハラスメントの典型的な行為類型として、具体的には次の6つを例示している。1）身体的な攻撃（暴行・傷害）、2）精神的な攻撃（脅迫・名誉毀損・侮辱・ひどい暴言）、3）人間関係からの切り離し（隔離・仲間外し・無視）、4）過大な要求（業務上明らかに不要なことや遂行不可能なことの強制・仕事の妨害）、5）過小な要求（業務上の合理性なく、能力や経験とかけ離れた程度の低い仕事を命じることや仕事を与えない）、6）個の侵害（私的なことに過度に立ち入る）ことである。なお、これらの行為類型は限定列挙ではなく、例示列挙であるので留意が必要である。

　事業主には、上記のような言動を防止するために講ずべき措置義務が課せられている（第30条の2第1項）。具体的には、（1）事業主の方針などの明確化及びその周知・啓発、（2）相談への適切な対応のために必要な体制の整備、（3）職場におけるパワーハラスメントに係る事項の迅速・適切な対応、（4）そのほか併せて講ずべき措置となっている。そして、それぞれの措置については、さらに個別・具体的な措置の内容が示されている。すなわち、上記（1）に関しては、①職場におけるパワーハラスメントの内容、パワーハラスメントを行ってはならない旨の方針の明確化と労働者への周知・啓発、②行為に対する厳正な対処の方針、対処の内容を就業規則に定め、その労働者への周知・啓発。（2）に関しては、③相談窓口の設定、労働者への周知、④相談窓口担当者による相談内容や状況への適切な対処。（3）に関しては、⑤事実関係の迅速・適切な確認、⑥被害者に対する速やかな配慮の措置、⑦行為者への適切な措置、⑧再発防止措置。そして（4）に関しては、⑨相談者・行為者等のプライバシー保護、⑩相談等を理由の解雇その他の不利益取扱いの禁止が定められ、職場での周知・啓発が求められている。

　以上に関して、事業主は、労働者が職場におけるパワーハラスメント

について相談を行ったことや労務管理上の措置に協力して事実を述べたことを理由に解雇その他不利益取扱いをすることが禁止されている（第30条の2第2項）。そのほか、労働者に対しても、パワーハラスメントは職場の同僚労働者によっても行われ得ることから、労働者自身もパワーハラスメント問題に関心と理解を深め、他の労働者に対する言動に必要な注意を払う旨の努力義務が設定されている（第30条の3第4項）。

　同法による事業主の措置義務や不利益取扱い禁止をめぐる紛争については、均等法所定の手続の下で都道府県労働局長による助言、指導、勧告（第30条の5第1項）、そして紛争調整委員会による調停（第30条の6第1項）を通じて解決が図られる。

## 3　労働基準法の実効確保の方法

　労基法は、その実効性を確保することを目的に、いくつかの効果的な方法を用意している。

### （1）法違反に対する罰則の適用

　労基法は、同法の目的を効果的に実現・確保すべく、同法が設定する労働条件の最低基準を下回る労働条件を定める労働契約（労使間の個別合意）を強行的に無効とする（第13条）とともに、その違反について罰則（刑事罰）を科することを定めている（第117〜121条）。法違反の責任主体は、原則として「使用者」である。この使用者には、事業主すなわち事業の経営主体のみならず、事業の経営担当者、その他その事業の労働者に関する事項について、事業主のために行為するすべての者を含む（第10条）。別言すると、労基法で定義される「労働者」（第9条）に該当する場合であっても、同人が同時に労基法の責任主体としての「使用者」に該当し、労基法違反の責任（罰則の適用）を受けることがある。違反行為者が、「事業主のために行為した代理人、使用人その他の従業者」である場合においては、事業主が違反防止に必要な措置をしたと認められない限り、併せて罰則の適用を受ける（第121条第1項—いわゆる両罰規定）。なぜなら、そうしないと、本来の使用者は善意・無関係を理由に法違反の責任を免れることになり、法の実効確保の観点からは適切ではないからである。加えて、事業主が違反の計画を知り、その防止に必要な措置を講じなかったり、違反行為を知り、その是正に

必要な措置を講じなかったりした場合、または違反を教唆したような場合には、事業主である使用者自身も「行為者」として罰せられる（第121条第2項）。事業主が違反防止に必要な措置を講じた場合には免責を受ける（第121条第1項ただし書）。

　労基法は、使用者以外の者に対しても、時として法違反について罰則を適用する場合がある。たとえば、親が子供の人権を無視し、不当にこれを利用することを防ぐ（未成年者の保護）という目的から、労働契約の締結や子の労働に対する賃金の請求については、未成年者自身に行わせている（第58条、第59条）。したがって、未成年者に代わって親権者や後見人が労働契約を締結したり、賃金を受け取ったりした場合には罰則の適用を受ける（第120条第1号）。

## （2）付加金の支払

　労基法では、特定の事由に基づいて賃金その他一定の金員を労働者に支払うことを使用者に義務づけている。具体的には、解雇予告手当（第20条）、休業手当（第26条）、時間外・休日労働そして深夜労働に対する割増手当（第37条）、年次有給休暇中の賃金（第39条第9項）がこれに該当する。使用者が、こうした金員の支払を怠る場合には、労働者の請求に基づき、裁判所は、当該規定に基づき支払わなければならない未払金に加えて、それと同額の付加金の支払いを使用者に命ずることができる（第114条）。これを付加金の制度と呼んでいる。付加金の請求は、違反のあったときから2年以内に行うことが必要である。この期間は、時効期間ではなく除斥期間と解されている（第114条ただし書）。とはいえ、付加金の支払は、労働者の請求によって当然に認められるものではなく、あくまでも裁判所の裁量により命じ得るものである。実際、使用者による法違反が故意等悪質な場合において多く認められている。

## （3）行政監督の制度

　労基法は、専門的な行政監督機関による使用者への指導・監督を通じて法違反を防止し、法の実効を図っている。この行政監督機関は、労基法だけではなく、最低賃金法をはじめ労働者災害補償保険法、労働安全衛生法等の個別労働保護法規の施行についても監督の権限と責任を有している。

　行政監督機関の組織図としては、本省たる厚生労働省内に労働基準主

管局が、また各都道府県には都道府県労働局が設置され、さらにその下に労働基準監督署が置かれている（厚生労働省設置法第 17 条、第 22 条、同組織令第 2 条、労基法第 97〜105 条）。また、こうした行政監督機関には労働基準監督官が配置されている。

　労働基準監督署の長は、労基法に基づき、臨検ほか尋問、許可、認定、審査、仲裁等の権限を有している（第 99 条第 3 項）。また、労働基準監督官は、その資格や任免について特別の扱いを受け、その権限についても事業場、寄宿舎その他の付属建設物に臨検し、帳簿及び書類の提出を求めたり、使用者や労働者に対する尋問の権限を有している（第 101 条第 1 項）。また、労基法違反や労働安全衛生法違反について捜査する場合、司法警察官と同様の職務権限（捜査・捜索・検証等）を行使できる（第 102 条）。

　労働者は、事業場に労基法違反の事実がある場合には、その事実をこれらの監督機関に申告することができる（第 104 条第 1 項）。この申告を理由とする当該労働者に対する解雇その他の不利益取扱いは禁止されている（第 104 条第 2 項）。

## (4) 使用者の報告義務

　労基法の実施やそのための行政監督を実効あるものとするために、同法は、使用者に対して労働者名簿の調製（第 107 条）や賃金台帳の調製（第 108 条）を義務づけるとともに、その他雇い入れや解雇、賃金等雇用関係に関する重要な書類の 5 年間の保存を義務づけている（第 109 条）。

　その他、使用者は、労基法や同法施行規則等の法令、就業規則、労使協定・労使委員会の決議の周知義務を負っている（第 106 条）。

## 第 2 節 ｜ 労働関係の当事者

### 1　労働関係の当事者の意義

　労働関係の当事者という観点からは、単に労働契約上の直接の当事者である労働者と使用者だけではなく、憲法第 28 条の労働基本権保障の下で団体交渉や争議行為さらには労働協約の主体となる労働組合や使用者団体も労働関係の当事者として重要な役割を担っている。また、より広く完全雇用の実現といった労働市場の整備や雇用保障の関係からは、重要な役割を担う国（政府・その他の行政機関）や地方公共団体も当事者たる地位に立ち、さらには労働紛争の防止や解決といった関係からは、裁判所や労働委員会等も労働関係の当事者たる地位に立つといえる。

### 2　労働法上の「労働者」の概念

　一般に、労働法が適用される労働者といっても、個々の適用法規との関係で「労働者」の概念は異なる。たとえば労基法第 9 条は、「労働者」を「職業の種類を問わず、事業又は事務所…に使用される者で、賃金を支払われる者」と定義している。また、労働契約法第 2 条第 1 項は、使用者に「使用されて労働し、賃金を支払われる者」と定義する。さらに、労働組合法（労組法）第 3 条は、「職業の種類を問わず、賃金、給料その他これに準ずる収入によって生活する者」と定義している。こうした異なる労働者の定義は、それぞれの法律の趣旨・目的の違いに即したものである。

#### （1）労基法・労働契約法の労働者

　労基法の労働者と労働契約法の労働者とは、労基法が労働者の労働条件保護法として、法違反に対し罰則を科することにより、使用者に労働条件の最低基準を遵守させることを目的としていることから、その適用範囲を「事業・事務所」を基準にしていることを除けば、労働者の定義自体は両者に実質的な違いはなく、いずれも基本的には労働契約の存在を前提にしている。そこでの中心的な要件は、「使用されて」、「労働する」ことである。それは法的には「使用者の指揮命令に服して労働すること」、すなわち「使用従属関係」が存在することを意味する。実際の

労働形態においては、使用従属関係の下で労働しているかどうかが必ずしも明確ではない場合が少なくない。そこで、そうした場合にあっては、具体的には①業務の依頼や指示に対して諾否の自由があるか、②業務の遂行について時間的、場所的な拘束があるか、③報酬（の額や性質）が成果や出来高ではなく、労働の対償として支払われているか、④業務の遂行過程で具体的な指揮命令が行われているか、⑤業務遂行に使用する機材の所有関係、⑥使用者の服務規律等の規程の適用があるか、等の労働の実態を総合考慮して、個別に労働者性が判断される。したがって、呼称がパートタイマーやアルバイトあるいは契約社員等であろうと、さらに契約の形式が請負や委任（請負や委任の当事者は労働者ではなく、自営業者である）といった外形をとっていても、上記のような諸事情を勘案して使用従属関係の存在が認められる場合には労基法の適用が認められることになる。また、労基法の労働者性が認められる場合、最低賃金法や労働安全衛生法、労働者災害補償保険法、均等法（雇用の分野における男女の均等な機会及び待遇の確保等に関する法律）等個別労働保護法規の適用対象者ともなる。

### (2) 労組法の労働者

　以上に対して、労組法の労働者は、「使用されて」という要件が不要となっている。そのことは、いい換えると「使用者の指揮命令に服して」労務を提供していない（労働契約の下で労働していない）人でも、労組法上は「労働者」に該当し得るということを意味している。その典型例が「失業者」である。労組法の労働者性は、憲法第 28 条で保障された労働基本権の保障を受け得る働き手であるかどうか、とりわけ団体交渉の保護を及ぼすべきかどうかといった観点から判断される。したがって、請負や委任の契約形式により外形的には「自営業者」であっても、団体交渉による労働条件決定を認めるべきと考えられる場合には、労組法の労働者に該当する。実際の判断に際しては、①相手方の事業組織への組み入れ（組織における不可欠性）、②契約内容や業務遂行方法の一方的決定、③報酬の決定や計算における労務対償性のほか、④個別の業務依頼に対する諾否の自由があるか、⑤業務遂行の時間的、場所的な拘束の有無・程度、⑥業務に必要な機器等の所有や代替労働の可否、等を総合考慮して、労組法の労働者性が個別・具体的に判断されている（代表的判例として、新国立劇場運営財団事件・最 3 小判平 23・4・12 民集 65 巻 3 号 943 頁、INAX メンテナンス事件・最 3 小判平 23・4・12 労

判 1026 号 27 頁、ビクター事件・最 3 小判平 24・2・21 労判 1043 号 5 頁等)。

## 3　労働法上の「使用者」の概念

労働法上の「使用者」の概念についても多義的である。労基法等個別労働関係法上の使用者概念は、基本的には労働契約の一方当事者としての使用者である。典型的には、労働契約法が、その第 2 条第 2 項で定義している「その使用する労働者に対して賃金を支払う者」が該当する。他方、労組法等集団的労働関係法上の使用者については、労組法には定義規定がない。そこでは、基本的に団体交渉の相手方たる地位に立つべき者かどうかといった観点から個別・具体的に判断されることになる。

### (1) 労基法の使用者

労基法第 10 条は、使用者について、「事業主又は事業の経営担当者その他その事業の労働者に関する事項について、事業主のために行為するすべての者」と定義する。そこでは、基本的に二つの異なる視点があることに留意する必要がある。

### 1) 労働契約の当事者としての使用者

第 1 は、もっとも基本的な使用者の概念であり、「労働契約の一方当事者としての使用者」概念である。前掲の労働契約法の使用者の定義(第 2 条第 2 項)がこれに該当する。いい換えると、労働者に対して労働契約上の権利・義務をもつべき者は誰かといった視点からの定義である。労基法第 10 条に定義する「事業主」の概念がこれに該当する。事業主とは、事業の経営主体の意味であり、個人事業主の場合は企業主たる「自然人」自身、株式会社等の法人組織にあっては、当該「法人」自休が、ここにいう事業主となる。

### 2) 使用者概念の拡張について
### ①親会社が「使用者」とされる場合

上述のように直接的には労働契約の一方当事者ではなくても、例外的に労働契約上の責任(義務)を負わせることが適当と考えられる場合もある。たとえば、親子関係にある会社間で親会社が役員の派遣や株式の保有さらには取引き等の点で子会社の運営を事実上支配し、子会社従業員の労働条件や雇用につき実質的な支配力を持っているような場合、子

会社の従業員が親会社に対して労働契約上の責任を追及し得る場合（例えば、子会社が解散したにもかかわらず賃金や退職金の未払いがあるような場合）などである。こうした場面の問題は、一般に「使用者概念の拡張」をめぐる問題として議論されている。具体的には「法人格否認の法理」の適用をめぐって議論され、これには「法人格の実態がなく形がい化している場合（法人格の形がい化）、あるいは法の適用を回避するために法人格を濫用した場合（法人格の濫用）とがある。いずれの場合にも、一定の範囲において労働契約上の使用者としての責任を負わせることが、実際上も法律上も適切となる（代表的判例として、川岸工業事件・仙台地判昭 45・3・26 労民集 21 巻 2 号 330 頁、黒川建設事件・東京地判平 13・7・25 労判 813 号 15 頁）。

②社外労働者と受入先会社との「黙示の労働契約の成立」

　同様のことは、業務処理請負（その他派遣・出向等）による労働の場合にも生じ得る。実際には、請負会社の労働者は、注文主である社外の受入会社の事業場に出向いて請負業務に従事することになるが、その場合、実際の業務が受入先会社の管理監督者等による作業上の指示や命令よって行われ、また出退勤の管理がなされているような場合がある。こうした労働の実態がある場合には、一定の範囲で相手方受入会社との間に労働契約上の権利義務関係が黙示的に成立し得る場合がある。

## 3）労基法の責任主体としての使用者

　労基法は、最低労働条件基準の確保のために、使用者にさまざまな責任や義務を課している。そのため、実際には労働契約の直接当事者たる使用者でなくても、日々の業務遂行に際して、労基法上の責任・義務の担い手として、その不履行につき労基法の責任を問われ得る者も「使用者」の概念に含めている。具体的には「事業の経営担当者」、そして「労働者に関する事項について、事業主のために行為するすべての者」がこれに該当する。前者は、事業全般について権限と責任を負っている者で、法人企業の場合、代表取締役や支配人等がこれに該当する。また、後者については、人事や賃金等労働条件の決定やその他業務命令の発出について実質的な権限・責任を負っている者で、一般的には工場長や部長、課長等の管理監督者がこれに該当する。ただし、以上の者は、あくまでも「事業主のために行為する者」である限りにおいて、労基法の責任主体としての「使用者」と評価されるにとどまり、事業主との関係では、あくまでも「労働者」にあたる。

# 第 3 節 ｜ 労働条件の決定と変更

## 1　労働条件の決定方法

　労働条件とは、賃金や労働時間、休憩・休日・休暇さらには配置や昇進等の人事、懲戒等の服務規律、労働災害、安全衛生、福利厚生など労働者が労働契約に基づいて労働を行う場合の労働者の待遇に直接、間接に関係する処遇の一切をいう。このような意味の労働条件は、基本的には労働者と使用者との個別的な労働契約を通じて話し合われ、決定される。しかし、このような個別労働契約による決定のほかにも、使用者が作成する就業規則、労働組合と使用者との間で団体交渉を経て締結される労働協約さらには職場の労働慣行によっても、労働条件が決定される場合がある。

## 2　労働基準法等法令による労働条件の最低基準設定

　労働条件は、基本的に労使間の自由な話合いによる合意（個別合意か集団合意かの違いはある）に基づいて決定される。しかし、こうした自由な話合いを労使間にそのまま認めるとなれば、労使間の社会的、経済的力関係の差による立場の不平等や交渉力の不均衡の故に、実際には労働者に一方的に不利な内容の労働条件が決定されがちとなる。そこで、労基法は、憲法第 25 条の生存権保障の理念を受けて、その第 1 条第 1 項で「労働条件は、労働者が人たるに値する生活を営むための必要を充たすものでなければならない」との基本原則を明らかにするとともに、その第 2 項で「この法律で定める労働条件の基準は最低のものであるから、労働関係の当事者は、この基準を理由として労働条件を低下させてはならないことはもとより、その向上を図るように努めなければならない。」と定める。こうした原則を実効あるものとするため、労基法は、その違反に対して罰則を科する（第 117 条以下）ほか、その第 13 条で、同法に定める基準に達しない労働条件を定める労働契約を無効（強行的効力）とし、この無効となった部分は労基法が定める基準によると定める（直律的効力）。その結果、労働条件の決定に関する労使間の合意は、こうした労基法をはじめ法令（強行法規）が設定した最低基準を上回るところで決定され、効力を認められることになる。

## 3　個別労働契約

　法律的には、労働者と使用者の関係は労働契約の締結によりはじまる。そこでは、労働者と使用者が、対等な関係の下での自由な意思の合致（合意）により、労働契約の締結自体とともに、その具体的な内容である労働条件も個別に決定される。労基法第 2 条第 1 項及び労働契約法第 3 条第 1 項は、ともにこの原則を確認的に明記している。ただし、労働契約の締結は、労使当事者の意思表示だけで有効に成立（諾成契約）し、契約書の作成や取り交わしなどは必要ではないので、実際には個別の具体的な労働条件の決定が不明確になり、労使間にトラブルが発生することが少なくない。たとえば、小規模企業における雇用やパートタイマーやアルバイト等の非正規労働者の雇用に際しては、個別の労働条件決定はしばしば口頭による合意のみで行われることが少なくないところから、後になって「言った、言わない」のトラブルが起きやすい。そのため、実際には労働条件に関する書面の作成（雇用通知書等）が労働条件の具体的明示やトラブル防止のために重要となる。

## 4　就業規則

　一つの企業・事業場に働く労働者が多くなればなるほど、使用者と個々の労働者との個別の話合いによる労働条件の決定は、時間も手間もかかり、なにより労働者間の差別的取扱いをめぐる紛争を生じさせかねない。そのため、使用者としては、労働条件や職場規律を集団的、統一的に定めることが必要になる。わが国の企業社会では就業規則がそうした役割を果たしている。就業規則とは、職場での労働条件の集団的、統一的決定をはじめ、職場の秩序維持を目的とした服務規律に関する事項を使用者が定めた社内規則のことをいう。

### （1）就業規則の作成及び届出の義務等

　労基法は、工場・事業場等で常時 10 人以上の労働者を使用する使用者に対して、基本的な労働条件等一定の事項に関して就業規則の作成をし、これを所轄の労働基準監督署（長）に届け出ることを義務づけている（第 89 条）。ちなみに、変更の場合においても同様である。そして、この作成にあたっては、事業場において過半数労働者を組織する労働組合があればその組合、そうした組合がなければ事業場の過半数を代表す

る者（以下では、一般に事業場の過半数代表と記す）の意見を聴取する義務を定める（第 90 条）。しかし、それは、あくまでも意見聴取義務にとどまり、作成自体は使用者の一方的行為に委ねられる。そして、こうして作成された就業規則には、始業及び終業の時刻、休憩時間、休日、休暇等の労働時間に関する事項をはじめ、賃金の決定、計算及び支払の方法等賃金に関する事項、退職に関する事項（解雇の事由を含む）等、一定の事項を定めなければならない（第 89 条）。

### (2) 就業規則の法的性質—契約規律効

　このようにして作成された就業規則については、使用者は、作業場の見やすい場所に掲示する等の方法で、労働者に周知させなければならない（第 106 条第 1 項）。この周知は、就業規則が労働契約を拘束する（就業規則の労働条件に関する定めが労働契約の内容となって労働者を拘束する）ための要件とされている（フジ興産事件・最 2 小判平 15・10・10 労判 861 号 5 頁）。

　ところで、使用者が一方的に定める就業規則が、何故、労働契約の内容となって個々の労働者を拘束するのかといった就業規則の法的性質（法的効力）については、従来、学説上は、就業規則は「契約のひな型」にすぎず、労働者がそれに同意することによって労働契約内容となり労働者への拘束力を持つと説明する「契約説」と、就業規則それ自体が一つの法規範であり労働契約を規律する拘束力をもつとする「法規説」とが対立してきた。こうした見解の対立に対して、最高裁は、就業規則の内容が合理的である限り、その周知により、労働契約の内容となり労働者を拘束するとの立場をとった（一般に「定型契約説」とか「約款説」とか呼ばれた。代表的判例として、前掲フジ興産事件判決のほか、秋北バス事件・最大判昭 43・12・25 民集 22 巻 13 号 3459 事件、電電公社帯広局事件・最 1 小判昭 61・3・13 労判 470 号 6 頁等）。

　そして、現在では労働契約法第 7 条が、こうした最高裁判例の立場を基本的に踏襲し、「使用者が合理的な労働条件が定められている就業規則を労働者に周知させていた場合には、労働契約の内容は、その就業規則で定める労働条件によるものとする」旨明記しているところである（ただし、同条は、他方で労働契約において、労働者及び使用者が就業規則の内容と異なる労働条件を合意していた部分については、就業規則の基準を下回る場合を除き、この限りではない、としてその効力を限定している）。

### (3) 就業規則の不利益変更の効力

　就業規則で定めた労働条件を、使用者が労働者にとって不利益に変更した場合にも、労働者を拘束するかということも重要な問題である。この問題についても、従前、学説や判例においては、契約説と法規説の立場から、さまざまな議論が展開された。しかし、最高裁は、前述の秋北バス事件判決において、就業規則の変更によって労働者に不利益な労働条件を一方的に課することは原則として許されないが、当該規則が合理的なものである限り、個々の労働者において、これに同意しないことを理由に適用を拒否することはできないと述べ、その後の最高裁判例も基本的にこの立場を踏襲してきた（たとえば、第四銀行事件・最 2 小判平 9・2・28 民集 51 巻 2 号 705 頁、みちのく銀行事件・最 1 小判平 12・9・7 民集 54 巻 7 号 2075 頁）。

　現在では、労働契約法が、労働者と合意することなく、就業規則を変更することにより労働者の不利益に労働契約の内容である労働条件を変更することはできない旨定める（第 9 条）とともに、例外的に使用者が、変更後の就業規則を労働者に周知させ、かつ、就業規則の変更が、労働者の受ける不利益の程度、労働条件の変更の必要性、変更後の就業規則の内容の相当性、労働組合等との交渉の状況、その他の就業規則の変更に係る事情に照らして合理的なものであるときは、労働契約の内容である労働条件は、当該変更後の就業規則の定めるところによるものとする（第 10 条）と定めて、前掲最高裁判例の法理を明文化している。

## 5　労働協約

### (1) 労働協約の意義と作成手続

　職場の労働者が労働組合に加入している場合には、原則としてその労働条件は労働組合による団体交渉を通じて締結された労働協約によって決定される。労働協約とは、使用者（もしくは使用者団体）と労働組合との間で組合員である労働者の待遇に関する事項（労働条件事項と呼ばれる）や労働組合の組織や活動に関する事項（労使関係事項と呼ばれる）について団体交渉を行い、そこで合意された内容を書面化したものをいう。実際には、労働条件事項や労使関係事項を包括的に内容とした労働協約が締結されるのが一般的であるが、たとえば賃金や労働時間その他特定の事項に関して個別に合意した労働協約が締結される場合もある。こうした労働協約は、特に「〜協定」と呼ばれることが多い。

　労働協約は、締結当事者である使用者（使用者団体）と労働組合が書面に作成し、署名もしくは記名押印することにより、その法的効力が認められる（労組法第 14 条）。このように作成手続を厳格にしたのは、労組法が、労働協約によって締結当事者に権利・義務を設定することを認めているからである。

### (2) 労働協約の内容と規範的効力

　労働協約の内容は、組合員である個々の労働者の待遇（労働条件）に関する定めの部分（規範的部分と呼ばれる）と労働組合の組織や活動に関する定めの部分（債務的部分と呼ばれる）に分かれる。労働協約も、使用者と労働組合との団体交渉を通じての合意（集団的合意）であるから、全体として契約としての効力（債務的効力と呼ばれる）を有している。しかし、そうした契約としての効力以上に、労働協約中の規範的部分については、労働契約を直接規律する効力が認められている（労組法第 16 条）。この効力を規範的効力と呼んでいる。すなわち、労働協約で設定した労働条件部分に関する基準に労働契約が違反する場合には、当該違反する部分を無効（強行的効力）とし、無効になった部分は労働協約で設定した基準がその内容となる（直律的効力）。なお、労働契約に定めがない部分についても、労働協約で定めた基準が契約内容を補充する（補充的効力）。

### (3) 労働協約の不利益変更の効力

　労働協約についても、就業規則の場合と同様、組合員の労働条件部分について従前よりも不利益に変更された場合、その不利益変更は個々の組合員に拘束力をもつかどうかが問題となる。すなわち、労働協約の規範的効力は、労働条件の不利益変更の場合にも認められるのかという問題である。この問題については、裁判例や学説には、労働条件の不利益変更の場合には、現在の個々の組合員たる労働者の個別同意が必要とする考え方もあったが、最高裁そして学説の多数は、当該協約が、「特定の又は一部の組合員を殊更不利益に取り扱うことを目的として締結されたなど労働組合の目的を逸脱して締結されたもの」である場合を除いて、原則的に不利益変更についても規範的効力を肯定している（朝日火災海上保険（石堂）事件・最 1 小判平 9・3・27 労判 713 号 27 頁）。

## 6　労働慣行（労使慣行）

　実際の企業・職場内では、労働条件をめぐる取扱いが長年にわたって反復継続される場合がある。そうした場合には、結果的に反復継続された当該取扱いが職場の労働慣行（労使慣行）として労働契約の内容となり、労使を拘束する場合がある。このような慣行が労働契約の内容となり得ることの法的構成としては、「黙示の合意」や「任意規定と異なる慣習」（民法第 92 条）を論拠として挙げることができるが、裁判例では後者が多い。そうした裁判例では、このような職場の労働慣行（労使慣行）が、結果として労働契約の内容となるためには、①同種の行為や取扱いが長期間にわたって反復継続して行われていること、②労使双方が明示的・黙示的にこうした取扱いを排除していないこと、③当該の行為や取扱いが労使双方の規範意識（当該行為・取扱いに従うという意識）により支えられていること、が必要としている（たとえば、商大八戸ノ里ドライビングスクール事件・大阪高判平 5・6・25 労判 679 号 32 頁）。

## 第 4 節　それぞれの労働条件決定方式の効力関係

　今日の企業・職場では労働条件の決定につき複数の方式が存在する。その結果、ときとして一人の労働者について複数の方法による労働条件の決定が行われることがある。その場合、いずれの方法によっても、相互に同一基準が設定されるのであれば問題はない。しかし、実際にそれらの設定した基準（たとえば賃金や労働時間等）が相互に異なった場合、いずれの方法による労働条件の決定が優先的な効力をもつのかという問題が生じることになる。

### 1　就業規則と労働契約との効力関係

　まず、労働契約成立時において、就業規則が合理的な労働条件を定め、労働者に周知されている場合には、労働契約の内容は、その就業規則で定める労働条件の基準による（労働契約法第 7 条──就業規則の労働契約規律効と呼ばれる）。そして、労働契約の成立後においては、基本的に個別の労働契約は、就業規則で定める労働条件の基準に反することはできない。これについて、労働契約法第 12 条は、「就業規則で定める基準に達しない労働条件を定める労働契約は、その部分については、無効とする。この場合において、無効となった部分は、就業規則で定める基準による。」と定めている。この条文は、もともと労基法第 93 条が定めていた内容を労働契約法に移したものであるが、その法意は、就業規則の定める労働条件基準を下回る労働契約が無効になるという意味であり、就業規則の定める労働条件基準を上回る労働契約は無効にはならない（片面的強行性）。いい換えると、この規定は、就業規則の定める労働条件に最低基準としての効力を付与したものといえる（就業規則の最低基準効と呼ばれる）。なお、以上の理は、労働慣行（労使慣行）との関係でも同様である。

### 2　就業規則と法令及び労働協約との効力関係

　労基法第 92 条第 1 項は、「就業規則は、法令又は当該事業場について適用される労働協約に反してはならない。」と定める。労働契約法も、その第 13 条で同様の旨を確認的に定めている。すなわち、労基法など

の個別労働保護法規は、労働条件の最低基準を、その違反に対して罰則を科する形で労使に遵守させる強行法規であり、また労働協約は、使用者の一方的作成である就業規則による労働条件決定よりも、団体交渉を通じての労働条件の集団決定（協約自治の原則）である労働協約に優先的効力を認めようとするものである。

## 3　労働協約と労働契約

　労働協約の適用を受ける組合員労働者の労働条件については、基本的に労働協約の締結によって決定される。その場合、仮に個々の組合員労働者が労働協約で設定した労働条件よりも有利な内容の労働条件を使用者との間で個別に設定したとしても、労働協約違反として、その効力は認められない（一般に、わが国の労働協約法制の下では、個別労働契約の「有利原則」は認められていない）。労組法第 16 条は、「労働協約に定める労働条件その他の労働者の待遇に関する基準に違反する労働契約の部分は、無効とする。この場合において無効となった部分は、基準の定めるところによる。」と定めて、労働契約に対する労働協約の強行的効力そして直律的効力を確認している。ちなみに、この理は、労働契約に定めがない部分についても、同様である（補充的効力）。

　以上の効力関係をまとめると、労働条件の決定については、まずなによりも労基法等個別強行法規で設定された最低労働条件基準に違反することはできず、その上で労使間の個別の労働契約そして就業規則さらには労働協約と、順次、優先的な効力が付与されている。これを図式化すると図Ⅱ-2-1 のようになる。

図Ⅱ-2-1　労働契約と就業規則、労働協約等との効力関係

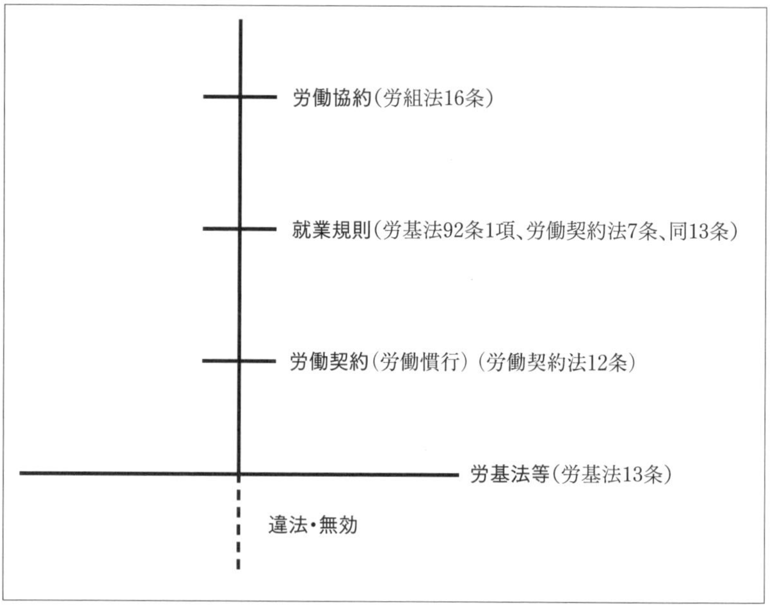

労働協約（労組法16条）

就業規則（労基法92条1項、労働契約法7条、同13条）

労働契約（労働慣行）（労働契約法12条）

労基法等（労基法13条）

違法・無効

（筆者作成）

# 労働契約の成立と展開

# 労働契約の成立と展開

**学習のねらい**

　労働者と使用者の関係は、労働契約の締結によってはじまる。使用者は、日々の事業運営において、労働者に対して、さまざまな業務上の指示・命令を行ったり、具体的な措置を講じたりする。しかし、そうした指示・命令や措置は、決して使用者が思うがままにフリーハンドで行い得るものではない。それらは、あくまでも労働契約に基づいたものでなければならず、またそこで労使が合意した範囲内において行われるものでなければならない。さらに、それらは、労基法等の強行法規の内容に抵触するものであってはならないのである。このように、職場内における労使の基本的な労働関係、そしてそこでのさまざまな業務や労働者の待遇にかかわる問題は、基本的には労基法等の労働保護法規の枠組みのなかで、労働契約（労使間の合意）に基づいて、判断・処理されるべきものであることを理解しておくことが重要である。

## 第 1 節　労働関係の成立と労働契約

### 1　「契約関係」としての労働関係

　既述のとおり、労働関係とは、ある人（労働者）が他の人（使用者・事業主）に対して、その指示・命令に基づいて自己の労務を提供し、相手方が報酬を支払うことを約束することにより形成される関係である。そして、こうした関係を作り出す法的な基礎が個々の労働契約（雇用契約）である。こうした契約関係の成立について、民法第 623 条は、「雇用は、当事者の一方が相手方に対して労働に従事することを約し、相手方がこれに対してその報酬を与えることを約することによって、その効力を生じる」と定めて、この契約関係を雇用又は雇用契約と呼んでいる。また労働契約法第 6 条では、「労働契約は、労働者が使用者に使用されて労働し、使用者がこれに対して賃金を支払うことについて、労働者及び使用者が合意することによって成立する。」と定めて、これを労働契約と呼んでいる。名称は異なるものの、いずれも労働関係が、労使

当事者の「合意＝契約」を基礎に成立することを確認的に明らかにしている。雇用ないし雇用契約と労働契約との関係については、労働法の独自性や専門性の議論とも関連して、講学上は活発に議論されてきたが、裁判所は、格別、この二つの契約類型を区別していない。

## 2　労働契約の成立と労働契約法

### (1) 主要な権利義務

　労働者及び使用者の合意により労働契約が成立した場合、労働者には労働を行う義務（労務の提供・履行義務）とともに報酬を受け取る権利（賃金請求権）が、他方、使用者には報酬を支払う義務（賃金支払義務）とともに労働を求める権利（労務請求権）が発生する。この権利は、実際の労働者の日々の労務履行に際しては、その内容やその履行の場所、時間さらには具体的方法等を決定する権利として、広くは人事権そして個別には業務命令権（指揮命令権とも呼ばれたりする）の行使として現れる。

### (2) 付随義務

　こうした主要な権利義務のほかにも、いわゆる労働契約上の信義則に基礎を置く付随義務が労働者及び使用者の双方に発生する。こうした付随義務は、労働契約関係の特質が人的・継続的な契約関係であることと密接な関係がある。そこでは、労働者側の付随義務は、一般に誠実義務と呼ばれ、他方、使用者側の義務は配慮義務とか保護義務と呼ばれる。これらの義務は、実際の労働契約の展開においては、さらにさまざまな義務として具体化される。たとえば、使用者においては、労働者が実際に労働に従事する場合に、その生命や身体、健康を危険から保護することを内容とする義務（安全配慮義務とか安全保護義務と呼ばれる）、また時としては労働者が職場でセクシュアルハラスメントやパワーハラスメントその他のいじめ・嫌がらせ等を受けないように職場の環境を整備する義務（職場環境整備義務とか職場環境配慮義務とか呼ばれる）、さらには労働者の解雇をできるだけ回避する義務（解雇回避努力義務）として現れる。他方、労働者においては、職場の規律を保つ義務（職場規律保持義務とか企業秩序遵守義務と呼ばれる）をはじめ、使用者の企業秘密や利益を守る義務（企業秘密保持義務）、使用者と競業する企業（同業他社）に就職したり、自らこれを起業したりすることを控える義

務（競業避止義務）等として現れる。

## 3　労働契約の締結・変更と労働契約法の指導原理

　以上のように労働者と使用者間で合意を通じて締結された労働契約については、平成 19（2007）年 11 月に成立した労働契約法が、労働契約の成立をはじめ、展開、変更そして終了等に関して労使当事者が遵守すべき基本的なルールを定めている。同法は、その指導理念として、以下のような原則・理念を明記している。

### （1）合意の原則
　労働契約法は、まず労働契約は、労働者及び使用者が対等な立場における合意に基づいて締結し、又は変更すべきものと定める（第1条、第3条第1項）。この合意原則には、現実には労使の非対等性を背景に締結されがちな労働契約にあって、あくまで労働契約の成立、変更は労使当事者とりわけ使用者の「一方的決定によっては行うことができない」という原則、そしてなにより、そこでの合意は、労働者と使用者が「対等な立場に立っての話し合いによりなされるべき」ものであるという原則の二つが示されている。

### （2）均衡処遇の理念
　つぎに、労働契約法は、労働契約は、労働者及び使用者が、就業の実態に応じて、均衡を考慮しつつ締結し、又は変更すべきものとすることを明らかにしている（第3条第2項）。均衡処遇の理念は、すでにパートタイム労働者と通常の労働者間の均衡処遇の原則を定めたパートタイム労働法においてみられたところである（この理念は、その後パートタイム労働法を改正して成立した短期間労働者及び有期雇用労働者の雇用管理の改善等に関する法律（短時間・有期雇用労働法）の第8条に受け継がれている）。労働契約法は、これを、パートタイム労働者と通常の労働者間の原則だけにとどめることなく、労働契約の締結・変更に関する全体的な基本理念として明示するところとなった。もっとも、基本理念の宣言にとどまり、具体的な法律効果を伴う規定ではないと理解されている。

## （3）仕事と生活の調和（ワーク・ライフ・バランス）

　労働契約法は、労働契約は、労働者及び使用者が仕事と生活の調和に
も配慮しつつ締結し、又は変更すべきものとする、と定める（第 3 条第
3 項）。今日の日本社会は、少子高齢社会の進行により、労働力人口の
減少と社会保障財政の逼迫、女性の職場進出の増加や長時間の過重労働
等により、その家庭生活や健康等に重大な影響を与えている。こうした
状況を改善することが国（政府）をはじめ、企業そして労働者全体の基
本的な政策課題となっている。こうした状況を踏まえて、この仕事と生
活の調和、すなわちワーク・ライフ・バランスの理念を労働契約の原則
とした。この規定も、基本理念の宣言にとどまる訓示的な規定であると
理解されている。

## （4）信義誠実の原則

　さらに、労働契約法は、契約関係を規律する民法上の基本原則の一つ
である信義誠実の原則を労働契約についても規定している。すなわち、
労働契約法は、労働者及び使用者は、労働契約を遵守するとともに、信
義に従い誠実に、権利を行使し、及び義務を履行しなければならない、
と定めている（第 3 条第 4 項）。労働契約も、契約関係の一つである以
上、民法の契約法におけると同様、契約解釈の基本原理である信義誠実
の原則が当てはまることはいうまでもなく、実際にも労働契約における
労使双方の付随義務の内容を考える上で重要な法的意義を有する。

## （5）権利濫用の禁止

　上記（4）と同様、労働契約法は、民法における契約解釈の基本原則
である権利濫用の禁止法理を労働契約の解釈原理としても明確にしてい
る。すなわち、労働契約法は、労働者及び使用者は、労働契約に基づく
権利の行使に当たっては、それを濫用することがあってはならない、と
明記する（第 3 条第 5 項）。民法第 1 条第 3 項の規定内容を労働契約関
係にあてはめたものである。この規定も、労働契約全般の解釈原理とし
て、実際上も理論上も重要な意義と機能を担うことはいうまでもない。

## 第 2 節　労働契約の成立

### 1　労働契約の締結

　労働者と使用者との労働関係は、基本的には労働契約の締結によって開始される。労働契約は、契約の性質としては、諾成（お互いの意思表示だけで効力が発生するということ）・双務（互いに相手に対し債務を負うということ）・有償（互いの債務が対価性をもつということ）の契約として理解される。このことについて、民法第 623 条は、雇用（契約）が「労働に従事すること」と「報酬を支払うこと」の労使の合意により成立すること、そして同様に労働契約法第 6 条も、労働者が「使用されて労働」し、使用者が「賃金を支払う」ことについての労使の合意により有効に労働契約が成立すること、すなわち民法の「雇用（契約）」そして労働契約法の「労働契約」が諾成契約であることを確認している。

### 2　労働条件の明示義務

　労働契約の締結に際しては、労基法第 15 条第 1 項は、使用者に対して、賃金、労働時間その他の労働条件を労働者に明示しなければならない義務を課している（明示すべき労働条件の具体的内容は、労働基準法施行規則第 5 条第 1 項で明記されている）。また、労働契約の期間、就業場所、従事すべき業務、労働時間、賃金、退職（解雇事由を含む）に関する事項等については「書面の交付」による明示が要求される。法律上は「書面」となっているが、平成 30（2018）年の労基則の改正により現在は労働者が希望すれば電子メール、FAX、SNS のメッセージ機能等でも明示することが可能となった（ただし、出力して書面を作成できるものに限られる）。ちなみに、パートタイム労働者については、上記に加えて昇給、退職手当、賞与の有無、相談窓口の事項についても、文書や FAX 等を通じて明示しなければならない（短時間・有期雇用労働法第 6 条）。

　なお、労働条件明示に関しては、近時、明示すべき労働条件の追加に関する改正が行われている。一つは、労基則（第 5 条）の改正よるもので、他は職業安定法施行規則（第 4 条の 2）の改正によるものである。

前者に関しては、すべての労働者を対象に労働契約の締結時及び有期労働契約の更新ごとに「雇い入れ直後」の就業場所・業務の内容に加え、これらの「変更の範囲」についての明示が必要とされ、また有期契約労働者については有期労働契約の締結と契約更新ごとに「更新上限（有期労働契約の通算契約期間または更新回数の上限）」の有無と内容の明示等が必要とされている。職業安定法施行規則の改正に関しては、令和 6 (2024) 年 4 月から労働者の募集や職業紹介事業者等への求人申込みを利用する際に求職者に対して明示しなければならない労働条件（従事すべき業務の変更の範囲や就業場所の変更の範囲等）が追加されている (83 頁)。

　明示された労働条件が事実と異なる場合には、労働者は、即時に労働契約を解除することができ（労基法第 15 条第 2 項）、また解除の日から 14 日以内に帰郷する場合には旅費の支給が認められる（同条第 3 項）。

## 3　労働契約の締結と期間の設定

　労働契約の締結にあたっては、労使は、その合意に基づき、期間を定めた労働契約（有期労働契約）を締結するか、もしくは期間を定めない労働契約（無期労働契約）を締結することができる。有期労働契約を締結した場合、当該期間中は、労働者は労働義務を負い、使用者は雇用義務を負う。ただし、民法第 626 条は、雇用の期間が 5 年を経過した後は、当事者の一方がいつでも契約の解除をすることができる旨明記している。また、雇用の期間途中で、当事者の一方が契約を解除した場合、契約違反として債務不履行責任を負う（民法第 415 条）。もっとも、雇用の期間途中であっても、「やむを得ない事由があるとき」は、各当事者は、直ちに契約の解除をすることができる。ただし、その事由が当事者の一方の過失によって生じた場合には、相手方に対して損害賠償の責任を負う（民法第 628 条）。

　以上の労働契約における期間の設定については労基法が、その第 14 条で規制を設けている。すなわち、同条によると、労働契約の期間設定については、一定の事業の完了に必要な期間を定めるもののほかは、3 年を超える期間を締結してはならない（同条第 1 項）。

　ただし、専門的な知識、技術又は経験であって高度のものとして厚生労働大臣が定める基準に該当する専門的知識等を有する労働者及び満 60 歳以上の労働者との労働契約の締結においては、例外的に 5 年までの

期間を設けることができるとしている（同条第 1 項第 1 号、第 2 号）。

　なお、3 年の期間設定の場合においても、労働者に不利益が生じない
ように、必要な措置が講じられるまでは、労働者は 1 年を経過した日以
降、使用者に申し出ることによりいつでも退職できる（労基法附則第
137 条）。

## 第 3 節　　労働者の募集と採用

### 1　　労働者の募集

　労働契約の成立については、実際には使用者による募集に対して労働者が応募し、筆記試験や面接などによる選考を経たうえで採用が決定され、労働契約が締結されるというプロセスをとる。この労働者の募集に関しては、職業安定法（職安法）が基本ルールを定めている。同法によると、労働者の募集には、使用者が直接行う「直接募集」と第三者に委託して行う「委託募集」がある（第 4 条）。直接募集は、原則として使用者が自由に行うことができるが、委託募集については厚生労働大臣の「許可（求人者である使用者が報酬を与える場合）」又は「届出（報酬を与えない場合）」が必要である（第 36 条）。なお、中間搾取を防ぐため、求人者又は募集受託者が求職者から報酬を受けること（第 39 条）及び求人者の被用者又は募集受託者に有料の委託募集について認められる報酬を除いて、報酬を与えることが禁止される（第 40 条）。

### 2　　採用の自由

　事業の継続的発展にとって、有能な人材の確保は極めて重要なことである。この点、わが国の最高裁判所は、憲法第 22 条の「職業選択の自由」そして第 29 条の「財産権保障」を基礎とした経済活動の一環として、使用者に幅広い「採用の自由」を保障し、実際にどのような者をどのような条件で雇うかは原則として使用者の自由としている（三菱樹脂事件・最大判昭 48・12・12 民集 27 巻 11 号 1536 頁）。この自由には、募集するかしないかの自由のほか、募集の方法、採用の人数等についても、使用者が自由に決定できることを含んでいる。前述の三菱樹脂最高裁判決では、使用者は、応募者の思想信条を理由に採用を拒否できるかが問題となったが、最高裁は、憲法の人権保障規定（第 14 条、第 19 条）は私人である労使間に直接適用されないこと、労働者の国籍・信条・社会的身分を理由とする労働条件差別を禁止した労基法第 3 条は採用には適用されないこと、などを理由に、思想信条を理由とする採用差別は直ちには不法行為を構成するものではないと判示しており、この立場が現在までの裁判所の基本的考え方となっている。

　とはいえ、採用の自由もまったく無制約のものではなく、たとえば均等法は性別を理由とした募集・採用差別を禁止し（第 5 条）、また募集・採用に際して「身長・体重・体力」要件を付すること、募集・採用、昇進又は職種の変更について、住居の移動を伴う配転に応じる要件を付すること、昇進について、転勤経験の要件に付すること、を一定の条件の下で違法な間接差別に当たるとして禁止している（第 7 条、同法施行規則第 2 条）。労組法は、労働者の採用に関して、労働組合から脱退すること、労働組合に加入しないことを雇用の条件とすること（黄犬契約と呼ばれる）を禁止している（第 7 条第 1 号）。その他、労働施策総合推進法では募集・採用に「年齢」制限を付することを原則として禁止（第 9 条）し、障害者雇用促進法でも、一定比率以上の障害者の雇用を事業主に義務づけたりしている（第 43 条）。

　なお、採用の拒否が違法（不法行為）とされる場合であっても、その法的救済については、使用者に対して実際に労働契約を締結させ、採用を強制することまではできず、損害賠償請求にとどまる。ただし、憲法第 28 条による団結権保障の正当な行使を侵害する使用者の行為である不当労働行為の成否が労働委員会で争われる事件で、採用拒否が不当労働行為と認められた場合、労働委員会がその救済として採用を使用者に命じることは可能である。

## 第4節　採用内定、試用期間

### 1　採用内定

　わが国では、いわゆる新規学卒者の採用については、採用内定と呼ばれる募集・採用の方式がとられるのが一般的となっている。採用内定とは、在学中の学生を対象に募集を行い、採用試験を実施して内定通知を出し、卒業後、実際に就労を開始するというものである。そうした場合、採用内定の通知を受けた学生は、通常は他の企業への就職活動を止めるであろうが、内定通知後、それが合理的理由なく取り消された場合、当該学生の地位はどのように解されることになるのであろうか。ここでは、採用内定によって、既に労働契約が成立しているのかどうかということが重要な労働法上の問題となる。

#### （1）採用内定の法的性質

　この問題については、従前、学説には、①内定は、労働契約の成立そのものではなく、将来の労働契約締結のための予約に当たるとして、予約違反の契約責任（債務不履行責任）を問い得るにとどまるとする考え方（予約説と呼ばれる）、②内定は、手続上、労働契約の締結に至る事実的な過程にすぎないとし、不法行為に基づく損害賠償責任を問い得るにとどまる（労働契約締結過程説と呼ばれる）、③内定通知により、労働契約が既に成立しており、合理的理由のない内定取消は解雇に該当し、内定者はその無効を争うことができるとする考え方（労働契約成立説と呼ばれる）が見られた。これらに対して、最高裁は、実際の企業における内定の実態は多様であり、具体的な事実関係に即して個別に判断する必要があるとしながらも、一般に採用内定通知によって、使用者に解約権が留保された労働契約が成立し、この留保解約権の行使（すなわち内定の取消）は、客観的に合理的で社会通念上相当として是認できる場合にのみ適法に行使することができるとした（代表的判例として、大日本印刷事件・最2小判昭54・7・20民集33巻5号582頁）。

#### （2）解約権行使の合理的理由

　留保解約権の行使が認められる具体的な事由としては、個々の紛争事案に即して個別に判断されるほかないが、一般的には使用者側において

は、急激な業績悪化による経営不振（この場合には、判例法理上、整理
解雇の規制法理に従って判断される）、労働者側においては、成績不良
による卒業延期（留年）、健康状態の著しい悪化、虚偽申告の判明、重
大な経歴詐称等が考えられる。


## 2　試用期間

　わが国の企業・職場では、多くの場合、実際の就労後直ちに本採用と
して正規の雇用が行われるのではなく、採用後の一定期間、試しに就労
させ、従業員としての適格性を判断することが多い。こうした就労の期
間が、一般に試用とか試用期間と呼ばれる。公務員の場合、試用期間は
法律（国家公務員法〈国公法〉第 59 条、地方公務員法〈地公法〉第 22
条）で定められているが、民間の企業・職場では就業規則で定められ、
通常、3 カ月から 6 カ月の期間が設定されることが多い。試用期間中の
労働者は、この試用期間を無事に経過して本採用となるが、なかには試
用期間の途中や満了時に従業員として不適格であることを理由に本採用
が拒否される場合がある。こうした場合、労働者の側ではどのような法
的救済を求めることができるかが問題となる。


### （1）試用期間の法的性質
　この問題については、判例・学説は、試用期間の法的性質をめぐる問
題として議論してきた。考え方としては、先の採用内定の議論と同様、
試用期間中は、あくまでも従業員としての適格性を判断することを目的
とした契約が成立しているのにとどまり労働契約はいまだ成立していな
いとする考え方（特別契約説と呼ばれる）と既に労働契約が成立してい
るとする考え方が見られた。最高裁は、ここでも、やはり個々の事案に
応じて個別に判断する必要があるとしつつも、原則的には試用期間中も
解約権が使用者に留保された労働契約が成立しており、本採用拒否は、
この留保された解約権の行使、すなわち解雇であり、その効力は客観的
に合理的な理由があり、社会通念上相当として是認できる場合にのみ認
められるとしている（代表的判例として、三菱樹脂事件・最大判昭 48・
12・12 民集 27 巻 11 号 1536 頁）。


### （2）試用期間の延長・更新
　予定された試用期間が満了すれば、原則として本採用となる。しか

し、ときとして使用者があらかじめ定められた試用期間を一方的に延長
したり、再度、更新したりすることがある。こうした試用期間の延長や
更新は労働者の地位を不安定にし、重大な不利益を課することになりか
ねないので、就業規則等でその旨の定めがない限り原則として許されな
い。ただし、当初の試用期間中に労働者の適性を十分に見極めることが
できない事情がある場合（たとえば、労働者が病気等になって就労でき
なかったような場合等）には、例外的に試用期間の延長や更新が認めら
れる場合がある。

# 第5節 　労働契約の展開

## 1 　人事異動─その意義と形態

　わが国の企業・職場では、事業の円滑・効率的な運営のために、定期的あるいは業務の必要に応じて、職務の内容や勤務の場所を変更する人事がしばしば行われる。一般的には、人事異動と呼ばれるが、その目的は、労働力の適正配置、適材適所、労働能力の育成（熟練の形成）、昇進のための前提、雇用の維持（業績不振等における雇用調整）等、さまざまな意義と目的をもって行われる。

　こうした人事異動は、具体的には企業内人事異動と企業間人事異動に大別することができる。前者は、同一の企業（使用者）の下で、仕事の内容や勤務場所を変更する「配置転換」がある。この配置転換のうち、特に生活の本拠を移す形で異動する形態を「転勤」と呼んでいる。他方、後者は、従前に勤務していた企業（使用者）の下での労働契約上の地位をそのまま維持しつつ、新たに別の企業（使用者）の下で一定期間勤務したあと元の企業（使用者）の下に復帰する「出向」（在籍出向とも呼ばれる）と従前の企業（使用者）との労働契約関係を解消し、新たに別の企業（使用者）との間に労働契約関係を成立させる「転籍」（移籍出向とも呼ばれる）がある。

　いずれの異動形態にあっても、労働者の側にとっては職場でのキャリア形成や家族との生活などワーク・ライフ・バランス（仕事と生活の調和）に重大な影響を与えるため、こうした人事異動を命じる使用者の権限やその範囲等を含め、使用者と労働者との利害を適切に調整することが重要な問題となる。

### （1）配置転換（配転）
#### 1）配転命令の法的性質

　まず、使用者が、その雇用する労働者に対して有効に配転を命じるためには、配転命令が結果として労働契約の内容として合意されていなければならない。こうした合意の存在については、学説上は「包括的合意説」や「特約説」さらには「労働契約説」等労使間の個別の合意の存在を強調する考え方が見られる。しかし、判例法上は、一般に就業規則や労働協約（労働者が組合員の場合）の定めにより労働契約上の内容と

なっている場合には使用者の配転命令権が認められている。ただし、あらかじめ仕事の内容や勤務場所を限定する明示もしくは黙示の合意が個別になされている場合には、配転命令の権利はその範囲に限定され、それを超えた配転命令は労働契約の変更の申入れと評価され、労働者の個別同意がない限り無効となる。

### 2）配転命令の法的限界

つぎに、配転命令権が労働契約の内容として合意されている場合であっても、こうした権利の行使が濫用的に行われたと認められる場合には、その権利行使は制約を受ける。この配転命令権の濫用の成否判断については、一般に裁判所（判例）は、使用者側において①配転を命じる「業務上の必要性」があるか、労働者側においては②当該配転命令により、労働者が被る不利益がどの程度あるか、を比較考量することにより、個別に判断している。具体的には、①の「業務上の必要性」判断については「人選の合理性」も含まれるが、そこでは「余人をもって代えがたい」とまでの高度の必要性は要求されない。また、②の「労働者の被る不利益の有無・程度」については、労働者に「通常甘受すべき程度を著しく超える不利益を負わせるものである場合」等、特段の事情が存在する場合でなければ、配転命令権の濫用は認められない。後者の「労働者の被る不利益」に関する特段の事情の存否判断については、近時、ワーク・ライフ・バランスや男女共同参画社会の実現への配慮が強く求められてきている。法規上も、たとえば育児・介護休業法第 26 条や労働契約法第 3 条第 3 項によってこうした法理が明記されている（代表的判例として、明治図書出版事件・東京地決平 14・12・27 労判 861 号 69 頁）。

そのほか、配転命令が、差別等不当な目的や動機をもって行われた場合（思想信条差別、性差別、組合員差別等）、いじめや嫌がらせ、不当な退職に追い込む目的などから行われたような場合にも、違法・無効と判断される。

### (2) 出向・転籍

### 1）出向命令の法的性質

先述のとおり、出向とは、従前に勤務していた企業（出向元企業）での労働者たる地位を保有しながら、一定期間、新たに別の企業（出向先企業）の労働者として、その指揮命令にしたがって就業することをい

う。ここでも、やはり一番の法律問題は、使用者の出向命令権の法的根拠である。この点に関しては、判例・学説とも、民法第 625 条第 1 項を根拠に、労使間の合意の存在を基本的な要件とする点で見解の対立はない。しかし、この合意の存在形式として、個々の労働者のその都度の個別同意を必要とするかあるいは事前の包括的同意で足りるとするかどうかについては、見解が分かれている。判例は、一般に就業規則や労働協約上の出向に関する規定をもって出向命令権の根拠とし、使用者は、かかる規定に基づき労働者のその都度の個別同意なしに出向を命じることができるとしている（代表的判例として、新日本製鐵（日鐵運輸第 2）事件・最 2 小判平 15・4・18 労判 847 号 14 頁）。ただし、最高裁は、同時に出向命令権が適法有効であるためには、出向規定において、出向期間をはじめ、出向中の地位、出向先での労働条件など出向労働者の利益に配慮した内容が示される必要性を強調している。

### 2）出向命令権の濫用

　以上により、出向命令権が認められる場合であっても、その権利行使が濫用となる場合には制約を受けることは、配転の場合におけると同様である。この点に関して、労働契約法は、その第 14 条で「…当該出向の命令が、その必要性、対象労働者の選定に係る事情その他の事情に照らして、その権利を濫用したものと認められる場合には、当該命令は、無効とする」と定め、この法理を明確にしている。

### 3）転籍の法的性質

　以上に対し、転籍は、従前の企業（転籍元企業）との労働契約関係が解消され、新たに別の企業（転籍先企業）との間に労働契約が締結される異動の形態であるから、原則として転籍命令が有効となるためには、労働者との間でその都度の個別合意が必要となる。

## 2　昇格・昇進・降格

### （1）職能資格制度・役職制度と人事考課

　今日のわが国の企業・職場においては、労働者の待遇、特に賃金や昇格・昇進等の処遇との関係では、一般に職能資格制度や役職制度が用意されていることが多い。もともとは長期雇用慣行の下で、年功的な処遇制度（年功序列賃金制度が代表的）に能力主義的要素を加味するために

導入された制度といえる。ちなみに、より最近では個々人の成果を人事処遇により直結させる成果主義的処遇制度へと進んできている。

　職能資格制度とは、個々の労働者の職務遂行能力を職能資格によって格付け区分し、それぞれの職能資格の中で、さらに資格等級が定められ、賃金もこの資格等級に連動して決められている。一つの職能資格の中で級が上昇することを「昇級」といい、格付けが上昇することを「昇格」という。また、役職制度とは、企業組織上の地位をいい、対応職位として、一般的には部長、課長、係長等の職位によって示される。一つの職位から上の職位に上昇することを「昇進」という。

　昇級、昇格あるいは昇進にせよ、それらは、一般に人事考課と呼ばれる考課査定により行われる。人事考課においては、具体的には勤務年数をはじめ、勤務成績（業績）、勤務態度（勤怠状況）そして人物評価（積極性や責任感、協調性等の主体的評価）等の事情が総合評価される。

## （2）昇格・昇進の権利

　職能資格制度の下での昇格や昇進については、人事考課が就業規則等の規定によって制度化され、そしてその規定内容が、周知と内容の合理性を通じて、労働契約の内容となる場合には、使用者は労働契約上の権利として人事考課の権利を持つことになる。その上で、昇格そして昇進は、原則的に使用者の人事権に基づく裁量的判断と発令行為（辞令交付）によって行われる。特に、昇進の人事は、使用者の裁量に基づく発令行為が要件とされる。したがって、労働者は当然には昇格や昇進に対する権利（昇格・昇進請求権）は持たない。ただし、個別の労働契約をはじめ、就業規則あるいは労働協約等で昇格等を、一律に（たとえば勤続年数等だけで）保障している場合には労働者に昇格や昇進に対する権利（昇格・昇進請求権）が認められる場合がある。

　また、昇格や昇進の前提となる使用者の人事考課が、①男女の性別（均等法第6条）や思想信条（労基法第3条）、組合加入や正当な組合活動（労組法第7条第1号）等を理由に差別的に行われた場合、人事考課が著しく衡平を欠いている場合、人事考課の評価基準に重大な事実誤認があったりするような場合には、強行法規違反あるいは人事考課における裁量権の濫用として、違法とされる場合がある（光洋精工事件・大阪高判平9・11・25労判729号39頁）。

　違法な差別や裁量権の濫用により、昇格・昇進が違法とされる場合、労働者には不法行為に基づく損害賠償請求の権利が認められる。問題

は、差別等がなければ労働者がついていたであろう職能資格制度上の格付けの地位にあることの確認（資格請求権）及び差額賃金の支払い（差額賃金請求権）、さらには職位の付与（職位請求権）が認められるかである。判例では、たとえば昇格が男性だけを勤続年数に基づき一律に自動昇格させていたような労使慣行があった事案において、当該労使慣行の適用を除外された女性について昇格請求権、差額賃金請求権を認めたものがある（芝信用金庫事件・東京地判平 8・11・27 労判 704 号 21 頁）。しかし、職位請求については、昇進は、労働者（職員）の配置という組織運営上の問題であって、労働条件とは関連性がないとして、請求を認めていない。

## （3）降格

　降格は、大別して①役職・職位の降格（たとえば、課長を係長に格下げするなど昇進の反対措置）、②職能資格の引き下げとしての降格、そして③懲戒処分としての降格（降職と呼ばれる場合もある）がある。

　①については、昇進における場合と基本的に同様、労働力配置に関する組織運営上の問題であるから、使用者は、就業規則に規定がなくとも、成績不良や不適格性等業務上の理由があり、権利濫用に当たらない限り、人事権に基づく裁量的判断により行うことが可能である。

　しかし、②の降格については、基本給等賃金の減額を伴う労働契約上の地位の変更であるから、原則的に労働者の個別同意や就業規則上の根拠規定の存在が必要である（アーク証券（本訴）事件・東京地判平 12・1・31 労判 785 号 45 頁）。

　さらに、③の懲戒処分としての降格の場合、懲戒処分の適法性に関する法規制（労働契約法第 15 条）の下に服する。

## 3　休職

### （1）休職の意義と種類

　休職とは、労働者について、何らかの事情で勤務させることが不可能又は適切ではない場合に、労働契約関係をそのまま維持しつつ、一定期間、当該労働者に対して勤務を免除したり、又は禁止することをいう。公務員については、法律上、明文の定めがある（国公法第 79 条、地公法第 28 条第 2 項）。しかし、私企業の場合は法律上の規定がなく、通常、就業規則により休職の事由をはじめ、休職期間、休職中や休職期間

満了後の労働者の取扱いなどが定められている。

　休職の事由には、たとえば①傷病休職（業務外の病気や負傷を理由とする）、②事故欠勤休職（傷病以外の私生活上の事故やトラブルを理由とする）、③起訴休職（刑事事件で起訴された労働者につき判決確定までの間、待機させることを理由とする）、④自己都合休職（留学や公職への就任などを理由とする）、⑤懲戒処分としての休職（労働者の職場規律違反に対する懲戒を理由とする）、⑥組合専従休職（組合の専従に就任したことを理由とする）、⑦雇用調整としての休職（経営悪化を理由とする）、⑧出向休職（出向中の不就労を理由とする）などがある。休職については、実際上、解雇を猶予する措置としての機能がある。

### (2) 休職をめぐる問題

#### 1) 休職期間中の取扱い

　私企業における使用者は、就業規則の規定に基づき所定の休職事由が存在する場合には、労働者に対し休職を認めたり、命じたりすることができる。休職中の取扱いについても、基本的には就業規則の定めるところに従う。たとえば、賃金の支払いについても同様であるが、一般に労働者側の事情（特に労働者の責に帰すべき事情）による休職の場合には賃金は支払われないことが多い。もっとも、雇用調整としての休職（一時帰休とも呼ばれる）のような場合には、労基法第 26 条に基づく休業手当と同額の休職手当の支払いが認められることとなる。

#### 2) 休職期間満了後の取扱い

　休職期間が満了した場合にどのような取扱いがなされるかも、原則的には就業規則の定めるところに従う。一般的には、休職期間中に休職事由が消滅した場合には復職し、当該事由が消滅しない限り、その満了後はあらためて就業規則に照らして、期間満了による自動退職（自然退職）あるいは解雇となる。この点について、たとえば傷病休職のような場合、休職期間中に当該傷病が「治癒」すれば復職となる。しかし、治癒しているかどうかの判断、いい換えれば復職可能かどうかの判断は、実際上は相当微妙で困難な場合が多い。また、治癒＝復職可能との判断がなされても、労働者は当然に復職とはならず、使用者の復帰命令を待って復職するのが普通である。しかし、他方で使用者には労働者の復職について一定の配慮が求められることもある。たとえば、労働者が従前の職務を行うことができなくても、軽勤務から徐々に通常勤務に戻す

ことが可能な程度に回復していれば、退職扱いや解雇はできない場合があり（エールフランス事件・東京地昭 59・1・27 労判 423 号 23 頁）、また労働者が職種や業務内容を特定せずに労働契約を締結した場合には、現に就業を命じられた特定の業務について労務の提供が十全にはできないとしても、その能力、経験、地位、当該企業の規模、業種、当該企業における労働者の配置、異動の実情及び難易に照らして、当該労働者が配置される現実的可能性があると認められる他の業務について労務提供をすることができるような場合には、仕事を続けたいと希望する労働者に対し、使用者が自宅待機を命じて欠勤扱いとすることはできないこともある（片山組事件・最 1 小判平 10・4・9 労判 736 号 16 頁）。

### 3）休職期間満了後の解雇

　上述のとおり、一般的には休職期間中に休職の事由が消滅せず、休職期間が満了した場合、就業規則の定めるところにより、労働者は自動退職か、あるいは使用者が解雇するかのいずれかとなる。後者の場合には、解雇時において、改めて解雇権濫用法理による解雇規制がかかる（労働契約法第 16 条）。すなわち、当該解雇につき客観的で合理的理由があり、かつ社会通念上相当として是認し得る事情の存在が必要となる。

### 4）起訴休職について

　その他、起訴休職の場合、当該労働者が逮捕、起訴されたという事実の発生だけで、使用者は休職を命じることはできない。その場合、当該労働者が逮捕・拘留や裁判のために、実際の労務提供が不可能もしくは著しく困難となる等の支障が生じている場合か、あるいは逮捕・起訴の対象となった犯罪行為の性質や当該労働者の職場での地位等に照らして、企業秩序や業務の円滑な遂行さらには企業の社会的名誉・信用等に重大な支障を及ぼし得る場合があるなど、当該労働者の就労を禁止することにやむを得ない事情があることが認められる必要があろう（全日本空輸事件・東京地判平 11・2・15 労判 760 号 46 頁）。

## 第 6 節　｜　職場規律と懲戒

### 1　職場の規律保持と懲戒制度

　今日の企業は、多数の労働者の協業と分業によって、運営されている。そのため、使用者にとって、事業の円滑な運営を確保するために、職場組織の秩序を維持し、規律を保持することが重要となる。こうした目的のために、就業規則で服務規律が定められ、その違反に対しては、制裁罰として一定の不利益処分が行われるのが通例である。こうした職場の規律保持のための服務規律は、労働者の就労行為（業務遂行）に係る規律をはじめとして、職場内の行動や企業施設の利用、企業外の行動に係る規律など、企業内外の労働者のさまざまな行為をカバーしている。労働者の服務規律違反に対して、使用者が制裁罰として行う不利益処分を懲戒処分と呼び、これを就業規則上で制度化したものを懲戒制度と呼ぶ。そして、この懲戒制度の下で、使用者が労働者を懲戒処分に付することのできる権限を懲戒権と呼んでいる。

### 2　懲戒権の法的根拠

#### （1）学説—固有権説と契約説

　懲戒処分が、企業組織や事業の円滑な運営にとって必要な措置であるとしても、法的には私人である使用者に対し、どのような法的根拠に基づき懲戒権が認められるのか。この点に関して、学説上は、使用者は、職場の秩序と規律を必要とする企業運営上、当然に固有の権利として懲戒権を持つとする「固有権説」がある。この考え方では、使用者は、就業規則に懲戒規定がなくとも、当然に懲戒権限を有し、また仮に就業規則に懲戒の事由や種類が定められていても、それに制約されない、すなわち、そうした就業規則上の懲戒規定はあくまでも確認的、例示的な規定にすぎないとされる。他方、就業規則上の懲戒規定が労働者の同意に基づき労働契約の内容となることに基づくとする「契約説」の考え方がある。この考え方では、使用者が労働者を懲戒するためには、あらかじめ就業規則に懲戒の事由や種類が定められている必要があり、しかもこうした定めは限定的なものであるとされる。

## （2）判例

　これに対して、判例は、使用者は、企業の存立・運営に不可欠な企業秩序を定立し、維持する当然の権限（企業秩序定立権）を有し、労働者は、企業秩序を遵守する義務（企業秩序遵守義務）を負うとしたうえ、労働者の企業秩序違反行為に対しては、制裁罰として懲戒処分を行うことができるとして、使用者の懲戒権を、使用者が労働者に対して有する企業秩序定立権ないしは労働者側からの企業秩序遵守義務の一部（一内容）として根拠づけている（代表的判例として、国鉄札幌運転区事件・最 3 小判昭 54・10・30 民集 33 巻 6 号 647 頁）。

## 3　懲戒の事由と懲戒処分の種類

### （1）懲戒の事由

　就業規則に定める懲戒の事由は、企業によりさまざまである。代表的なものとしては、業務命令違反（配置転換命令や時間外労働命令の違反等）、職務上の非違行為（取引先からの賄賂や金品の受領等）、職場規律違反（禁止されたビラ等の配布行為や政治活動、勧誘行為等）、経歴詐称（学歴や職歴、犯罪歴の詐称等）、私生活上の非行（刑事訴追行為等）、二重就職（兼職・兼業行為等）が挙げられる。

### （2）懲戒処分の種類

　懲戒処分の種類としては、けん責・戒告（どちらも労働者の将来を戒める処分であるが、けん責は労働者に始末書の提出を求めることが多い）、減給（賃金を減額する処分。ちなみに、労基法第 91 条は、その範囲を限定している）、出勤停止（一定期間につき労働者の労働義務を停止させ、出勤を禁止する処分）、降格（制裁として、労働者の役職や職能資格を低下させる処分）、諭旨解雇（労働者に退職を促し、本人の申出による退職という形の処分で、通常退職金は支給される）、懲戒解雇（懲戒としての解雇であり、懲戒処分の中で一番重く、通常、退職金も支払われない）。

## 4　懲戒権行使の適法性

　使用者に懲戒権が認められるとしても、その行使は無制約のものではない。懲戒権の行使が適法に認められるためには、あらかじめ就業規則

により懲戒の事由及び懲戒の種類を定めて、これを周知しておくことが必要である（フジ興産事件・最 2 小判平 15・10・10 労判 861 号 5 頁）。ちなみに、労基法は、その第 89 条で、懲戒に関する事項を就業規則の記載事項としている（同条第 9 号）。

　その上で、実際の懲戒処分に際しては、適正な手続が踏まれていることが必要である。具体的には、労働者本人に対して懲戒の事由を伝え、弁明の機会を認める（適正手続の遵守）が必要である。その他、懲戒処分の対象となった行為と懲戒処分との均衡（処分の相当性）や同じ非違行為には同じ処分（公平・平等の取扱い）、さらには一事不再理（二重処罰の禁止）等の原則を守ることも必要となる。この点について、労働契約法第 15 条は、対象となる労働者の行為の性質、態様その他の事情に照らして、それが客観的に合理的理由を欠き、社会通念上相当であると認められない場合には、権利の濫用として無効となると定めて、上記のような手続や原則に違反する懲戒処分の効力を否定する旨確認している。

## 第7節 | 労働者の安全・健康の確保

### 1 安全・健康の確保

　労働者にとって、快適な職場環境の下で、安全と健康を確保しつつ、日々の業務遂行にあたることがなにより重要となる。そのため、使用者にとっても、労働者の生命や身体の安全と健康を確保することが、事業の円滑な遂行のために必要となる。このような職場での労働者の安全や健康の維持、そしてそのための職場環境を確保し、実際に業務遂行の過程で発生した事故や病気に対する補償を行う制度を確立することが人事・労務管理上の重要な課題であった。現在では、職場での労働者の安全衛生（災害防止）や職場の労働環境の改善については労働安全衛生法が、そして業務上の災害、すなわち労働災害に対する補償については労基法（第8章・災害補償）のほか、労働者災害補償保険法（以下、労災保険法という）が重要な法律として存在する。

### 2 社会福祉施設における労働災害の増加と防止対策の推進

#### （1）労働災害発生の増加

　高齢者や障害者の福祉事業や保育事業等の社会福祉施設においては、近年、労働災害の発生が増加している。社会福祉施設における労働災害の発生状況の推移は下表のとおりであり、令和4（2022）年は12,780件で、平成20（2008）年と比べて、2.6倍の状況となっている。また、災害発生件数の増加だけでなく、災害発生率（1,000人当たりに発生した死傷者数の割合）も増加傾向にある。

表II-3-1　社会福祉施設における労働災害発生状況

| | 平成20<br>（2008）年 | 平成23<br>（2011）年 | 平成26<br>（2014）年 | 平成29<br>（2017）年 | 令和2<br>（2020）年 | 令和4<br>（2022）年 |
|---|---|---|---|---|---|---|
| 社会福祉施設<br>死傷者数（人） | 4,829 | 5,900 | 7,224 | 8,738 | 11,667 | 12,780 |
| 社会福祉施設<br>死傷年千人率 | — | — | — | 2.17 | 2.72 | 2.85 |

（出典：厚生労働省「令和4年における労働災害発生状況（確定）」をもとに筆者作成）

　さらに、実際にどのような災害が発生しているかをみると、「動作の反動・無理な動作」が、令和 4（2022）年で、4,475 件と最も多く、次いで多いのが「転倒」（4,379 件）となっている。こうしたことから、厚労省では労災防止計画において社会福祉施設を死傷災害の重点業種の一つとしている。

## （2）社会福祉施設における労働災害事故発生の背景

　厚生労働省の調査等によると、社会福祉施設において労働災害事故が多く発生する背景には、①高齢者や障害者、乳幼児の安全や快適さなどを確保・向上させることが最優先に考えられ、職員の安全衛生への取組みが後回しにされやすいこと、②事業所（施設）内で実効性の伴った安全衛生組織の構築や活動が乏しいこと、③腰痛防止や転倒災害防止等に取り組むとしても、実施すべき具体的な対策や手順に関する情報が少なく、十分な取組みができなかったこと、などが指摘されている。

## （3）社会福祉施設における労働災害発生の防止について

### 1）職場の安全管理の必要性

　事業者（施設管理者）には、社会福祉施設の職員が、日々、安全に働くことができるよう職場の環境や働き方を整備する責任がある。既に指摘されているように、職場の安全管理の問題は、経験のある職員の離職や有能な人材の新たな確保に支障が出るなど、被災した職員に止まらない支障が生じかねない。また、被災職員が休職を余儀なくされたような場合には他の職員が被災職員の業務を代替せざるを得ないことから職場の業務全体に負担がかかってしまい、職員のモラルダウンも避けられない結果につながりかねない。こうした予期せぬ事態の発生を回避し、日々の安全で快適な業務の遂行を確保するためにも、事業者は職場の安全管理を徹底する必要がある。

### 2）労働災害発生の防止対策

　以上の観点から、厚生労働省では社会福祉施設において事業者が行う安全衛生管理活動を支援するため、事業所の実態に即して労働災害防止対策に取り組むことができるよう安全管理マニュアルを策定し、災害発生件数が多い転倒災害や腰痛等を対象とした防止対策の推進を図っている。具体的には、たとえば転倒災害に関しては「転倒事故発生場所」の表示を行ったり、朝礼や申し送り時に事故事例を発表したり、事故事例

を基にチェックリストを作成し職員が定期的にチェックする等の注意喚起が効果的である旨を揚げている。また腰痛の予防対策に関しては、「一般的な腰痛予防対策」として労働衛生管理体制の構築の下で作業姿勢・動作、服装、作業の実施体制等の改善、補助機器等による作業の自動化・省力化、休憩時間・作業量の管理、作業の組合せなどの「作業管理」をはじめ、温度、照明、作業床面、作業空間等の改善を内容とした「作業環境管理」、腰痛の健康診断の実施、腰痛予防体操の実施、腰痛による休業者の職場復帰時の措置等の「健康管理」、腰痛予防のための「労働衛生教育」の実施、その他、腰痛発生要因のリスクアセスメントの実施、その結果に基づく適切な腰痛予防対策の実施などが示されている。さらに、腰痛の発生が比較的多い作業における「作業態様別の予防対策」として、重量物取扱いの作業をはじめ、立ち作業、座り作業等の場合における予防対策を具体的に示している。

　以上のほかにも、職場に潜む危険を可視化（見える化）することで、より効果的な安全活動を行う方法や 4S 活動（整理、整頓、清掃、清潔）、ヒヤリハット活動等の方法についても紹介するなどして、職場での転倒災害等労働災害防止対策の推進を図っている。

## 3　労働安全衛生法

　労働安全衛生法は、事業者（この法律では事業主のことを事業者という。使用者と基本的に同義）その他の関係者に対して（1）安全衛生管理体制の整備充実を求めている。具体的には、①安全衛生の最高責任者にあたる「総括安全衛生管理者」の選任、②「安全・衛生委員会」の設置、③「産業医」の選任がある。また、同法は、事業者等に対して（2）遵守すべき安全衛生の基準も定めている。具体的には、「労働者の危険又は健康障害を防止するための措置」や「機械等及び有害物に関する規制」の実施である。さらに、（3）安全衛生教育・健康診断の実施についても定めがある。たとえば、労働者の健康管理につき、具体的には①定期的な一般健康診断のほか、②一定の有害業務に関する特別の健康診断の実施義務を事業者に負わせている。そこでは、事業者は、医師の意見を勘案して、必要な場合には就業場所の変更のほか、作業転換、労働時間の短縮、深夜業の回数の減少等の措置を講じるほか、作業環境の測定、施設・設備の設置・整備その他の措置を講じなければならない。

　また、最近では過労死の問題や職場のメンタルヘルスケアのための施

策も実施されている。具体的には、平成 17(2005) 年の労働安全衛生法の改正によって、事業者は、週単位の時間外労働が 1 カ月 100 時間を超え疲労の蓄積が認められる労働者に対して医師による面接指導を行い、その結果を記録しなければならない。また、その結果に基づく必要な措置について、医師の意見を聴取して、必要があると認められる場合、就業場所の変更や作業の転換、労働時間の短縮等の措置を採るべきものとされた（第 66 条の 8 第 1〜5 項）。

　さらに平成 26(2014) 年には、化学物質による健康被害が問題となった胆管がん事案の発生や、精神障害を理由とする労働災害認定件数の増加など、社会情勢の変化や労働災害の動向に即応し、労働者の安全と健康の確保対策を一層充実させるため、①一定の危険性・有害性が確認されている化学物質による危険性又は有害性等の調査（リスクアセスメント）の実施、②医師、保健師などによるストレスチェックの実施、③受動喫煙防止対策の推進、④重大な労働災害を繰り返す企業への改善計画の作成等を内容とする労働安全衛生法の一部改正を行っている。

## 4　労働者災害補償保険法

### (1) 労働災害と労働者・遺族の補償

　労働者が、業務遂行中に負傷や疾病等の労働災害を受けた場合、法律的には当該負傷や疾病が使用者の過失等によって発生したような場合には、労働者は使用者に対して不法行為に基づく損害賠償責任を問うことが可能である（民法第 709 条）。しかし、使用者に過失等がなければ、こうした責任は問い得ない。そこで、労基法は、その第 8 章で「災害補償」に関する規定を設けて、業務上の災害を受けた労働者あるいは遺族が、使用者に当該災害発生に過失がなくとも、災害補償を請求できる制度（無過失責任の災害補償制度）を定めている。しかしながら、この制度の下でも使用者に財産的資力がなければ、被災労働者あるいは遺族の補償を十分になし得ないといった制約がある。

　そこで、あらためて労働者災害補償保険法（労災保険法）の制定により、政府の運営する保険制度としての労災保険制度が設立された。この労災保険制度は、原則として労働者を使用するすべての事業主に強制的に適用（労災保険法第 3 条第 1 項）され、政府が保険者となって保険料を使用者から徴収し、労働災害が発生した場合に被災労働者や遺族に対して保険給付が行われる（労災保険法第 1 条、第 2 条）。手続的には、

被災労働者もしくは遺族が、労災保険給付の申請を所轄の労働基準監督署（長）に対して行い、これに対し、署長が支給・不支給の決定を行う。不支給決定に対しては、労災保険審査官さらには労働保険審査会への審査請求を行うことができる。さらに、これにも不服の場合、裁判所に対して取消訴訟を提起できる。

　なお、給付の対象も現在では通勤災害をはじめ、介護補償給付さらには過労死予防のための二次健康診断等給付など新たな保険給付も導入されている。

### （2）労災保険給付の要件

　労災保険法に基づく労災保険給付は、療養補償給付、休業補償給付、障害補償給付、遺族補償給付、葬祭料、傷病補償年金、介護補償給付が内容となっている。しかし、こうした保険給付がなされるためには、労働者の負傷や疾病等が「業務上のもの（業務災害）」であることが必要である。この業務上の認定については、基本的には「業務起因性」の立証を要件にして判断される。しかし、業務起因性の立証は、実際には微妙な判断が求められることもあり、これを補足する要件として「業務遂行性」も判断の基準とされる。実際には、「業務遂行性」が判断され、これが認められるときには、原則として「業務起因性」が推定される。

　この業務起因性について、今日、重要な問題を提起しているのが、いわゆる「過労死」（急性脳・心臓疾患の発症）における業務上の認定に関してである。これに関しては、従前は、平成 13（2001）年 12 月に改正した「脳血管及び虚血性心疾患等（負傷に関する者を除く。）の認定基準」（平 13・12・12 基発 1063 号）に基づき労災認定を行っていたが、働き方の多様化や職場環境の変化等もあり、新たに令和 3（2021）年 9 月に認定基準の改正が行われた（令和 3 年 9 月 14 日付け基発第 0914 第 1 号）。新認定基準の主な改正点は以下のとおりである。まず、過労死の労災認定基準の一つとして示されていた「業務の過重性（業務の過重負荷）」の評価については改正前の基準が維持されている。すなわち、労働時間に関しては①発症前 1 カ月間に 100 時間又は 2〜6 カ月間平均で月 80 時間を超える時間外労働は発症との関連性は強い、②月 45 時間を超えて長くなるほど関連性は強まる、③発症前 1〜6 カ月間平均で月 45 時間以内の時間外労働は発症との関連性は低い、また労働時間以外の負荷要因としては、拘束時間が長い勤務、出張の多い業務等労働時間の不規則性の認定基準を維持するとともに、以下の基準を新たに認定基準

に追加した。すなわち、長期間の過重業務に関しては「労働時間と労働時間以外の負荷要因を総合評価して労災認定とすることを明確化した。具体的には、上記①の水準には至らないがこれに近い時間外労働に一定の時間以外の負荷要因が加わることにより業務と発症との関連が強いと評価することを明示するほか、労働時間以外の負荷要因を見直し、勤務間インターバルが短い勤務や身体的負荷を伴う業務等を評価対象として追加、また短期間の過重業務・異常な出来事に関して、たとえば「発症前のおおむね 1 週間に継続して深夜時間帯に及ぶ時間外労働を行うなど過度の長時間労働が認められる場合」等を業務と発症との関連性が強いと判断できる場合を明確化している。そのほか、認定基準の対象となる疾患に「重篤な心不全」を追加した。

　そのほか、労災保険法は、労働者の故意による死亡や事故については保険給付を行わないのが原則である（第 12 条の 2 の 2 第 1 項）。これに関連して、近時、重要な問題を惹起しているのが、過労によりうつ病にり患した労働者が自殺したような場合、すなわち「過労自殺」について、業務起因性を認め、労災保険給付の対象とできるかという問題である。近時は、仕事上のストレスにより心因性の精神障害を訴える労働者が急増している背景もあって、業務（過労）と自殺との間に因果関係が認められ、それに起因して死亡（自殺）したと認められる場合には、業務起因性が認められることが多くなってきている。そうしたなか、平成 26（2014）年 6 月には「過労死等防止対策推進法」が制定され、過労死を定義するほか、実態調査をはじめ、国民への啓発、相談体制の整備等、国の対策や自治体、事業主の協力などを求めている。そのほか、職場でのセクシュアルハラスメントやパワーハラスメントを受けたことによるうつ病やそれに起因する死亡（自殺）についても、業務起因性が認められたりしている。ちなみに、業務による心理的負荷を原因とする精神障害については、平成 23（2011）年 12 月策定の「心理的負荷による精神障害の認定基準」に基づいて労災認定が行われていたが、パワーハラスメント防止対策の法制化に伴い、令和 2（2020）年には「業務による心理的負荷評価表」の具体的出来事等にパワーハラスメントが追加される形で改正されている（令和 2 年 5 月 29 日基発 0529 第 1 号）。

## 5　労働災害と損害賠償

　労働者が業務上の災害を受けた場合、被災労働者や遺族は、労基法や

労災保険法に基づく各種給付を受けることができるが、それらは定型的（定率）なものであり、また慰謝料等の精神的損害は含まれない。そこで、被災労働者や遺族は、労災補償によってカバーされないより多くの補償（損害填補）を求めて、民事上の損害賠償請求を行うことがある。

## （1）不法行為に基づく損害賠償請求

　一つの方法は、民法所定の不法行為に基づく損害賠償請求である（民法第 709 条、第 715 条等）。しかし、この不法行為訴訟では、被災労働者等原告側が使用者の過失の存在を立証する責任を負い、また消滅時効の期間が 3 年と短いことが欠点でもあった。

## （2）債務不履行に基づく損害賠償請求

　不法行為に基づく損害賠償請求のほかに、近時、主流となっているのが、使用者の安全配慮義務違反を理由とする債務不履行責任に基づく損害賠償請求である（民法第 415 条）。判例によれば、使用者には、特別な社会的接触の関係に入った当事者間における信義則上の義務として、労働者に対して安全配慮義務を負うと述べ、この義務を使用者が怠ったために労働者が死亡したり、疾病にかかったりした場合には、使用者は、民法第 415 条の債務不履行責任による損害賠償義務を負うとしている（代表的判例として、陸上自衛隊八戸車両整備工場事件・最 3 小判昭 50・2・25 民集 29 巻 2 号 143 頁、川義事件・最 3 小判昭 59・4・10 民集 38 巻 6 号 557 頁）。ちなみに、この債務不履行訴訟では、使用者が、債務不履行につき、自らに責めに帰すべき事由がないこと（使用者が安全配慮義務を尽くしたこと、たとえば災害が不可抗力あるいは労働者側の過失によって生じたことなど）を主張立証する責任を負い、また消滅時効も 10 年となる。

## （3）労働契約法と安全配慮義務

　以上の裁判法理を受けて、労働契約法第 5 条は、労働者の安全の配慮として、「使用者は、労働契約に伴い、労働者がその生命、身体等の安全を確保しつつ労働することができるよう、必要な配慮をするものとする」旨、新たに定めている。

# 労働契約の終了

# 第4章

# 労働契約の終了

**学習のねらい**

労働契約は、さまざまな原因によって終了する。大別すると、定年（定年退職制の場合）をはじめ、期間の満了、当事者の消滅（労使当事者の死亡、法人の解散や合併）等客観的事情の発生によって終了する場合と、当事者の意思表示によって終了する場合がある。後者は、さらに労働者の一方的意思表示によって終了する場合（任意退職とか辞職とか呼ばれる）、反対に使用者の一方的意思表示によって終了する場合（解雇）、そして労使両当事者の合意によって終了する場合（合意解約）に分かれる。

こうした終了原因のうち、もっとも重要なものが使用者による解雇である。解雇は、労働者の意思にかかわらず行われ、労働者を失業に追い込み、労働者やその家族の生活に重大な影響を及ぼし得るからである。そのため、解雇に対しては、法規上、その手続や時期そして解雇理由等について厳しい制約が課せられている。

ここでは、こうしたさまざまな労働契約の終了原因について理解するとともに、とりわけ解雇をめぐる法律問題に対する理解を深めることが大事である。

## 第1節 労働契約の終了原因

### 1 さまざまな終了原因

労働契約が終了する原因としては、まず客観的な事情（理由）の発生によって終了する場合がある。定年年齢への到達（ただし、定年退職制の場合）のほか、労働契約に期間が設定された場合の期間の満了、当事者の消滅（労使当事者自身の死亡、法人の解散や合併等）、その他休職期間の満了等がその代表例である。つぎに、労使当事者の意思表示によって労働契約が終了する場合がある。これには、労働者自身の一方的意思表示により労働契約を終了させる任意退職（辞職）、反対に使用者の一方的意思表示により労働契約を終了させる解雇そして労使当事者の合意により労働契約を終了させる合意解約がある。

## 2　　客観的事情による終了

　客観的事情による終了のうち、定年による労働契約の終了について
は、実際の就業規則の規定例では、定年到達によって当然に労働契約が
終了する「定年退職制」と定年到達が解雇事由となる「定年解雇制」が
ある。後者の場合、定年到達によっても当然には労働契約は終了せず、
使用者の解雇の意思表示により終了することになる（ただし、この場
合、解雇権の行使には解雇に関する規制法理が及ぶ）。

　なお、定年制に関しては、公的年金制度との関係で、65 歳からの年金
支給開始年齢の引き上げに対応するために、平成 24（2012）年に高年齢
者雇用安定法（高年齢者等の雇用の安定等に関する法律）が改正され、
65 歳までの雇用継続の義務づけが行われている（第 9 条第 1 項）。その
ため、継続雇用の対象者を雇用する企業の範囲もグループ企業等にまで
拡大されている（第 9 条第 2 項）。なお、同法はその後令和 3（2021）年
3 月に改正され、65 歳から 70 歳までの就業機会を確保するため高年齢
者就業確保措置として 70 歳までの定年の引上げ、定年制の廃止、70 歳
までの継続雇用制度の導入等、いずれかの措置を講ずる努力義務が設け
られ、同年 4 月 1 日より施行されている（詳細は 87 頁）。

　労働契約に期間が設定された場合、当該期間の満了によって労働契約
が終了することになる（有期労働契約をめぐる法律問題については 228
頁以下で取り扱う）。

## 3　　当事者の意思表示による終了をめぐる問題

　労使当事者の意思表示による労働契約の終了原因のうち、期間の定め
のない労働契約（無期労働契約）における任意退職（辞職）について
は、民法第 627 条第 1 項に基づき、労働者は 2 週間前に予告することに
より、いつでも退職することができる。しかし、この意思表示について
は、民法の意思表示理論（瑕疵ある意思表示や意思表示の缺欠等）が適
用されることもあり、労働者の退職の意思表示に関しては、実際上、問
題となることが多い。その例として、労働者の退職の意思表示が、真意
に基づくものではないと客観的に判断できるような場合（たとえば、営
業成績が上がらない部下に対して上司が酒の席等で叱咤激励したような
場合に、叱られた部下が興奮と酒の酔いのあまり、「それなら辞めてや
る」等と言い、上司が「辞めてしまえ」等と応えたような場合）には、
「心裡留保」（民法第 93 条）として無効となることがある。また、退職

し、こうした退職勧奨の行為が手段、回数、その他の態様から執拗で不当な強要行為に当たると判断される場合には不法行為としての責任を問われることがある（代表的判例として、下関商業高校事件・最一小判昭 55・7・10 労判 345 号 20 項）。

## 第 2 節　解雇とその手続

### 1　解雇と労働基準法の手続

　民法の原則によれば、期間の定めのない雇用契約（労働契約と同義）の場合には、当事者は 2 週間の予告期間をおけばいつでも当該契約を解約することができる旨を定めている（第 627 条第 1 項）。理論的には、使用者側におけるこの解約の自由が、いわゆる解雇の自由と呼ばれている。しかし、前述のように解雇は労働者の仕事（雇用）や日々の生活に重大な支障をもたらす。そのため、こうした使用者の解雇には、法律上、その手続や時期さらには事由等について厳格な制限が課せられている。

#### （1）解雇予告

　労基法第 20 条は、解雇に際して、使用者は、少なくとも 30 日前に予告するか、30 日分以上の平均賃金（解雇予告手当）を支払わなければならない（同条第 1 項）。ただし、この予告日数は 1 日分の平均賃金を支払った日数分だけ短縮できる（同条第 2 項）。この規定は、労働者への解雇の影響を考慮して、前述の民法第 627 条第 1 項所定の 2 週間の予告期間を使用者について 30 日に延長したものである。違反に対しては、労基法第 119 条所定の罰則の適用があり得る。

　ただし、使用者は、天災事変その他やむを得ない事由のために事業の継続が不可能となった場合又は労働者の責めに帰すべき事由に基づいて解雇する場合においては、予告ないしは予告手当の支払なしに、労働者を即時に解雇することができる（第 20 条第 1 項ただし書）。一般に、即時解雇と呼ばれる。この場合には、使用者は、あらかじめ労働基準監督署（長）による除外認定（労基法第 20 条に基づく解雇に該当しない旨の認定）を受けなければならない（同条第 3 項）。

　使用者が、即時解雇の事由がないにもかかわらず、解雇予告もそれに代わる予告手当も支払わずに労働者を解雇した場合、その効力はどうなるか。この点について、判例・学説上は見解の対立がある。学説は、解雇無効とする見解（絶対的無効説）、労基法第 20 条違反として罰則の適用があり、労働者は予告手当と附加金の請求ができるが、解雇自体は有効とする見解（有効説）、あるいは労働者が解雇無効あるいは予告手

当の支払を求めるか、のいずれかを選択できるとする見解（選択権説）が有力である。他方、判例は、使用者が、即時解雇に固執しない限り、解雇後 30 日を経過した時点又は予告手当を支払った時点で、解雇の効力が発生するとの見解（相対的無効説）を示している（代表的判例として、細谷服装事件・最 2 小判昭 35・3・11 民集 14 巻 3 号 403 頁）。

## （2）解雇の時期制限

　労基法第 19 条は、使用者は、労働者が業務上の負傷や疾病による療養のため休業する期間及びその後の 30 日間、ならびに産前産後の女性が労基法第 65 条の規定により休業する期間（いわゆる出産休業期間）及びその後 30 日間は、当該労働者を解雇することを禁止している（第 19 条第 1 項）。上記いずれの場合においても、労働者が心身ともに不安定な状況下とその回復期にあることから、そうした労働者の保護の観点から、こうした時期の解雇が禁止されている。ただし、使用者が、業務上の傷病について、労基法第 81 条所定の打切補償を支払った場合、又は天災事変その他やむを得ない事由により事業の継続が不可能となった場合には、この解雇禁止制限は適用されない。ただし、後者の場合は行政官庁の除外認定が必要である（第 19 条第 2 項）。

## （3）解雇予告制の例外

　いわゆる解雇の予告制度については、期間を定めて雇用される労働者等については適用されないが、こうした場合にも一定の状況が発生した場合には例外的に解雇の予告が使用者に求められる場合がある（労基法第 21 条）。具体的には、日々雇用の者が 1 カ月を超えて引き続き使用されるに至った場合（同条第 1 号）、2 カ月以内の期間を定めて使用される者、及び季節的業務に 4 カ月以内の期間を定めて使用される者が、いずれも所定の期間を超えて使用されるに至った場合（同条第 2 号、第 3 号）、そして試用期間中の者が 14 日を超えて引き続き使用されるに至った場合（同条第 4 号）には、あらためて解雇の予告手続が必要となる。

# 第 3 節 ｜ 解雇の制限

　　解雇は、労働者の雇用や生活に重大な支障を及ぼし得ることから、さまざまな法理により厳しい制限が課せられている。

## 1　当事者の自主法規による解雇制限

　法令等とは異なり、労使当事者が自主的に設定したルールにより、解雇が制限される場合がある。そうした場合として、就業規則による解雇制限と労働協約による解雇制限がある。

### （1）就業規則による解雇制限

　就業規則による解雇制限についていえば、通常、就業規則には解雇事由を定めた規定が設けられている（ちなみに、労基法第 89 条第 3 号は、就業規則に解雇事由を具体的に定めることを使用者に義務づけている）。こうした規定の趣旨については、一般に例示列挙ではなく、限定列挙（明記された事由以外の解雇は許されない）と解されている。したがって、解雇に際して、就業規則の解雇事由に該当するという事実については、使用者に立証責任があることになる。

### （2）労働協約による解雇制限

　労働者が組合に加入している場合、労働協約において、使用者が組合員である労働者を解雇する場合、あらかじめ労働組合と協議し、又は同意を得ることを要する条項を定めることが少なくない（一般に、解雇協議・同意条項と呼ばれる）。こうした規定は、労働者の労働条件、すなわち協約の規範的部分に該当することから、労働協約の規範的効力が及び、労働契約の内容となって、使用者の解雇権の行使を制限することになる（労組法第 16 条）。

## 2　法令による解雇制限

　法令（強行法規）上、解雇が、特定の理由により禁止されている場合がある。たとえば、労基法による解雇制限として、労働者の国籍や信条、社会的身分を理由とした解雇が禁止されている（第 3 条）。また、

使用者による労基法違反や労働安全衛生法違反の事実を監督機関に申告したことを理由になされた解雇も同様である（労基法第 104 条第 2 項、労働安全衛生法第 97 条第 2 項）。

　さらに、均等法では、性別を理由とする解雇（第 6 条第 4 号）や女性労働者の婚姻や妊娠、出産を理由とする解雇（第 9 条第 2、第 3、第 4 項）、さらには均等法上の紛争解決援助や調停を申請したことを理由とする解雇（第 17 条第 2 項、第 18 条第 2 項）が禁止されている。

　育児・介護休業法では、育児・介護等の申出、取得を理由とした解雇が禁止されている（第 10 条、第 16 条、第 16 条の 4、第 16 条の 7）。

　さらに、労組法でも、労働組合への加入または正当な組合活動等を理由とする解雇が不当労働行為として禁止されている（第 7 条第 1 号、第 4 号）。

　そのほか、個別労働紛争解決促進法（個別労働関係紛争の解決の促進に関する法律）上の助言やあっせんの申請を理由とする解雇（同法第 4 条第 3 項、第 5 条第 2 項）や、公益通報者保護法上の公益通報を行ったことを理由の解雇（同法第 3 条）なども禁止されている。

## 3　解雇権濫用法理

　以上のように、使用者の行う解雇については、解雇の手続をはじめ、その時期や解雇の事由等、さまざまな観点からの制限が課せられている。しかし、このような制限をクリアーしたからといって、解雇が当然に適法・有効となるものではない。解雇については、もともと、裁判所の判例法理に基づき、客観的に合理的な理由がなく、社会通念上相当と認められない場合には、解雇権の濫用として無効となる法理が形成されてきた（代表的判例として、日本食塩製造事件・最 2 小判昭 50・4・25 民集 29 巻 4 号 456 頁）。現在、この法理は、労働契約法第 16 条として明文化されている。すなわち、同条は、「解雇は、客観的に合理的な理由を欠き、社会通念上相当であると認められない場合は、その権利を濫用したものとして、無効とする。」と定め、解雇の適法・有効性判断に厳格な要件を課している（代表的判例として、高知放送事件・最二小判昭 52・1・31 労判 268 号 17 頁）。

## 4　整理解雇

　解雇は、さまざまな理由や事情によって行われるが、その一つに経営不振による業績悪化等経営上の理由により、人員削減を目的に行われる解雇がある。こうした解雇は、一般に整理解雇と呼ばれる。整理解雇は、基本的に労働者側の帰責事由を理由とする解雇ではなく、使用者側の、いわば経営判断の誤りによる解雇であることから、その適法性については、判例法理上、一般の解雇の場合以上に厳格な制限が課せられている。すなわち、こうした制限は、通例、「整理解雇の 4 要件とか 4 要素」と呼ばれている。具体的には、①人員削減の必要性（経営上人員削減の必要性があること）、②解雇回避努力（解雇の前に、解雇以外の人員削減措置を講じたこと）、③人選の合理性（解雇がやむを得ない場合でも、その人選や人選の基準が合理的であること）、④手続の妥当性（整理解雇に至る理由や手続、規模、人選の基準、時期等について労働者・労働組合に誠実に説明し、協議すること）である。こうした要件（要素）を充たさない整理解雇は、解雇権の濫用として無効とされることになる。もっとも、実際の法律判断にあたっては、整理解雇の適法・有効要件として、前記 4 要件（要素）がすべて認められることが必要となるわけではなく、こうした要件（要素）を総合勘案して個別にその適法・有効性が判断されることになる。

# 第 4 節　企業組織の変動と労働契約

　景気の動向や競争の激化等企業を取り巻く状況変化に効果的に対応し、企業の存続を図るべく、企業組織はさまざまに変化する。そして、こうした変化との関係で労働契約はどうなるのかということが、労働法上、重要な問題となる。一般に、企業組織の変動をもたらす現象としては、大別して合併、事業譲渡そして会社分割がある。

## 1　合併

　合併には、新設合併と吸収合併とがある。いずれの場合も、合併される会社は消滅し、当該会社が有していた権利や義務は、一括して新設会社または吸収会社に包括的・全面的に承継される（包括承継と呼ばれる）。労働契約についても、合併される会社に勤務していた労働者は、個別の同意を要することなく、その雇用（労働契約）自体が当然に承継されることになる。原則として、合併前の労働条件についても従前の内容が引き継がれるが、ときとして合併後に労働条件の統一を図るために、就業規則や労働協約の改定により労働条件の変更が行われることがある。有利に変更される場合は、基本的に問題はないが、不利に変更された場合の効力が問題となる。こうした場合は、一般に就業規則の不利益変更や労働協約の不利益変更の効力問題として、個別に効力判断がなされることになる。

## 2　事業譲渡

　事業譲渡とは、一個の有期的組織体として活動する会社（事業）の全部または一部を、譲渡元の会社と譲渡先の会社の個別合意に基づいて移転（譲渡）させることをいう。営業譲渡とも呼ばれる。この事業譲渡では、権利義務の承継については、譲渡元会社と譲渡先会社との合意に基づいて個別に判断決定される（特定承継と呼ばれる）。労働者の労働契約についても、この原則があてはまり、個別に当事者の合意が必要になる。この場合、具体的には①譲渡元会社に勤務していた労働者が譲渡先会社への雇用関係（労働契約関係）の承継を拒否できるか、②譲渡元会社と譲渡先会社の合意（契約）で、一部の労働者の雇用（労働契約）の

承継を拒否できるか、が問題となる。①に関しては、使用者は、労働者の承諾がなければ、労働契約上の権利を第三者に譲り渡すことができない（民法第625条第1項）ので、労働者は承継を拒否できると解されている。また、②に関しては、譲渡先会社において新たに労働契約の承継を成立させる意思（合意）がない以上、承継を拒否できるとする見解が一般的である。ただし、当該承継拒否が、たとえば女性であることや組合員であることなど、差別的な動機によると認められるような場合には、こうした承継拒否は違法無効と判断される場合があり得る。

## 3　会社分割

　会社分割とは、事業に関する権利義務の全部又は一部を別の会社に承継させる制度（会社法第2条第29号、第30号）をいう。これには、既存の会社に事業を承継させる「吸収分割（第757条以下）」と新たに創設した会社に事業を承継させる「新設分割（第762条以下）」がある。会社分割では、分割計画書（新設分割の場合は分割計画書であるが、吸収分割の場合は分割契約書）の定めるところにしたがい、権利義務の承継がなされる。

　会社分割における労働契約の承継等権利義務の承継に関しては、労働契約承継法や商法改正附則が定められている。それによると、労働契約の承継等については、分割会社あるいは分割会社と分割先会社の両者により分割計画・分割契約に定められたところにしたがって、権利義務の承継がなされる（労働契約承継法第3条）。具体的には、承継される事業に主として従事する労働者が、承継から排除された場合、一定期間内に異議を申し出ることにより、承継の効果（分割先の会社への労働契約の移転）を発生させることができる（第4条）。また、承継される事業に主として従事している労働者以外の労働者が、承継の対象とされた場合には、当該労働者は、異議を申し立てることにより承継の効果（分割先会社への労働契約の移転）を免れることができる（第5条）。

　なお、分割会社と労働組合が労働協約を締結している場合、労働組合員が承継される場合は、労働協約は分割先会社との間でも締結されているものとみなされる（第6条第3項）。また、分割会社は、分割にあたり、その雇用する労働者（承継される部門で就業している労働者）と労働契約の承継に関して協議する義務がある（商法改正附則第5条第1項）。さらに、各事業場の過半数代表との協議により、労働者の理解と協力を得る努力義務を負う（労働契約承継法第7条）。

## 第 5 節 | 労働契約の終了の法規制

### 1　解雇理由証明書の交付

　労基法は、労働者が、退職の際に請求した場合には、使用期間、業務の種類、その事業における地位、賃金、退職の事由（解雇の場合、その理由）についての証明書（退職証明書）を遅滞なく交付することを使用者に義務づけている（第22条第1項）。労働者が、解雇予告期間中にこの証明書（解雇理由証明書）を請求した場合も、使用者は遅滞なくこれを交付しなければならない（同条第2項）。なお、この証明書には、労働者の請求しない事項を記入してはならない（同条第3項）。さらに、第三者と謀り、労働者の就業を妨げることを目的として、労働者の国籍、社会的身分若しくは労働組合運動に関する通信をし、又は証明書に秘密の記号を記入してはならない（同条第4項）。いわゆるブラックリストの禁止である。この点に関連して、行政通達は、解雇の場合、使用者は解雇理由を具体的に記載する必要があるが、労働者が解雇の事実のみの記載を請求した場合には解雇理由を記載してはならないとしている（平成11・1・29基発45号）。

### 2　金員の返還

　労基法は、労働者が死亡又は退職した場合に、権利者（本人、相続人等）からの請求があった場合、7日以内に賃金を支払い、積立金、保証金、貯蓄金その他名称の如何を問わず、労働者の権利に属する金品を返還することを使用者に義務づけている（第23条第1項）。この賃金又は金員に関して争いがある場合には、使用者は、異議のない部分を、当該期間中に支払い、又は返還しなければならない（同条第2項）。ただし、退職金については、賃金であっても、就業規則等で定められた支払期日までに支払えば足りる（昭26・12・27基収5483号等）。

### 3　帰郷旅費

　労基法は、満18歳未満の者が解雇から14日以内に帰郷する場合には、解雇について、年少者に責めに帰すべき事由があり、同事由につい

て行政官庁の認定を受けた場合を除き、帰郷のために必要な旅費を負担しなければならない旨定めている（第 64 条）。

# 労働条件の保護と労基法

# 労働条件の保護と労基法

**学習のねらい**

多様な労働条件にあって、賃金は労働者やその家族にとって日々の生活の糧として、労働することの最も基本的な目的の一つであり、また、労働時間は労働者の私的な生活時間の確保との関係で、とりわけ重要なものである。そのため、賃金については、労基法や最低賃金法等の労働法規をはじめ、民法や商法、破産法等の民事法規によっても、賃金の額、その支払いの確保、企業倒産時の賃金債権の保護等さまざまな保護が図られている。しかし、こうした保護は、あくまでも最低の保護規制で、それを上回る賃金額の決定や賃金の類型等については、実際上、就業規則や労働協約等によって決定される。また、賃金の支給形態についても、従前の勤続・生活給から職務・職能給さらには成果給の支給形態へと大きく変化してきている。

労働時間についても、その長さや時間帯等について労基法に規制が設けられている。しかし、現実には、わが国の企業・職場での労働時間は長く、サービス残業問題のほか、長時間の過重労働による過労死や過労自殺等の深刻な問題も惹起している。

ここでは、こうした賃金や労働時間についての職場の実態とともに、労基法の規定を中心に、その保護と規制に関する法制の内容を概観し、理解を深めることをねらいとする。

## 第 1 節 ┃ 賃金の意義

### 1　賃金の基本的体系と種類

労働の対価として支払われる賃金（民法第 623 条、労働契約法第 6 条）について、実際の企業では基本的な体系（賃金体系）の下で、いくつかの形態に分けて、支払われている（図Ⅱ-5-1）。大別すると、賃金は、まず月例賃金（月給）と特別に支給される賃金に区分される。さらに、月例賃金は、基本給と諸手当に区分される。そのうち、基本給は、

図 II -5-1　賃金体系図

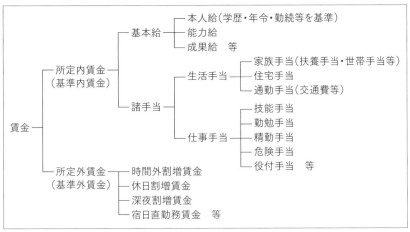

（筆者作成）

本人給（学歴、年齢、家族状況等を考慮）、能力給（職能・成果を考慮）、職務給（仕事を考慮）等から構成され、諸手当は、仕事手当（役職手当、技能手当、危険手当等）と生活手当（家族手当、住宅手当、通勤手当等）から構成される。以上は、就業規則の賃金規定等により、毎月、支払いが予定されている賃金という意味で「所定内賃金」と総称される。他方、毎月定期の支払いが予定されていない賃金は、「所定外賃金」と総称されるが、これには時間外労働や休日労働に対する割増賃金や深夜業に対する割増賃金等が含まれる。さらに、特別に支給される賃金としては、賞与（一時金）や退職金等がこれに該当する。

## 2　賃金と労働契約関係

### （1）賃金に対する権利の発生

　賃金に対する労働者の権利は、なによりも当事者の合意（賃金を支払う旨の合意）による。

　こうした合意の存在形式としては、いくつかの形態がある。具体的には、まず個別の労働契約による合意がある（民法第 623 条、労契法第 6 条）。また、就業規則上の賃金に関する定めによる合意がある（すなわち、就業規則上の規定が、その内容の合理性と周知によって個別の労働契約内容となる。〈労契法第 7 条、第 12 条〉）。さらに、労働者が労働組合員である場合、労働協約の定めによる合意がある（労働協約の規範的効力により個別の労働契約内容となる。〈労組法第 16 条〉）。そのほか、職場の労働慣行によっても労使間に合意が形成されることがある（民法第 92 条）。

## （2）賃金の請求と労務の履行

　原則として、労働者が使用者に対して賃金を請求できるためには、まず債務の本旨に従った労務の提供・履行（労働契約の目的に則った労働）がなされなければならない（民法第 415 条、第 624 条第 1 項）。一般に、労務の先履行義務と呼ばれる。ちなみに、別途、「労働なければ対価なし（ノーワーク・ノーペイ）」の原則ともいわれる。もっとも、この規定は任意規定と解されており、労使が個別の労働契約や就業規則等で別途の合意をしている場合（たとえば、完全月給制のように遅刻・早退があっても賃金減額をしない旨の合意や労務の提供・履行に関わらず家族手当や住宅手当の支給の合意等）、こうした合意が優先する（いわゆる契約の解釈問題として対応される）。

## （3）労務の履行不能と賃金請求権

　労働者に労働の意思はあるものの、結果としてその履行が不能となった場合、賃金請求権はどうなるのかということも問題になる。この場合にも、個々の契約解釈（個別労働契約や就業規則の解釈）によるのが原則である。しかし、こうした個々の契約解釈が明確ではないような場合には、民法上の危険負担の法理（民法第 536 条）に依拠して個別に判断されることになる。具体的には、このような履行不能の例としては、①天災事変等不可抗力による場合、②風邪や無断欠勤等労働者（債務者）の責めに帰すべき事由による場合、③違法解雇による就労拒否等のように使用者（債権者）の責めに帰すべき事由による場合が考えられる。①の場合（民法第 536 条第 1 項）及び②の場合は、労働者に賃金請求権はない。しかし、③の場合には、労働者の賃金請求権は消滅しない（民法第 536 条第 2 項）。なお、労基法第 26 条は、使用者の責に帰すべき事由による休業の場合（業績悪化や資金難による休業等）には、使用者は、休業期間中、労働者に対し 100 分の 60 以上の手当（休業手当）を支払わなければならないとしている。

## （4）賃金請求権の消滅

　労働者の賃金請求権は、弁済をはじめ、時効、相殺、放棄などによって消滅する。なお、賃金の消滅時効については、労基法第 115 条が、通常の賃金については 5 年（当分の間、3 年間〈労基法第 143 第 3 項〉）、退職金については 5 年と定めている。

## 第 2 節　賃金の最低基準の確保

### 1　最低賃金法の制定

　賃金は、労使間のさまざまな合意の形成により、自主的に決定されるのが基本である。しかし、労使間には立場の不平等やその結果としての交渉力の不均衡があるため、賃金の決定を当事者の自由な交渉に委ねてしまうと賃金が不当に低く決定されかねず、結果として労働者及びその家族の生活に重大な支障を及ぼしかねない。その結果、憲法第 25 条に保障された「健康で文化的な最低限度の生活」の維持さえも困難にしてしまう恐れが生じかねない。そこで、労働法においては、労使の自由な交渉を規制し、賃金決定の最低基準を強行的に規律する最低賃金法が制定された。同法は、通常の労働者をはじめ、パートタイム労働者、アルバイト、契約労働者等、雇用・就業形態や名称を問わず、基本的に労基法の適用対象となる労働者とその使用者に適用される。ちなみに、景気の低迷のなかでの雇用・就業形態の多様化（非正規雇用者の増加）によって拡大した所得格差の改善を図るべく、平成 19(2007) 年に大幅に改正されている。

### 2　最低賃金の種類と決定方法

　最低賃金法に定める最低賃金には、「地域別最低賃金」と「特定最低賃金（産業別最低賃金とも呼ばれる）」とがある。地域別最低賃金は、全国の都道府県を 4 つのランクに分けて、毎年、国及び都道府県自治体の最低賃金審議会の審議により示された目安に基づき（最賃法第 10 条）、時間単位で決定される（第 3 条）。最低賃金は、地域における労働者の生計費及び賃金ならびに通常の使用者の賃金支払能力を考慮して決められる（第 9 条第 2 項）。生計費の考慮に際しては、労働者が健康で文化的な最低限度の生活を営むことができるよう生活保護に係る施策との整合性に配慮するものとされている（第 9 条第 3 項）。平成 19(2007) 年の改正で定められ、生活保護受給者の収入のほうが過度に多くならないようにとの配慮である。

　使用者は、最低賃金法の適用を受ける労働者に対して、最低賃金以上の賃金を支払わねばならず（第 4 条第 1 項）、違反については罰則の適

用がある（第40条）。ちなみに、両罰規定により法人も罰せられる（第
42条）。また、最低賃金に達しない賃金を定めた労働契約の部分は無効
となり、無効となった部分は最低賃金と同様の定めをしたものとみなさ
れる（第4条第2項）。

　特定最低賃金は、特定の産業について、関係労使が基幹的労働者につ
いて、地域別最低賃金よりも高い最低賃金を定めることが必要と認めら
れる場合に定められる（第15条第1項、第2項）。特定最低賃金の適用
を受けると、その額を下回る賃金額の定めは無効となるが、違反に対す
る罰則の適用はない。

## 第 3 節 ｜ 賃金と労働基準法

### 1　労働基準法上の賃金

　上述したように、賃金は、労働者及びその家族の日々の生活を支える重要な労働条件であるため各種の法規によって手厚い保護がなされている。他方で、労働の対償として労働者が受け取るお金のすべてが賃金に該当するわけではない。そのため、労働者が受け取るお金のうち、労基法をはじめ各種法規の保護の対象となる賃金を、どのようにして判断するのかが重要な問題となる。

　この点に関連して、労基法は、その第 11 条で「賃金とは、賃金、給料、手当、賞与その他名称の如何を問わず、労働の対償として使用者が労働者に支払うすべてのものをいう」と定義している。この規定によると、労基法等の保護の対象となる賃金と評価されるためには、まず①「労働の対償（労働したことの見返り・対価）」であることが必要である。したがって、使用者が任意的、恩恵的に支給するお金（たとえば特定の個人に対する一時金や退職金等）や社会的儀礼として支給したりするお金（たとえば慶弔見舞金等）は、原則として賃金には該当しない。しかし、こうした名目のお金であっても、就業規則等によって、その支給条件（支給額や支給時期、計算方法等）があらかじめ明確に規定（制度化）されているような場合には、労働の対償性が認められ、賃金に該当すると解されている。つぎに、賃金であるためには、②「使用者が支払う」ものであることが必要である。たとえば、ホテルやレストラン等で受け取るチップは、労働の対償性は認められても、その支給は利用者（お客）からであって、使用者が支払うものではないので、ここにいう賃金にはあたらない。

　上記①及び②の要件に該当すれば、賃金のほか、給料、手当等いかなる名称のものであっても、賃金と解されることになる。ちなみに、制服や出張旅費等のいわゆる業務費については、実費弁償に相当するものである限り、賃金には当たらないと解されている。

### 2　平均賃金

　賃金に関する労基法上の概念として、平均賃金がある。平均賃金は、

たとえば解雇予告手当や休業手当、労災補償における日額等を計算する基礎として用いられる。その額は、算定すべき事由の発生した日以前の3カ月間における賃金の総額をその期間の総日数で除した金額である（労基法第12条第1項）。ただし、右期間中に長期にわたり休んだ期間があれば、その期間は総日数が除かれる。また、臨時で支払われた賃金や3カ月を超える期間ごとに支払われる賃金は、計算の基礎となる賃金総額から除かれる（同条第4項）。

## 3　賃金の支払いに関する保護

　労働の対償としての賃金が、安全かつ確実に労働者に支払われるために、労基法第24条は、賃金支払いの保護に関する原則をいくつか設けている。

### (1) 通貨払の原則

　賃金は、通貨により支払わなければならない（同条第1項）。現物支給の禁止が目的である。価格が不明瞭で、換金も必ずしも容易ではないというのがその理由である。

　ここにいう通貨とは強制通用力のある貨幣をいう。ただし、法令や労働協約に別段の定めがある場合及び厚生労働省令に定める賃金について確実な支払いの方法で厚生労働省令に定めるものによる場合には、その限りではない（労基法第24条第1項ただし書前段）。前者の法令については、現在、例外はないが、後者については、労働者の同意を条件に指定された銀行口座及び一定の要件を満たす証券総合口座への振り込み、退職金の自己宛小切手による支払いを認めている（労基則第7条の2）。

### (2) 直接払の原則

　賃金は、直接、労働者本人に支払われなければならない（労基法第24条第1項）。いわゆる賃金のピンハネを防止するのが目的である。親権者や後見人のような法定代理人や労働者からの委任を受けた代理人（任意代理人）に支払うことも禁止される。また、賃金が債権譲渡により第三者に譲渡された場合、譲渡自体は民法による債権譲渡（民法第466条）として有効でも、使用者はその譲受人に賃金を支払うことはできず、労働者本人に支払わなければならない（電電公社小倉電報電話局事件・最三小判昭43・3・12民集22巻3号562頁）。もっとも、労働者

本人と同視し得る者（民法にいう「使者」の概念で、たとえば配偶者）に対する支払いは認められる。

### (3) 全額払の原則

　賃金は、全額支払われなければならない（同条第 1 項）。ただし、この原則には例外がある（同条第 1 項ただし書）。すなわち、①法令に別段の定めがある場合、②事業場の過半数代表との労使協定がある場合、には賃金の一部を控除して支払うことも許される。①に該当する場合としては、所得税法や地方税法に基づく給与所得の源泉徴収、健康保険法や厚生年金保険法、雇用保険法、介護保険法に基づく各種社会保険料の控除、労基法第 91 条に基づく制裁としての減給がある。また、②に該当する場合として、社内の貸付金や購買代金、社宅や寮の費用、組合費の控除（チェック・オフ）等がある。

　この全額払の原則については、使用者が労働者に対して持っている何らかの金銭債権を労働者の賃金債権と相殺することの適否が問題となる。原則的には、使用者による一方的相殺は禁止される。しかし、たとえば労働者との合意（相殺契約）に基づく相殺について、右合意が労働者の自由意思に基づく場合は、判例は、全額払原則に違反しないという（日新製鋼事件・最 2 小判平 2・11・26 民集 44 巻 8 号 1085 頁）。また、労働者が、その自由意思に基づき任意に賃金債権（退職金）を放棄したと認められる場合に、使用者がこれを支払わなくとも、全額払の原則には違反しないとしている（シンガー・ソーイング・メシーン事件・最 2 小判昭 48・1・19 民集 27 巻 1 号 27 頁）。そのほか、たとえば前月に発生したストライキによる不就労分の賃金を翌月以降の賃金から相殺控除（過払い控除）することが行われたりするが、判例は、この場合において、①当該控除が過払いの生じた時期と合理的に接着した時期に行われ、②あらかじめ労働者に控除が告知され、③控除額も労働者の生活の安定を脅かすほどのものではない場合には、こうした相殺を「調整的相殺」として全額払の原則に違反しないとしている（福島県教組事件・最 1 小判昭 44・12・18 民集 23 巻 12 号 2495 頁）。

### (4) 毎月 1 回以上一定期日払の原則

　賃金は、毎月 1 回以上、決まった期日を定めて、労働者に支払われなければならない（労基法第 24 条第 2 項）。労働者の安定した計画的な生活を支えるというのが趣旨である。ただし、この原則には例外があり、

臨時に支払われる賃金や賞与、手当等で 1 カ月を超える期間について支払われる精勤手当や勤勉手当等の賃金には適用されない（労基則第 8 条）。

## 4　賃金の非常時払

使用者は、労働者が出産、疾病、災害その他命令で定める非常の場合に充てるために請求する場合には、支払期日前であっても、既往の労働に対する賃金を支払わなければならない（労基法第 25 条）。命令では、労働者の収入により生計を維持する者の出産、疾病、災害、結婚、死亡、又はやむを得ない事由による帰郷の場合が定められている（労基則第 9 条）。

## 5　出来高払の保障給

使用者は、出来高払制その他の請負制で労働者を使用する場合には、労働時間に応じ一定額の賃金の保障をしなければならない（労基法第 27 条）。出来高払制等で労働する労働者の賃金が、労働者の責に帰すべきでない事由によって、著しく低くなるのを防ぐというのが趣旨である。具体的な保障の額については明確ではないが、通常得られる賃金とあまり隔たりのない程度の賃金保障をすべきとされている（昭 22・9・13 発基 17 号、昭 63・3・14 基発 150 号）。

## 6　休業手当

使用者の責に帰すべき事由に基づく休業の場合においては、使用者は、休業期間中当該労働者に、その平均賃金の 100 分の 60 以上の手当を支払わなければならない（労基法第 26 条）。この手当を「休業手当」と呼ぶ。生存権理念に基づく生活保障の観点から、休業中の労働者の最低生活の維持を目的とするものである。違反には罰則（第 120 条）とともに、付加金の支払いが命じられることもある（第 114 条）。

労基法上の休業手当の支払については、民法第 536 条第 2 項の「危険負担法理」との関係も問題になる。民法の危険負担の法理によれば、債権者（使用者）の責めに帰すべき事由により債務者（労働者）が就労不能になった場合には、債務者たる労働者は賃金全額を請求する権利が認

められる。労基法第 26 条にいう「使用者の責に帰すべき事由」と民法第 536 条第 2 項にいう「債権者の責めに帰すべき事由」との関係については、判例は、一般に前者のほうが後者のそれよりも範囲が広いと解している。たとえば、親会社の経営難による資金難や原材料不足、機械の検査等の経営障害は、民法第 536 条第 2 項にいう債権者の責めに帰すべき事由には入らないが、労基法 26 条にいう使用者の責に帰すべき事由には含まれると解されており、また両規定は競合する（ノースウェスト航空事件・最 2 小判昭 62・7・17 民集 41 巻 5 号 1283 頁）。そのため、実際上、労働者は民法の「債権者の帰責事由」の該当性を理由に賃金全額を請求することも、また労基法の「使用者の帰責事由」の該当性を理由に休業手当の支払いを求めることもできる。

## 第 4 節　賃金をめぐる個別問題

### 1　賞与（一時金・ボーナス）の支給日在籍要件

　使用者が、労働者に対して賞与を支給するかどうかは任意で、また個別に支払う限りにおいては、それは労基法上の賃金ではない。しかし、就業規則や労働協約等により、支払基準や支払時期、対象者等が明確に定められている場合には、労働の対償性があるものとして、賃金と評価される。しかし、その場合でも、賞与の支給要件をどのように決めるかについては、基本的に使用者の裁量にゆだねられる。通常、賞与は年 2 回、半年ごとの勤務評価等を基準に支給されるが、企業によっては、「支給日に在籍していること」を支給要件とし、支給日前に退職した労働者には賞与を支給しない取扱いをしていることがある。このような取扱いが許されるのかが問題となる。判例は、一般に賃金としての賞与には、過去の勤務に対する報酬という意味合いとともに、今後の勤務に対する奨励的意味合いも含まれており、また、一般に労働者の側も退職の時期を任意に決定できるのであるから、賞与の支給日在籍要件も直ちに違法とはいえないとしている（代表的判例として、大和銀行事件・最 1 小判昭 57・10・7 労判 399 号 11 頁）。ただし、定年退職や整理解雇の場合等、労働者がみずからの自由意思により退職の時期を決定できないような場合には、支給日在籍要件は適用されず、賞与に対する権利は失われないと考えられる。

### 2　懲戒解雇と退職金の不支給

　退職金についても、まずそれが労基法上の賃金と評価できるかどうかが問題となる。賞与と同様、使用者が雇用する労働者に対して退職金を支給するかどうかは任意であり、なんら法律上の義務づけはない。しかし、就業規則や労働協約等により退職金の支給を制度として設け、支給の要件や手続が定められている場合には、賃金と評価される。他方、多くの企業の就業規則では、労働者が懲戒解雇された場合には退職金が支払われない（懲戒解雇は退職金の不支給事由となる）旨規定されている。その理由は、退職金には、賃金の後払い的性格とともに、それまでの長年の勤務に対する功労報償的性格もあり、懲戒解雇という使用者に

対する功労が抹消されるような非違行為が行われた場合には、退職金の不支給も許される、というところにあるといってよい。しかし、前述のとおり退職金には、賃金の後払い的性格もあり、また永年の勤務継続によりその額も少なくないこと、なにより退職後の日々の生活を支えるものであること等を考えると、懲戒解雇を退職金の不支給事由に自動的に該当するとして、一律に対応することは適切ではない。そのため、近時の裁判例は、懲戒解雇の効力判断と退職金の不支給の効力判断を切り離し、退職金の不支給については、当該労働者の永年の勤務による功労を無にしてしまうに足るほどの重大な帰責性が認められなければならないとし、非違行為の性質・内容等を考慮して、一定の減額にとどめた退職金の支給を認めたりしている（たとえば、小田急電鉄事件・東京高判平 15・12・11 労判 867 号 5 頁）。

# 第 5 節 ｜ 労働時間

## 1　労働時間規制の意義

　労働時間は、労働者にとって、賃金とならんで重要な労働条件である。長時間の労働は、労働者自身やその家族の日々の健康で文化的な生活に重大な支障を及ぼし、なにより働きすぎによって労働者の生命・身体・精神等を損なう事態になりかねない。それゆえ、こうした重大な事態の発生を防ぐためにも、労働時間の適切な規制が必要となる。労働時間の規制については、労基法を中心に多くの規定が存在し、いわゆる労働時間法とでも呼ぶべき法規制が構築されている。こうした規制は、労働時間の短縮に関するものと労働時間の弾力化・柔軟化に関するものに大別される。

## 2　労働時間の概念

### （1）法定労働時間と所定労働時間

　法定労働時間とは、労基法が定める 1 週及び 1 日の労働時間の上限を意味する時間である。労基法は、その第 32 条で、使用者は、労働者に、休憩時間を除いて、1 週 40 時間を超えて労働させてはならず（同条第 1 項）、かつ、1 日 8 時間を超えて労働させてはならないと定める（同条第 2 項）。

　これに対して、所定労働時間とは、個々の企業・事業場の就業規則等によって定めた労働時間のことをいう。

### （2）労基法上の労働時間と労働契約上の労働時間

　労働時間は、労基法上の労働時間と労働契約上の労働時間に区別することができる。労基法上の労働時間とは、使用者が労働者を実際に労働させた時間をいい、労働契約上の労働時間とは、個別の労働契約や就業規則等で労働者が労働義務を負った時間を意味する（義務違反に対しては、賃金控除や懲戒処分の対象となり得る）。労基法が規制の対象とするのは、前者の労働時間であり、前述の法定労働時間に対応している。

## 3　労働基準法上の労働時間の判断

### （1）実労働時間

　労基法で規制の対象となる労働時間は、労働者が実際に労働した時間である。この時間は、一般に実労働時間と呼ばれ、労使当事者の意思（合意）によって左右することはできず、客観的に定まる。具体的には、「労働者が使用者の指揮命令下に置かれている時間」であるかどうかにより客観的に判断される（三菱重工業長崎造船所事件・最 1 小判平 12・3・9 民集 54 巻 3 号 801 頁）。

### （2）労働時間の判断基準

　労基法上の労働時間が実労働時間、すなわち「使用者の指揮命令下に置かれた時間」を意味するといっても、実際の労働者の行動（就労行為）がこうした時間におけるものかどうかは直ちには明確ではない場合が少なくない。代表的に問題となり得る状況をいくつかみてみると、まず「手待時間」と呼ばれる時間がある。これは、代表的にはお店の従業員等が顧客を待っている時間のことをいうが、労基法上の労働時間と解されている。また、ビルの管理や警備の業務にあって、夜間の仮眠時間が労基法上の労働時間にあたるかどうかが問題となり得るが、この時間中も仮眠室での滞在と業務対応が義務づけられている場合には使用者の指揮命令下にあるとして、労基法上の労働時間と解される。さらに、工場や事業場等で、本来の業務（本務）開始前に行われる準備作業（機械の点検・整備等）や更衣あるいは体操等の時間についても、こうした行為を行うことが義務づけられている場合、又はこれを余儀なくされた場合には労基法上の労働時間と認められる。

　そのほか、いずれの場合であっても、当該行為の性質（職務との関連性の有無・程度）や使用者の関与（指揮命令や黙認等）などを勘案して、労基法上の労働時間かどうかが個別に判断される。

## 4　労働時間の計算

### （1）労働時間算定の原則と特例

　労基法は、1 週 40 時間・1 日 8 時間制を定め、原則として実労働時間を基準に、1 週については日曜から土曜日までの歴週を、そして 1 日については午前 0 時から午後 12 時までの歴日としている。

　また、労働者が複数の異なる事業場で労働する場合、労働時間は通算して計算される（労基法第 38 条第 1 項）。本条は、本来は同一の使用者の下での異なる事業場で労働する場合に関する定めであるが、行政通達は、使用者を異にするため事業場が異なる場合にも通算を認める解釈をしている（昭 23・5・14 基収 769 号）。

　ちなみに、坑内労働については、坑内という場所的特殊性（坑内で休憩時間を付与しても意味がない）の故に、労働者が坑口に入った時刻（入坑）から坑口を出た時刻（出坑）まで、休憩時間を含めて労働時間とみなしている（坑口時間制）。

## （2）事業場外労働のみなし労働時間制

　外回りの営業勤務や報道記者等、労働者が事業場外で労働する場合には、使用者の具体的な指揮監督が及ばず、労働時間の算定が事実上困難となる場合が多い。このような場合の労働時間の算定については、所定労働時間労働したものとみなされる（労基法第 38 条の 2 第 1 項）。ただし、通常、所定労働時間を超えて労働することが必要となる場合には、その業務の遂行に通常必要とされる時間労働したものとみなされる（同条ただし書）。なお、この場合、業務の遂行に通常必要とされる時間については、その実情を知る事業場の過半数代表との労使協定により定めることができる（同条第 2 項）。

　以上のような事業場外のみなし時間は、あくまでも労働時間を算定し難い場合について適用されるものであって、たとえ事業場外の労働であっても、監督者等を通じて労働時間を把握できたり、使用者が、携帯電話や労働者が記録した文書等を介して、間接的にせよ労働時間を把握できる場合には、本条のみなし制は適用されない（代表的判例として、阪急トラベルサポート事件・最 2 小判平 26・1・24 労判 1088 号 5 頁）。

## （3）裁量労働のみなし労働時間制

　研究開発やシステムエンジニアなど、業務の性質上、業務遂行の手段や労働時間の配分等について労働者の大幅な裁量を認める必要があることから、一律の時間管理になじみにくく、実労働時間による労働時間の算定が困難な場合がある。こうした場合においては、一定の要件の下で、労働時間のみなし制の適用が認められる場合がある。こうしたみなし労働時間制は「裁量労働のみなし制（または「裁量労働制」）」と呼ばれている。この制度には、「専門業務型裁量労働制」と「企画業務型裁

量労働制」がある。なお、既述（83〜84 頁）のとおり、労基則の改正により、令和 6（2024）年 4 月 1 日以降、新たに、または継続して裁量労働制を導入・継続するためには新たな手続が必要となった。

### 1）専門業務型裁量労働制

　専門業務型裁量労働制とは、業務の性質上、労働者の裁量が大幅に認められるものとして命令で定められる一定の業務について、使用者が、事業場の過半数代表と労使協定を締結し、一定の事項を定めた場合は、その業務については実労働時間に関係なく協定で定めた時間だけ労働したものとみなされる制度である（労基法第 38 条の 3）。この制度の対象業務は、(1) 業務の性質上その遂行方法を大幅に労働者に委ねる必要があり、(2) 業務遂行の手段及び労働時間の配分の決定に関して具体的指示を出すことが困難な業務とされている（第 38 条の 3 第 1 項第 1 号）。具体的には、労基則（第 24 条の 2 の 2 第 2 項）によって、①研究開発、②情報処理システムの分析・設計、③取材・編集・番組製作、④デザイナー、⑤プロデューサー・ディレクター、⑥その他厚生労働大臣が指定する業務（コピーライター、公認会計士、弁護士、一級建築士、不動産鑑定士、弁理士等）が限定列挙されている。ただし、これらの業務に該当するか否かは名称によるのではなく、実質的に判断される。もっとも、対象業務に該当していても、裁量性がなかったり、裁量の度合いが小さい場合には適用されない。

### 2）企画業務型裁量労働制

　企画業務型裁量労働制とは、①事業の運営に関する事項についての、②企画・立案・調査・分析の業務で、③業務の性質上、これを適切に遂行するにはその遂行方法を大幅に労働者に委ねる必要があるため、④当該業務の遂行手段と時間配分の決定等に関し使用者が具体的な指示をしないこととする業務について、労働時間のみなしを認める制度である（労基法第 38 条の 4）。

　この制度の対象となる労働者は、企画等の業務に従事するすべての労働者に適用されるわけではなく、「対象業務を適切に遂行するための知識、経験等を有する労働者」に限られている（同条第 1 項第 2 号）。たとえば、新入社員等は対象外で、学卒 3〜5 年の職務経験が求められている（平 11・12・27 労告 149 号）。

　また、この制度を実施するためには、労働者代表が半数以上を占める

「労使委員会」により、その 5 分の 4 以上の多数による決議を行い、これを労働基準監督署（長）に届け出る必要がある。労使委員会の決議事項は、①対象業務、②対象労働者、③みなし労働時間数、④労働者の健康・福祉の確保措置、⑤苦情処理手続、⑥適用に際して対象労働者の同意を得ること（かつ、同意しなかった労働者に対し不利益な取扱いをしないこと）、などである（同条第 1 項第 1 号〜第 7 号）。

## 5　変形労働時間制

　変形労働時間制とは、一定の期間を単位として、週当たりの労働時間の平均が週法定時間（40 時間）の枠内に収まっていることを条件に、1 週又は 1 日の法定労働時間を超えて労働することを許容する制度である。変形労働時間制度そのものは、労基法の制定当初からあった制度であるが、現行法下の変形労働時間制には、1 カ月単位（第 32 条の 2）、1 年単位（第 32 条の 4）そして 1 週間単位（第 32 条の 5）の 3 種類がある。

### (1) 1 カ月単位の変形労働時間制

　1 カ月単位の変形労働時間制の導入に際しては、使用者は、事業場の過半数代表との労使協定又は就業規則等（就業規則の作成義務のない事業場ではこれに準ずるもの）により、変形労働時間制について定め、これを所轄の労働基準監督署（長）に届け出る必要がある（第 32 条の 2 第 1 項、第 2 項）。1 カ月以内の一定期間（単位期間）内の総労働時間は週法定労働時間以下に収める必要があるため、その限度は、たとえば 1 カ月 31 日の場合、$40 \times 31/7 = 177.1$ 時間となる。使用者は、労使協定又は就業規則において、あらかじめ各週・各日の所定労働時間（始業・終業の時刻）を具体的に特定しておかなければならない。いったん特定した労働時間を変更することは原則として許されないが、やむを得ない必要（たとえば、業務の大幅な変動等）がある場合には、変更が可能であるが、この場合でも変更事由はあらかじめ定めておかなければならないとされている。

　こうした変形労働時間制の要件が満たされると、特定された週又は日において 1 週 40 時間・1 日 8 時間を超えて労働させても労基法違反ではなく、また法定の時間外労働にも該当しない。この制度は、1 カ月の中で業務に繁閑の差が生じがちな事業や深夜交代制の労働現場で利用され

ることが多い。

## (2) 1 年単位の変形労働時間制

　1 年単位の変形労働時間制を利用するためには、使用者は、事業場の過半数代表との労使協定を締結（又は労使委員会等の決議）し、労働基準監督署（長）への届出も必要である。協定には、適用される労働者の範囲と 1 カ月を超え 1 年以内の対象期間とその起算日、協定の有効期間を定め、対象期間中の労働日及び各労働日ごとの労働時間をあらかじめ週平均 40 時間以下の範囲で特定しておく必要がある（労基法第 32 条の 4 第 1 項第 1 号、第 2 号、労基則第 12 条の 2 第 1 項）。また、この制度は、変形制の期間が最長 1 年と長期に及び、労働者の生活に大きな支障が生じ得るため、労使協定で定める労働時間の限度は、原則として 1 日 10 時間、1 週 52 時間に、そして連続して労働させることのできる日数は原則 6 日（労基則第 12 条の 4 第 5 項）、労使協定で特定期間として定められた期間については 12 日となっている（労基則第 12 条の 4 第 4 項、第 5 項）。ちなみに、この制度は、季節により業務に繁閑の差が大きく出るようなデパート等で利用されることが多い。

## (3) 1 週間単位の変形労働時間制

　1 週間単位の変形労働時間制は、日ごとの業務に著しい繁閑の差が出る小規模・零細事業において、各日の労働時間を特定することが困難な場合について、労使協定の締結により、1 週間単位であらかじめ特定することなく、その開始までに各労働日の労働時間を労働者に書面で通知することにより、週 40 時間の範囲で、1 日 10 時間まで労働させることができる制度である（労基法第 32 条の 5）。ただし、緊急でやむを得ない事由（たとえば台風等）があるときは、前日までの書面による通知により、あらかじめ通知した労働時間の変更が可能である（労基則第 12 条の 5 第 3 項）。なお、1 日の労働時間は 10 時間が上限となっている（労基法第 32 条の 5 第 1 項）。

　この制度を利用できる事業は限定されており、労働者 30 人未満の小売業、旅館、料理店、飲食店である（労基則第 12 条の 5 第 1 項、第 2 項）。

## (4) 変形労働時間制の適用制限

　以上の変形労働時間制に関しては、①満 18 歳未満の年少者に対する

適用除外（労基法第 60 条第 1 項。ただし、満 15 歳以上で満 18 歳未満の者については、1 日 8 時間、1 週 48 時間以内の範囲等での 1 カ月、1 年以内の変形労働時間制は可能〈労基法第 60 条第 3 項第 2 号、労基則第 34 条の 2 の 4〉）のほか、②妊産婦について同人が請求した場合の適用制限（労基法第 66 条第 1 項）、③育児を行う者、老人等の介護を行う者等について、使用者はこれらの者が育児等に必要な時間を確保できるような配慮をしなければならない（労基則第 12 条の 6）。

## 6　フレックスタイム制

　フレックスタイム制とは、始業・終業の時刻を固定して定めるのではなく、3 カ月以内（従前は清算期間の上限は「1 カ月」以内とされていたが、平成 30（2018）年の「働き方改革関連法」の成立による労基法の改正により「3 カ月」以内に延長され、平成 31（2019）年 4 月 1 日より施行されている）の一定期間（清算期間）とその期間における労働時間の総数（総労働時間）を定め、その範囲内で、労働者がみずから各日の始業・終業の時刻を決定できる制度である（労基法第 32 条の 3）。この制度を利用するためには、まず事業場の過半数代表との間の労使協定により、対象労働者の範囲、3 カ月以内の清算期間やその間の総労働時間数、コアタイム・フレキシブルタイムを設ける場合はその開始・終了時刻等を定めておく必要がある（労基法第 32 条の 3 第 1 項第 1〜4 号、労基則第 12 条の 3）。その上で、就業規則その他これに準ずるもので、始業・終業時刻の決定を労働者に委ねる旨を定めておく必要がある（労基法第 32 条の 3 第 1 項）。清算期間が 1 カ月を超える場合、清算期間全体の総労働時間は、週あたりの平均が 40 時間、1 カ月ごとの労働時間が週あたり平均 50 時間を超えないことが要件とされているほか（労基法第 32 条の 3 第 2 項）、労働基準監督署（長）への労使協定の届出が必要とされる（労基法第 32 条の 3 第 4 項）。

　この制度が導入されると、労働者が特定の 1 週 40 時間・1 日 8 時間の法定労働時間を超えて労働しても時間外労働とはならず（清算期間で平均して週 40 時間を超えなければ時間外労働とはならない）、いわゆる 36 協定の締結や割増賃金の支払は必要ではない。時間外労働となるのは、労働者が清算期間における法定労働時間の限度を超えて労働する場合である。

## 第 6 節　休憩・休日

### 1　休憩

　労基法第 34 条は、労働時間が 6 時間を超える場合においては少なくとも 45 分、8 時間を超える場合においては少なくとも 1 時間の休憩時間を労働時間の途中に労働者に与えることを使用者に義務づけている（同条第 1 項）。

　ここにいう休憩時間とは、「労働者が権利として労働から離れることを保障されている時間」を意味する。したがって、たとえば実際に具体的な労働はしていないけれども、使用者の指示があれば直ちに労働しなければならず、その時間を自由に利用できずに、待機している時間（手待時間と呼ばれる）は、労働時間であって、休憩時間にはあたらない。また、休憩時間は、労働時間の途中に与えなければならない。労働時間の始めや終わりに与えても休憩時間を付与したことにはならない。

　休憩時間は、原則として事業場の全労働者に一斉に与えなければならない（第 34 条第 2 項）。しかし、労基法第 40 条に基づく商業や通信業、接客娯楽業等特定の業種については適用が除外され（労基則第 31 条）、また労基法第 38 条第 2 項による坑内労働の適用除外がある。さらに、事業場の過半数代表との労使協定により対象労働者の範囲や休憩の与え方を定める場合にも一斉付与の原則が除外される（第 34 条第 2 項ただし書）。

　さらに、休憩時間は、労働者の自由に利用させなければならない（第 34 条第 3 項）。しかし、この自由利用の原則も、職場秩序維持の要請から、使用者の企業施設に対する所有権や施設管理権の合理的行使により一定の制約を受ける場合がある（休憩時間中の企業施設内でのビラ配布等）。

### 2　休日

#### （1）週休制の原則

　労基法第 35 条は、労働者に、毎週少なくとも 1 回の休日を与えることを使用者に義務づけている（同条第 1 項）。いわゆる週休制の原則である。ここにいう休日とは、労基法が最低基準として定める法定休日を

意味している。それは、原則として暦日（午前零時から午後 12 時までの 24 時間）をいう（昭和 23・4・5 基発 535 号）。

　週休制の原則として、休日を与える単位となる「週」とは、日曜日から土曜日までの暦週に限られず、継続した 7 日間であればたりる。通常は、就業規則等で定められた曜日が週の起算日となるが、こうした定めがない場合には暦週（日曜日が起算日）となる。また、労基法では休日（曜日）を特定することは義務づけられてはいない。しかし、労働者の計画的な生活の確保のために、就業規則等で休日を特定するよう行政指導がなされている（昭和 63・3・14 基発 150 号等）。

　労基法は、あくまでも週休制を原則としている。しかし、他方で厳格な週休制をとることが困難な業種や業態があることを考慮して、使用者が 4 週間を通じ 4 日以上の休日を付与する場合には、週休制の原則を適用しない旨を定めている（いわゆる変形週休制。労基法第 35 条第 2 項、労基則第 12 条の 2 第 2 項）。その場合、4 週 4 日の単位期間の起算日を定めておく必要がある（労基則第 12 条の 2）

## （2）休日の振替

　就業規則等で休日が特定されている場合、使用者が当該休日を労働日とし、他の日（労働日）を休日として振り替えることを「休日の振替」という。使用者は、この休日の振替を当然には行うことはできない。休日の振替が適法に行われるためには、①就業規則等であらかじめ休日の振替ができる旨が定められていること、②あらかじめ振り替えるべき日を特定して労働者に通知して行うこと、が必要とされている（昭和 23・4・19 基収 1397 号）。その結果、1 週 1 日ないしは 4 週 4 日の休日が確保される限り、労基法違反とはならない。休日の振替が適法になされる限り、元の休日は労働日となるから、その日については休日労働の割増賃金の支払義務は生じない。

## （3）代休

　休日の振替と似て非なるものに「代休」がある。代休とは、休日労働をさせた場合に、その代わりとして、その後の労働日を休みとして労働義務を免除することをいう。事後に代休を与えたからといって、休日労働の事実がなくなるわけではない。したがって、この場合、いわゆる 36 協定の締結や休日割増の支払義務が生じる。また、代休日を有給にするかどうかは、就業規則等の定めるところによる（労使自治の原則）。

# 第 7 節　時間外・休日労働

　使用者は、原則として法定労働時間を超えて、あるいは法定休日に労働者を働かせることはできない。しかし、労基法は、災害や公務により臨時の必要がある場合、事業場の過半数代表との労使協定が締結されている場合には、例外的に法定労働時間を超えて労働させ、又は法定休日に労働させることを認めている。ただし、こうした法定時間外・法定休日の労働に対しては、使用者は割増賃金を支払わなければならない。

## 1　災害・公務の必要による時間外・休日労働

### (1) 災害その他臨時の必要による場合

　災害その他避けることのできない事由によって、臨時の必要がある場合には、使用者は、労働基準監督署（長）の許可を受けて、その必要の限度内において、労働者に時間外労働又は休日労働をさせることができる（労基法第 33 条第 1 項）。この場合、事態急迫のため事前に労働基準監督署（長）の許可を受ける暇がない場合には、事後に遅滞なく届け出なければならない（第 33 条第 1 項ただし書）。労働基準監督署（長）は、事後の届出による時間外・休日労働が適切でないと判断した場合には、その後にその時間に相当する休憩や休日の付与を命じることができる（第 33 条第 2 項）。この命令は、代休付与命令と呼ばれる。

　災害その他避けることのできない事由とは、事業場内において、通常、予測される事由の範囲を超えて、客観的に避けることのできない事由をいう。したがって、単に業務繁忙その他これに準ずるような経営上の必要はこれに含まれず、人命又は公益を保護するための必要や突発的な機械の故障の修理、保安等の必要がある場合をいう（昭和 22・9・13 発基 17 号等）。

### (2) 公務の必要による場合

　官公署の事業に従事する国家公務員及び地方公務員については、公務のため臨時の必要がある場合には、時間外・休日に労働させることができる（第 33 条第 3 項）。ここにいう公務とは、国又は地方公共団体の事務のすべてをいい、また臨時の必要があるかどうかについては、労働基準監督署（長）の許可は不要であり、使用者たる国又は地方公共団体の

判断にゆだねられている（昭和 23・9・20 基収 3352 号）。

## 2　労使協定による時間外・休日労働

### （1）労使協定の締結と届出、労使協定の効力

　使用者は、事業場の過半数代表との間で労使協定（一般に 36 協定と呼ばれる）を締結し、これを労働基準監督署（長）に届け出た場合には、当該協定の定めるところに従って時間外又は休日労働をさせることができる（労基法第 36 条）。ただし、この労使協定自体は、労使間に私法上の権利義務を設定する効力をもつものではなく、単に労基法違反の責任を免除する効力（免罰的効力という）を持つにとどまる。

### （2）労使協定の届出と記載内容

　労使協定（36 協定）は、各事業場単位で締結する必要がある。なお、労働基準監督署（長）への届出については、時間外労働の上限規制の法定化により様式が「一般条項」と「特別条項付」に分けられることになり、前者については様式第 9 号により、後者については新様式である様式第 9 号の 2 によることとされた。

　また、36 協定の記載内容については、具体的には①時間外労働・休日労働の対象労働者の範囲、②対象期間（1 年間に限る）、③時間外労働または休日労働をさせることができる場合、④対象期間における 1 日、1 カ月及び 1 年のそれぞれの期間について時間外労働をさせることができる時間又は休日労働をさせることができる日数、⑤その他厚生労働省令で定める事項である（労基法第 36 条第 2 項）。ちなみに、厚生労働省令で定める事項については、労基則第 17 条において個別・具体的に明記されている。

### （3）時間外労働の限度基準

　時間外労働の限度に関しては、従来、厚生労働大臣が労働時間の延長を適正なものとするため、「協定で定める労働時間の延長の限度…について、労働者の福祉、時間外労働の動向、その他の事情を考慮して基準を定めることができ」、協定当事者たる労使は「当該協定の内容が前項の基準に適合したものとなるようにしなければならない」とされていた（改正前労基法）。その基準は、1 週間については 15 時間、以下、2 週間では 27 時間、4 週間では 43 時間、1 カ月では 45 時間、2 カ月では 81 時

間、3 カ月では 120 時間、そして 1 年間では 360 時間となっていた（平成 10 労告 154 号）。なお、この時間外労働の限度時間については、例外が認められていた。すなわち、限度時間を超えて時間外労働を行わせなければならない臨時的な特別の事情が生じる場合に備えて、労使当事者が定める手続を経て、限度時間を超える一定の時間まで労働時間を延長することができる旨を定める「特別条項」を 36 協定に付すことが認められていた（平成 15・10・22 基発 1022003 号）。

　しかし、こうした上限規制には法的強制力がなく、労使合意による「特別条項」を設けることで、実際上、無制限の時間外労働が可能であったことから、平成 30（2018）年の「働き方改革関連法」の成立による労基法の改正により時間外労働の上限規制につき違反に対する罰則付きの法規制が行われることとなった。具体的には、(1)原則として、時間外労働は 1 カ月 45 時間、1 年 360 時間（1 年単位の変形労働時間制で変形の単位期間が 3 カ月超えの場合は 1 カ月 42 時間、1 年 320 時間）とすること（労基法第 36 条第 3 項、第 4 項）、(2)特別条項がある場合でも、①1 カ月の時間外労働は休日労働を含めて 100 時間未満、②1 年間の時間外労働の上限は 720 時間とすること、③月 45 時間を超える時間外労働は年に 6 カ月まで、④複数月（2 カ月から 6 カ月）の平均で時間外労働と休日労働の合計時間は 80 時間以内とすること、と改正されている（労基法第 36 条第 5 項、第 6 項）。ちなみに、大企業は平成 31（2019）年 4 月 1 日から、中小企業は 2020（令和 2）年 4 月 1 日から施行されている。

## (4) 時間外・休日労働義務の根拠

　使用者が、時間外・休日労働を労働者に命じるためには、労働契約上、時間外・休日労働を行う義務を具体的に定めておく必要がある。問題は、このような労働者の具体的義務がいかなる場合に認められるかである。学説上は、労働者のその都度の個別同意が必要であるとする考え（個別同意説）や就業規則あるいは労働協約上の規定があればたりるとする考え方（包括規定説）がみられる。判例は、個別同意説を斥け、使用者が、就業規則で 36 協定の範囲内で労働者に時間外・休日労働を命じる旨定めており、この内容が合理的で労働者に周知されていれば、労働者は時間外・休日労働の義務を負うことを認めている（日立製作所武蔵工場事件・最 1 小判平 3・11・28 民集 45 巻 8 号 1270 頁）。もっとも、こうした就業規則上の規定により、原則的に労働者が時間外・休日労働

の義務を負うとしても、それがいかなる場合においても認められるわけではない。たとえば、労働者が当該時間外・休日労働命令を拒否できる合理的理由が認められる場合（たとえば、育児や介護の必要性が労働者に認められる場合）には、使用者の時間外・休日労働命令は権利濫用（時間外労働命令権の濫用）として無効となることがある。

## 3　割増賃金

### (1) 基本的な考え方

　使用者は、労働者に時間外・休日労働をさせた場合には、割増賃金を支払う義務がある（労基法第 37 条第 1 項）。ここにいう時間外・休日労働は、労基法上のそれ（法定外の時間外・休日労働）であって、就業規則等で法定労働時間の範囲内で所定労働時間が設定されている場合、当該所定労働時間を超えて働かせても、それが法定労働時間の範囲内にとどまる限りは、労基法にいう時間外労働ではない。また、法定休日以外の休日に労働させても、それは労基法にいう休日労働ではないので、使用者には割増賃金支払義務は生じない。このような場合に、使用者が割増賃金を支払う義務を負うかどうかは、個別の労働契約や就業規則等の解釈に委ねられる。

### (2) 時間外・休日労働と割増賃金

　時間外労働と休日労働の割増率は、通常の労働時間又は労働日の賃金の 2 割 5 分以上 5 割以下の範囲内で命令で定めるものとされ、現行では、時間外労働については 2 割 5 分、休日労働については 3 割 5 分と定められている。なお、平成 20（2008）年の労基法改正により、月 60 時間を超える時間外労働部分については割増率が 5 割以上に引き上げられている（第 37 条第 1 項ただし書）。具体的には、たとえば労働者が月に 75 時間の時間外労働をした場合、月 60 時間までの割増率は 2 割 5 分、月 60 時間から 75 時間までの割増率は 5 割以上となる。また、月 60 時間から 75 時間までの時間外労働については、事業場の過半数代表との労使協定により、割増賃金に代えて有給の代替休暇を与える旨定め、労働者がこれを実際に取得した場合には、使用者はその部分について割増賃金を支払う必要はない（第 37 条第 3 項、労基則第 19 条の 2）。代替休暇は 1 日又は半日を単位とし（労基則第 19 条の 2 第 1 項第 2 号）、また代替休暇を与えることができる期間は、時間外労働が 1 カ月 60 時間と

なった月の翌月と翌々月に限られる（同項第 3 号）。なお、中小企業には当分の間適用が猶予されていたが、令和 5（2023）年 4 月からは全企業に適用された。

### （3）深夜労働と割増賃金

　なお、以上のほか使用者が労働者に深夜労働（午後 10 時から午前 5 時までの労働）をさせた場合には、通常の労働時間の賃金の 2 割 5 分以上の率で計算した割増賃金を支払う義務を負う（第 37 条第 4 項）。時間外労働と深夜労働が重複した場合、あるいは休日労働と深夜労働が重複した場合、それぞれの割増率は合算される。すなわち、前者については 5 割（月 60 時間を超える時間外労働部分については 7 割 5 分）、後者については 6 割以上の割増賃金を支払わなければならない（労基則第 20 条）。

　割増賃金の算定基礎となるのは、通常の労働時間又は労働日の賃金であるが、この算定基礎賃金からは、家族手当や通勤手当のほか、命令で定める賃金は参入されない（第 37 条第 5 項、労基則第 21 条）。この命令で定める賃金としては、別居手当、子女教育手当、住宅手当、臨時に支払われた賃金、1 カ月を超える期間ごとに支払われる賃金がある。

### （4）割増賃金の定額払い

　なお、実務上は割増賃金を、毎月、定額（一定額の手当）で支払う方法が取られていたりすることが少なくない（定額残業制とか固定残業制と呼ばれている）。労基法は、第 37 条の計算方法に従うこと自体を要求するものではなく、その支払額が実際の法定割増率で計算された割増賃金額を上回っている限り、労基法違反ではない。しかし、その場合当該支払額が、労基法が予定する割増賃金に代わる手当てとしての性質を有し、また割増賃金の部分とその他通常の労働時間に対する賃金部分が区分されて明確にされている必要がある（高知県観光事件・最 2 小判平 6・6・13 労判 653 号 12 頁）。

## 第 8 節 ｜ 労働時間規制の適用除外

　労基法第 41 条は、事業の種類や労働者の地位、労働の態様によって、労働時間、休憩、休日に関する規制や後述の「高度プロフェッショナル制度」のように、時として深夜業規制の適用除外を定めている。ただし、年次有給休暇や育児介護の休業に関する規定の適用は除外されない。具体的には、以下のとおりである。

### 1　農業・畜産・水産業に従事する労働者

　農業・畜産・水産の事業に従事する労働者については、労働時間、休憩、休日に関する規制は適用されない（第 41 条第 1 号）。これらの事業は、天候や季節等の自然的条件に影響されやすく、規制を及ぼすことが難しいというのが、その理由である。ちなみに、従前、適用除外とされていた林業従事者は適用除外ではなくなった。

### 2　管理監督者・機密事務取扱者

　管理監督者および機密事務取扱者についても、労働時間、休憩、休日の規制が除外されている（第 41 条第 2 号）。その理由は、これらの者が、経営者と一体になって業務を行う必要があることから、その業務内容や勤務態様が労基法上の労働時間規制になじまない、というところにある。なお、深夜業に関する規制は適用される。ここにいう、管理監督者とは、職制上の役付者のすべてが該当するというものではなく、その判断にあたっては、①業務の内容、責任や権限等の勤務態様はどうか、②出社・退社について厳格な制限を受けているか、③基本給や手当等についてその地位にふさわしい処遇を受けているかどうか、などを考慮しつつ、個別具体的に判断される。また、機密事務取扱者とは、業務が使用者又は管理監督者の活動と一体不可分であって、厳格な労働時間管理になじまない者をいい、単に機密の事項に接する機会があるという者ではない。

## 3　監視断続労働者

　監視又は断続的労働に従事する労働者についても、労働時間をはじめ、休憩、休日に関する規制が除外されている（第 41 条第 3 号）。ただし、これらの者が適用除外されるためには、行政官庁の許可が必要である。監視労働者とは、監視が本来の業務であり、常態として身体の疲労や精神的緊張の少ない業務に従事する者をいう。断続的労働者とは、本来、業務が間欠的であるため、労働時間においても手待時間が多く実作業時間が少ない者をいう。

## 4　高度プロフェッショナル制度の導入

　平成 30（2018）年の通常国会において「働き方改革関連法案」が上程され、同年 6 月に可決・成立し、翌、令和元（2019）年 4 月 1 日より施行された。この働き方改革関連法案成立の一環として、新たに「高度プロフェッショナル制度」が導入されることとなった。高度プロフェッショナル制度とは、高度の専門的知識を有し、一定以上の年収を得る労働者を対象に、労使委員会の決議および労働者本人の同意を要件として所定の措置を講じることにより、労基法に定める労働時間規制を除外する制度である（労基法第 41 条の 2）。この制度の対象となった労働者には労働時間、休憩、休日の規定とともに、深夜の割増賃金に関する規定も除外される。しかし、年次有給休暇の規定は除外されない。かかる制度を実施するための要件や手続は以下の通りである。

　まず、対象業務は「高度の専門知識等を必要」とするとともに「従事した時間と従事して得た成果との関連性が通常高くないと認められる」として、労基則で定められる業務である（労基法第 41 条の 2 第 1 項第 1 号）。ちなみに、労基則では具体的に金融工学等の知識を用いて行う金融商品の開発業務、投資判断に基づく資産運用の業務（資産運用会社におけるファンドマネジャー、トレーダー、ディーラーの業務等）、顧客の事業運営に関する重要事項についての調査、分析、考案、これに基づく投資に関する助言の業務、新たな技術、商品、役務の研究開発に係る業務等があげられている。ちなみに、指針（労基法第 41 条の 2 第 1 項の規定により同項第 1 号の業務に従事する労働者の適正な労働条件の確保を図るための指針〈平成 31・3・25 厚労告 88 号〉）でより詳細な説明がなされている。

　次に、対象労働者は、使用者との書面等による合意で職務が明確に定められており、かつ、1 年間当たりの賃金額が労働者一人当たりの平均年収（基準年間平均給与額）の 3 倍を相当程度上回る水準として労基則（第 34 条の 2 第 6 項）で定める額（年間 1,075 万円）以上であることとされている（労基法第 41 条の 2 第 1 項第 2 号イ、ロ）。

　さらに、使用者は制度の実施にあたって、対象業務に従事する労働者が事業場内にいた時間（労使委員会が、休憩時間その他労働者が労働していない時間を除くことを決議したときは、当該決議に係る時間を除いた時間）と事業場外において労働した時間の合計時間（健康管理時間）を一定方法により把握する措置を当該決議で定めることにより講じなければならない（労基法第 41 条の 2 第 1 項第 3 号）。健康管理時間を把握する方法は、タイムカードによる記録、パソコン等の電子計算機の使用時間の記録等の客観的な方法とし、但し、事業場外で労働した場合であって、やむを得ない理由があるときは自己申告によることができる（労基則第 34 条の 2 第 8 項）。

　使用者は、対象業務に従事する対象労働者の「休日の確保」として、1 年間を通じ 104 日以上、かつ、4 週間を通じ 4 日以上の休日を当該決議および就業規則その他これに準ずるもので定めるところにより講じなければならない（労基法第 41 条の 2 第 1 項第 4 号）。

　対象業務に従事する労働者に対し、「働きすぎ防止措置」として次のいずれかに該当する措置（選択的措置）を当該決議及び就業規則その他これに準ずるもので定めるところにより使用者が講ずること（労基法第 41 条の 2 第 1 項第 5 号）とされている。

①労働者ごとに始業から 24 時間を経過するまでに 11 時間（労基則第 34 条の 2 第 9 項）以上の継続した休憩時間を確保（勤務間インターバル制度と呼ばれ、退勤から翌日の出勤までの間に一定時間以上の休息時間の確保を目的としている。労働時間等設定改善法の改正により平成 31〔2019〕年 4 月より努力義務化された）し、かつ、1 カ月について深夜業は 4 回以内とすること（労基則第 34 条の 2 第 1 項）。

②1 週間当たりの健康管理時間が 40 時間を超えた場合には、その超えた時間について 1 カ月 100 時間、3 カ月 240 時間を超えないようにすること（労基法第 41 条の 2 第 1 項第 5 号ロ、労基則第 34 条の 2 第 11 項）。

③1 年に 1 回以上の連続した 2 週間の休日（労働者が請求した場合に

は 1 年 2 回以上の継続した 1 週間）を与えること（労基法第 41 条
の 2 第 1 項第 5 号ハ）。

④1 週間当たりの健康管理時間が 40 時間を超えた場合において、その
超えた時間が 1 カ月当たり 80 時間を超え、かつ、対象労働者から
の申し出があったときは一定の健康診断を実施すること（労基法第
41 条の 2 第 1 項第 5 号ニ）。

　使用者は、対象労働者の「健康・福祉確保措置」として、対象労働者
の健康管理時間の状況に応じた当該労働者の健康・福祉を確保するため
の措置であって、有給休暇の付与、健康診断の実施その他労基則（第
34 条の 2 第 14 項）で定めるもののいずれかを当該決議で定めるところ
により講じること（労基法第 41 条の 2 第 1 項第 6 号）。ちなみに、労基
則では以下が定められている。

・前掲①〜④のいずれかの措置
・医師による面接指導
・代償休日又は特別休暇の付与
・心身の健康問題についての相談窓口の設置
・適切な部署への配転
・産業医による助言、指導又は保健師度

　以上のほか、制度の運用の過程で対象労働者の同意の撤回手続（労基
法第 41 条の 2 第 1 項第 7 号）、対象労働者の苦情処理の措置（同項第 8
号）、同意しなかった対象労働者に対する解雇その他の不利益取扱の禁
止（同項第 9 号）等が定められている。

# 第 9 節 ｜ 年次有給休暇

## 1　年休制度の意義

　年次有給休暇（年休）とは、労働者が賃金の支払いを受けながら、一定期間労働義務を免れて休暇を取ることができる制度をいう。はじめから労働義務のない休日とは基本的に区別される。

　このような休暇が保障されることによって、労働者は長期の労働から解放されて心身のリフレッシュを図り、また個人的に社会的・文化的生活の確保等を図ることが可能となる。しかし、こうした年次有給休暇の利用実態をみると、年休の消化率が低く、また遅刻や欠勤への振替えなど、年次有給休暇制度本来の趣旨とはかけ離れた利用がなされている。そのため、労基法では、年休取得を促すべく、計画年休や時間単位の年休利用、さらに年休付与の義務化等の改正が行われている。

## 2　年休の権利はどのようにして発生するか

### （1）年休権の成立要件

　労基法第 39 条は、労働者が雇入れの日から起算して 6 カ月以上継続勤務し、全労働日の 8 割以上出勤した場合には、継続し、又は分割した 10 労働日以上の年次有給休暇を与えることを使用者に義務づけている（同条第 1 項）。なお、上記の出勤率算定との関係では、業務上の傷病により療養のために休業した期間、育児・介護休業期間や産前産後の休業期間等は出勤したものとみなされる（同条第 8 項）。

### （2）年休の日数・付与の単位

　以上の年休付与の原則に加えて、1 年 6 カ月以上継続勤務した労働者に対しては、その後の継続勤務年数 1 年ごとに 1 労働日を加算し、さらに 3 年 6 カ月以降継続勤務期間が 1 年増すごとに 2 日ずつを加算し、最高 20 日までの年次有給休暇が付与されることになっている（同条第 2 項）。なお、年休の利用を促進することを目的に、平成 20（2008）年の労基法改正により事業場内過半数代表との労使協定の締結により、年休のうち 5 日まで時間単位の年休付与が認められている（同条第 4 項）。時間単位の年休付与は、本来の年次有給休暇制度の趣旨とは相いれない

表 II-5-2　一般労働者の年休法定付与日数

| 継続勤務期間 | 6ヶ月 | 1年6ヶ月 | 2年6ヶ月 | 3年6ヶ月 | 4年6ヶ月 | 5年6ヶ月 | 6年6ヶ月以上 |
|---|---|---|---|---|---|---|---|
| 付与日数 | 10 | 11 | 12 | 14 | 16 | 18 | 20 |

表 II-5-3　パート労働者に対する年休付与日数

| 週所定労働日数 | 1年間の所定労働日数 | 継続勤務期間 | | | | | | |
|---|---|---|---|---|---|---|---|---|
| | | 6ヶ月 | 1年6ヶ月 | 2年6ヶ月 | 3年6ヶ月 | 4年6ヶ月 | 5年6ヶ月 | 6年6ヶ月以上 |
| 4日 | 169日から216日まで | 7日 | 8日 | 9日 | 10日 | 12日 | 13日 | 15日 |
| 3日 | 121日から168日まで | 5日 | 6日 | 6日 | 8日 | 9日 | 10日 | 11日 |
| 2日 | 73日から120日まで | 3日 | 4日 | 4日 | 5日 | 6日 | 6日 | 7日 |
| 1日 | 48日から72日まで | 1日 | 2日 | 2日 | 2日 | 3日 | 3日 | 3日 |

厚生労働省の年休付与日数に関する各種啓発パンフレットからの転用

面があることから、その要件として所定の事項を記載した労使協定を締結することが必要とされ、また時間単位で付与できる日数も 5 日に限定されている（同条第 4 項第 2 号、労基則第 24 条の 4）。そのほか、所定労働時間や所定労働日数が短いパートタイム労働者については、所定労働日数に比例した日数の年休が付与される。（表 II-5-2、3）

　また、年休の付与は、「労働日」が単位となり、原則として午前零時から午後12時までの暦日をいう。しかし、交代制勤務のように労働が 2 暦日にまたがって行われるような場合には、例外（継続 24 時間）が認められている。

## 3　年休権の行使

　労働者にとって、年休の権利は、前述した二つの要件（6 カ月の継続勤務と 8 割以上の出勤）を満たすことによって、法律上、当然に発生する権利であり、使用者の許可や承認といった行為が入り込む余地はない（白石営林署事件・最 2 小判昭 48・3・2 民集 27 巻 2 号 191 頁）。

### （1）労働者の時季指定
　年休の権利は発生したとしても、これをいつ行使するかは労働者の自由に委ねられている。そのため、労働者は、この権利行使の時季（季節を含めた時期という意味）を具体的に特定する必要がある。これは、労

働者の「時季指定権」と呼ばれ、この時季指定によって、労働義務の消滅という効果や法所定の年休手当請求権が発生する。

### (2) 使用者の時季変更権

労働者の指定する時季に年休を付与することが「事業の正常な運営を妨げる」場合には、使用者は、他の時期にこれを与えることができる（第39条第5項ただし書）。これは、使用者の「時季変更権」と呼ばれる。その結果、労働者による時季指定の効果は、使用者の時季変更権の行使を解除条件として発生するということになる。

この時季変更権行使の要件としての「事業の正常な運営を妨げる」場合の判断については、単に業務繁忙とか人手不足、業務量の予測が困難ということではなく、当該事業場を基準にして、事業の規模、内容、当該労働者の職務の内容や性質、代替要員の配置の難易、同時期に年休をとる労働者の有無等を考慮して具体的に判断される。この場合、使用者は、労働者が指定した時季に年休が取れるよう状況に応じた配慮を尽くしたかどうかが重要な判断の基準とされる（弘前電報電話局事件・最2小判昭62・7・10民集41巻5号1229頁）。

他方、労働者が長期にわたる年休の時季指定をしたような場合、使用者の正常な事業の運営に支障を及ぼす可能性が高くなることから、労働者側も事前の調整を図ることが求められ、こうした調整がなされていない場合には使用者側の裁量の余地が大きくなることもあり得る（時事通信社事件・最3小判平4・6・23民集46巻4号306頁）。

時季変更権の行使は、原則として労働者の指定した年休の取得前に、かつ、時季変更権を行使するかどうかの判断に必要な合理的期間内に行う必要がある。この場合、時季変更権行使の時点で事業の正常な運営を妨げる事情が存在していれば、結果として事業運営の阻害が出なかったとしても、当該時季変更権の行使は不適法にはならない。また、時季変更権の行使が年休日の直前になされた場合、時季変更権を行使する時間的余裕のない特段の事情が認められる場合には、客観的に時季変更の要件が存在し、かつ、その後遅滞なく時季変更権が行使される限り、事後的な時季変更権の行使も例外的に適法とされる。

## 4　年休の利用目的

労働者は、年休を自由に利用することができる（年休自由利用の原

則）。したがって、使用者は、労働者に年休の利用目的の申告を義務づけることはできないし、また時季変更権の行使に際して年休の利用目的を考慮することは原則としてできない。もっとも、同時期に複数の労働者から年休の時季指定が集中し、全員にこれを認めると「事業の正常な運営を妨げる」状況があるような場合には、例外的に年休の利用目的を考慮することは許されるであろう。

## 5　計画年休・時間単位の年休制度・年休取得の義務化

わが国では、これまで年休の消化率が低かったことから、その取得を推進するため、昭和62（1987）年の改正では計画年休の制度が、また平成20（2008）年の改正では時間単位の年休付与が、さらには平成30（2018）年の改正により年休付与の義務が制度化された。

すなわち、労基法第39条第6項は、使用者は、事業場の過半数代表と労使協定を締結し、各労働者が有する年休日数のうち5日を上回る日数については、事前に年休を付与する時季を特定して付与することができると定める。これが、一般に「計画年休」と呼ばれる制度である。5日間の年休日が計画年休の対象とならないのは、個人の意向による年休利用（自由年休）の余地を残す必要があるからである。こうして、計画年休協定で年休日として特定された労働日は、労基法第39条第5項の規定（労働者の時季指定や使用者の時季変更権）にかかわらず、年休日として特定され、これに反対する労働者についても同様である。

また、労基法第39条第4項は、事業場の過半数代表との労使協定により、1年に5日分を限度として、時間単位の年休取得を可能にした。

さらに、平成30（2018）年6月29日成立の「働き方改革関連法」による労基法改正（労基法第39条第7項）として、使用者による年休5日の付与が義務化された。すなわち、年10日以上の年休を得ている労働者に対して、使用者はそのうちの5日間については労働者ごとに時季を指定して年休を取得させることを義務づけている。ただし、労働者が自ら年休を取得した場合や年休の計画付与制度の利用により年休を取得させた場合、その日数分は上記義務から除かれる（同条第8項）。

## 6　年休権の消滅

労働者の年休権は、その消化によって消滅することはいうまでもない

が、年度内に消化されなかった年休については、その消滅について、いくつかの問題がある。

　まず、年休権は、労基法第 115 条により、2 年の消滅時効に服し、翌年度までは繰り越される（昭和 22・12・15 基発 501 号）。この場合、翌年度には繰り越された年休と翌年度に新しく発生した年休が併存することになるが、翌年度における年休の行使は、当事者の意思の合理的解釈として、繰り越された年休から行使されていると解すべきものとされる。

　年度内に消化されなかった年休の買上げについては、あらかじめ年休を買い上げることはできない。買上げとは、対価を払って年休権の行使を放棄させることをいうが、こうした事前の買上げの合意は無効と解すべきである。ただし、事後の買上げ、すなわち年休権が時効により消滅するような場合に、それに代わる対価を支払うことまでを違法という必要はない。ちなみに、就業規則等で消滅した年休を積み立て、リフレッシュ休暇とする旨定めて利用することも可能である。

## 7　年休取得と不利益取扱い

　労働者が年休を取得したことを理由に、精皆勤手当、一時金、昇給等について不利益取扱いすることの可否については、昭和 62（1987）年の改正で労基法附則第 134 条（現行第 136 条）が設けられている。しかし、同条は「使用者は、……有給休暇を取得した労働者に対して、賃金の減額その他不利益な取扱いをしないようにしなければならない。」と定めるにとどまったことから、これをどう解釈するかが問題となった。学説には、この条文を、①訓示規定にとどまる、②私法的効力を有したもの、③公序設定規範である、などの見解の違いがみられる。判例は、当該規定自体としては、使用者の努力義務を定めたもので、労働者の年休取得を理由とする不利益取扱いの私法上の効果を否定するまでの効力を有するものとは解されないとしている。その上で、年休取得が皆勤手当や一時金等何らかの経済的不利益とつながる措置の効力については、その趣旨・目的、労働者の受ける不利益の性質・内容と程度、年休の取得に対する事実上の抑止力の程度等の諸事情を総合して、年休に対する労働者の権利行使を抑止し、実質的に失わせるものと認められる場合には、公序違反として無効になる場合があると解している（代表的判例として、沼津交通事件・最二小判平 5・6・25 民集 47 巻 6 号 4585 頁）。

# 第10節　年少者・女性（妊産婦）の保護

　労基法は、元々、「年少者」については、いまだ肉体的・精神的に発育途上にあり、その健全な精神や人格の発達を保護する必要性から、また「女性」については、家庭責任や妊娠・出産等母性の保護といった観点から、その第6章において「女子及び年少者」保護として多くの就業制限規定を設けていた。その後、いわゆる均等法の制定により、男女平等原則の観点から労基法上の女子保護規定が全面的に改正され、上記の「女子・年少者」保護は、第6章「年少者」と第6章の2「女子」に分離（その後、平成18（2006）年改正後は「妊産婦等」に章名が変更）され、さらに後者については、均等法の適用下で「一般女性」と「妊産婦（妊娠中の女性及び産後1年未満の女性）」に区別され、前者については後述のとおり労働時間規制等を中心に就業制限が廃止され、今日では男性と基本的に変わりのない就業規制となっている。他方、妊産婦を中心に母性保護については従前よりも保護が厚くなっている。

## 1　年少者保護

### （1）未成年者と労働契約の締結等

　未成年者（令和4〈2022〉年4月からの改正民法の施行後は18歳未満の者）の労働契約の締結については、労基法は、親権者等から未成年者を保護するために「親権者又は後見人は、未成年者に代わって労働契約を締結してはならない」として、たとえ未成年者の同意があっても、未成年者に代わって労働契約を締結することを禁じている（第58条第1項）。民法の原則によれば、未成年者は、親権者等法定代理人の同意を得て労働契約を締結でき（第5条）、また親権者等は未成年者の法定代理人として、未成年者の同意を得た上で未成年者に代わって労働契約を締結できることとなっている（第824条、第859条）。労基法は、このような未成年者の労働契約の締結に係る民法の原則を未成年者保護の目的から修正したものである。

　上記のように、労働契約については、親権者や後見人等法定代理人の同意を得て未成年者自身が締結することから、さらに労基法は、その就労に対する賃金に関しても、未成年者自らが独立して使用者に対して賃金を請求することができ、親権者等がこれに代わって賃金を受領するこ

とを禁止している（第 59 条）。

### （2）年少者の労働時間・危険有害業務の就業制限

　満 18 歳未満の年少者については、労基法上、若干の例外（第 60 条第 3 項）を除き 8 時間労働制の厳守が基本原則となっている。具体的には、変形労働時間制やフレックス・タイム制の労働時間制は原則として許されず（第 32 条の 2～第 32 条の 5 の適用排除）、また時間外・休日労働を認める労基法第 36 条、さらには労働時間及び休憩の特例を定める労基法第 40 条も適用されない（第 60 条第 1 項）。

　さらに、満 18 歳未満の年少者については、上記のとおり、いまだ精神的、肉体的に生成発展途上にあることから、一定の危険有害業務への就業を禁止している（第 62 条）。さらに、深夜業（第 61 条）及び坑内労働（第 63 条）も禁止されている。

## 2　女性労働者の保護

### （1）一般女性の就業規制

　現行労基法の下では、一般女性に関しては労働時間規制（時間外労働）・休日（休日労働）・深夜業に関する規制は撤廃され、男性と同様の就業が可能となっている。ただ、女性の深夜業に関しては、「深夜業に従事する女性労働者の就業環境の整備に関する指針」（平成 9・9・25 厚労告 105 号、平成 19・3・30 厚労告 94 号）が出され、「深夜業における防犯面での安全の確認」や「男女別の仮眠室・トイレ・休養室の設置」等が求められている。

### （2）妊産婦の保護

　妊産婦とともに、育児・介護を行う必要のある労働者については、その請求により、深夜業が免除されている（労基法第 66 条第 3 項、育児・介護休業法第 19、第 20 条）。

　さらに、妊産婦については、危険有害業務に関する就業制限として、重量物取扱業務、有害ガスを発散する場所における業務、その他妊産婦の妊娠・出産・哺育などに関する有害な業務に対する就業制限（労基法第 64 条の 3 第 1 項）がある。この就業制限は、一般女性についても準用されている（同条第 2 項）。

（3）母性の保護等

　母性保護の観点から、労基法及び均等法は、各種の保護を設けている。具体的には労基法上の保護として、①産前産後の休業（第 65 条）をはじめ、②育児時間（第 67 条）、③生理休暇（第 68 条）、④妊産婦に対する変形労働時間制、時間外・休日労働の制限（第 66 条第 1 項、第 2 項）があり、均等法上の保護として、⑤妊産婦の通院時間の確保、通勤緩和（均等法第 12 条、第 13 条）が設けられている。

# 男女雇用平等と
# ワーク・ライフ・バランス

# 男女雇用平等と
# ワーク・ライフ・バランス

## 学習のねらい

　労働関係は、継続的な契約関係であり、また、使用者のほうが労働者に対して優越的な立場に立つことから、実際上、労働者の自由や人権を侵害する不当な労働慣行が行われがちであった。それ故、近代的な労使関係を確立し、労働者が、その意欲・能力に基づき安心して働くためには、労働者の自由や人権を守るための法的措置を講じることが必要となる。

　他方、今日ではサービス業中心の産業構造をはじめ、少子高齢社会の進行、景気の後退、高学歴化等、さまざまな社会経済状況の変化のなかで、女性の職場進出が進み、女性雇用者の割合は、男性を含めた総雇用者の4割を超えるまでになっている。加えて、その働き方も、結婚や出産後も就業を継続していくのが一般的となっている。しかし、現実には男女間には、その雇用・就業の形態において大きな違いがある。たとえば、雇用の形態についてみると、男性の多くが正規雇用（期間の定めのない労働契約の締結）であるのに対して、女性は非正規雇用（期間の定めのある労働契約の締結）が少なくない。また、就業の形態をみると、男性は正社員としてフルタイムで就業することが多いのに対して、女性はパートタイマー、契約社員等として就業することが多い。その結果、男女間には、雇用の機会確保から、配置、昇格・昇進、賃金、教育訓練そして退職・解雇等具体的な処遇において、大きな格差が生まれることが少なくない。

　さらに、女性の就業継続に際しては、固定的な男女の役割分担意識（男性は仕事、女性は家庭）等により、家事・育児等の家庭責任が男性よりも女性に重く負担がかかりがちなことから、多くの女性にとって、就業継続の意欲がありながらも、その意思に反して退職を強いられる結果となりがちである。そのため、意欲、能力のある女性が結婚や出産後も十分に仕事に対する責任を果たせるためには、男女とも、育児や介護等家庭責任を果たしながら仕事上の責任

も十分に果たせる環境を作ることが必要となる。こうした施策は、今日、ワーク・ライフ・バランスと呼ばれて、国を挙げての働く男女に関する重要な政策課題となっている。そこで、本章では、こうした状況を踏まえて、労基法をはじめとする関係労働法規がこうした問題について、どのような規制を設け、権利を付与しているかなどを学び、理解を深めることが学習のポイントとなる。

# 第 1 節　男女雇用平等

## 1　憲法と男女平等

　男女平等に関する法原則の根幹をなすのが憲法である。その中でも中核となるのが憲法第 14 条第 1 項である。同条は、「すべて国民は、法の下に平等であって、人種、信条、性別、社会的身分又は門地により、政治的、経済的又は社会的関係において、差別されない。」と定め、いわゆる「法の下の平等原則」が明記されている。このほかにも、憲法第 24 条は、婚姻等に関して、男女間における個人の尊厳とともに、両性の本質的平等原則を明記している。こうした憲法上の男女平等に関する基本原則は、労働関係の場においても、使用者のみならず男女労働者等関係当事者が遵守すべき法原則を形成する基礎となっている。

## 2　労基法と男女雇用平等

　労基法第 4 条は、「使用者は、労働者が女性であることを理由として、賃金について、男性と差別的取扱いをしてはならない。」と定める。「男女同一賃金の原則」と呼ばれる。「女性であること」を理由とするとは、男女の直接的な性別だけではなく、女性は勤続年数が短い、仕事に対する意欲や能力が男性よりも劣る、といった女性に対する固定観念（偏見等）も含まれる。本条は、賃金についてだけの男女差別を禁止する。ここにいう賃金とは、労基法第 11 条の定義する賃金のすべてを含む。さらに、差別的取扱いとは、合理的理由なく異なる取扱いをすることをいい、必ずしも不利益に取り扱うことだけを意味しない。

　なお、労基法第 4 条には、従事する労働が男女で異なっている場合でも、同一価値の労働に男女が従事している場合には同一の賃金が支払われるべきであるとする原則（同一価値労働同一賃金の原則）が含まれて

いるかどうかという議論がある。学説上は、わが国が批准している
ILO100 号条約は、この原則を含めていると理解されていることから、
労基法第 4 条にもこの原則が含まれていると解すべきとの見解も見られ
るが、判例や行政解釈は、一般にわが国の賃金制度が職務ではなく職能
を基準としていることや本条の文言解釈等から、否定的に解している。

## 3　賃金以外の男女雇用差別と公序法理

　労基法第 4 条は、賃金に関する男女差別を禁止するにとどまり、配置
や昇格・昇進、退職・解雇等その他の労働条件に関する男女差別には、
労基法が刑事的性格の法律であることもあって（いわゆる罪刑法定主義
の原則からも）適用されない。そのため、賃金以外の男女雇用差別につ
いては、裁判所の判例法理である「公序原則」（民法第 90 条）による救
済法理が形成された。その嚆矢となったのが、女性に対してだけ結婚を
理由に退職を求める「結婚退職制」や定年年齢について男女差を設ける
「男女差別定年制」の問題であった。判例は、いずれの場合においても
憲法第 14 条の法の下の平等原則を規範内容とした民法第 90 条の公序違
反を根拠に、こうした制度の違法・無効を確立した。

　その後、この公序法理は、配置や昇格・昇進等、雇用終了以外の処遇
をめぐる男女差別問題についても適用されるようになった。しかし、他
方で公序違反の成立が否定される場合も少なくなく、さらに個々の紛争
事案において公序違反の成否判断における証明の問題や損害賠償にとど
まりがちな救済方法の制約等もあって、雇用全般における男女差別に適
切に対応できる立法の必要性が強く意識されるようになった。

## 第 2 節　男女雇用機会均等法（均等法）

### 1　均等法の制定と発展

　以上のような国内の状況とともに、政府が、昭和 54（1979）年に国連
で採択された「女性差別撤廃条約」に署名したことから、その批准のた
めの国内法の整備の一環として、昭和 60（1985）年、男女雇用機会均等
法（均等法）が制定され、賃金以外にも、募集・採用の入口から配置、
昇進、教育訓練、福利厚生、定年・退職・解雇の出口まで雇用の全ス
テージでの男女差別が規制されることとなった。しかし、当初の法律で
は募集・採用と配置・昇進については禁止規定ではなく努力義務規定に
とどまり、違反に対する罰則も設けられず、さらには女性に対する不利
益取扱いだけを禁止し、女性を優遇する措置については関知しないもの
とされたことから、男女の実質的雇用平等の実現・確保の観点からは不
十分な内容にとどまった。

　平成 9（1997）年に均等法が改正された。この改正により、募集・採
用や配置・昇進における努力義務規定を禁止規定とし、また女性に対す
る優遇措置も原則違法とした。さらに、新たにセクシュアルハラスメン
トの防止等に対する事業主の配慮義務の設定をはじめ、法違反の差別に
対する一方当事者の申請による紛争解決手続の利用、法違反に対する企
業名の公表等の実効確保の強化を図った。

　さらに、均等法は、平成 18（2006）年に 2 回目の改正が行われ、これ
が現行均等法の基盤となっている（施行は、平成 19（2007）年 4 月 1
日）。そこでは、それまで女性に対する差別のみを禁止の対象としてい
た片面的強行性を見直し、あらためて男性に対する差別も禁止の対象と
し、実質的な意味での雇用上の性差別禁止法とした。また、従前からの
募集・採用や配置・昇進、教育訓練等における差別の禁止内容を拡大
し、強化した。さらに、新たに間接差別の概念を導入し、これを禁止の
対象とした。加えて、妊娠、出産、産前産後休業の取得を理由とする解
雇禁止に加え、不利益取扱いも禁止した。その他、セクシュアルハラス
メントの防止における事業主の配慮義務を措置義務化するとともに、男
性に対するそれも規制対象とし、さらに、法違反に対する過料の創設等
法の実効確保を強化するなどした。

## 2　均等法の概要

### (1) 募集・採用における男女差別の禁止

　均等法では、募集・採用については、「性別にかかわりなく均等な機会を与えなければならない」こととされた（第 5 条）。本条により禁止される行為については、厚生労働大臣の定めた指針に示されている（第 10 条。平成 27 年厚労告 458 号）。それによると、同一の雇用管理区分において、その募集・採用の対象から男女のいずれかを排除すること、男女で異なる募集・採用の条件をつけること、異なる評価方法・基準を設けること、男女いずれかを優先すること等が禁止される。

### (2) 配置・昇進・降格・教育訓練

　均等法は、事業主に対して、労働者の配置（業務の配分や権限付与を含む）、昇進、降格、教育訓練について、労働者の性別を理由として差別的取扱いをすることを禁じている（第 6 条第 1 号）。たとえば、同一の雇用管理区分において、時間外労働や深夜業の多い職務への配置を男性労働者に限定したり、課長への昇進について女性に対してだけ課長補佐を経ることを要件としたりすることは禁止される。

### (3) 福利厚生

　事業主は、住宅資金の貸付け（第 6 条第 2 号）をはじめ、生活資金、教育資金その他労働者の福祉の増進のために行われる資金の貸付け、労働者の福祉の増進のために定期的に行われる金銭給付、労働者の資産形成のために行われる金銭給付、住宅の貸与について、性別を理由とする差別的取扱いを行うことが禁止される（均等法施行規則第 1 条第 1〜4 号）。

### (4) 職種・雇用形態の変更

　均等法は、新たに労働者の職種及び雇用形態の変更についての性別を理由とする差別的取扱いを禁止の対象とした（第 6 条第 3 号）。指針によると、「職種」とは、営業職とか技術職、総合職、一般職といった職務や職責による区分が想定され、また「雇用形態」とは、労働契約の期間の定めの有無、所定労働時間の長さ等による正社員、パート社員、契約社員等の区分を示している。その上で、指針によると、同一の雇用管理区分において、その対象から男女のいずれかを排除すること（たとえ

ば一般職から総合職への職種変更について男女いずれかのみとしたりする）ことや、男女で異なる条件を付けたりすること（たとえば、男女いずれかにのみ一般職から総合職への変更につき国家資格の取得や研修実績を条件としたりすること）等が禁止される。

## (5) 退職の勧奨、定年・解雇、労働契約の更新

　均等法では、従前からの定年や解雇についての男女差別に加え、新たに退職の勧奨についての性差別が禁止された（第 6 条第 4 号）。たとえば、女性に対してのみ、子どもがいるとか既婚者であるということで、合理化のために退職勧奨するようなことは違法となる。また、労働契約の更新に関する性差別も新たに禁止の対象となった。たとえば、有期雇用における雇止めや労働契約の更新の回数等に関して男女を区別することは違法として禁止される。

## (6) 婚姻・妊娠・出産等を理由とする不利益取扱い

　事業主は、女性労働者が婚姻・妊娠・出産したことを退職理由として予定する定めをしたり、さらにそれらに加えて産前産後の休業を請求したり取得したこと、等を理由として、解雇その他の不利益取扱いをしてはならない（第 9 条第 1、2、3 項）。禁止される不利益取扱いとしては、たとえば有期労働契約の更新拒否や労働契約の不利益変更、降格、就業環境を害すること、減給や賞与の不利益算定、昇格・昇進における不利益な評価、不利益な配置の変更等が挙げられる。なお、平成 28（2016）年度に均等法は一部改正され、「職場のマタニティーハラスメント」の防止に関する第 11 条の 2（現行第 11 条の 3）が新設され、「職場において女性労働者に対する妊娠、出産等を理由に就業環境が害されることのないよう雇用管理上必要な措置を講じること」が義務づけられるとともに、そのための具体的な措置については、第 11 条の 2 第 2 項（現行第 11 条の 3 第 3 項）を受けて策定された、いわゆる「マタハラ指針（平成 28 厚労告 312 号）」で明示されている。さらに、令和元（2019）年の女性活躍推進法等改正法により、マタハラに関する相談を行い、また事業主による当該相談に協力した際に事実を述べたりしたことを理由とする不利益取扱いを禁止する規定も設けられている（第 11 条の 3 第 2 項）。

　また、妊娠中又は出産後 1 年を経過しない女性に対する解雇は、使用者が妊娠・出産を理由としたものではないことを証明しない限り、無効とされる（第 9 条第 4 項）。

## （7）間接差別の禁止

　均等法は、間接差別という新たな違法差別の概念を定立し、これを禁止の対象とした（第7条）。間接差別とは、雇用上の処遇決定に関連して、①性別以外の事由（いわゆる性中立的基準）が要件として適用された結果、②他の性の構成員と比較して、一方の性の構成員にのみ相当程度の不利益を与えることになり、③それについて業務上の必要性等合理的理由がない取扱いをいう。

　現状では、省令により、①労働者の募集・採用にあたって身長、体重又は体力を要件とすること、②募集・採用、昇進または職種の変更につき、住居の移動をともなう配置転換に応じることを要件とすること、③昇進にあたって転勤経験を要件とすること、が明示されている（均等法施行規則第2条第1号～第3号）。

## （8）ポジティブアクション

　ポジティブアクションとは、雇用において男女間に事実上の格差が生じている場合（たとえば社員や管理職の人数において男女間に著しい格差があるような場合等）において、そうした格差を改善し、男女の実質的平等を実現するための積極的な措置のことをいう（第8条）。均等法では、平成9（1997）年改正によって制度化された。多くの場合、結果として人事管理面において女性を対象として優遇措置が取られることから、男性に対する逆差別として違法ではないかとの批判や主張がなされることが多いが、均等法はこれを違法差別ではない「特例」として定めている。具体的には、たとえば女性労働者が配置（企画や営業等の職種）や昇進（管理職）において男性よりも相当程度少ない状況にある場合（具体的には全体の4割を下回っている場合）に、男女間の比率を均衡化させていくために、資格・要件基準を満たす男女労働者のうち、女性を優先的に割り当てる措置をいう。ちなみに、こうした措置は、あくまでも一時的・暫定的なもので恒常的なものではない。

## （9）セクシュアルハラスメント
### 1）セクシュアルハラスメントの概念

　セクシュアルハラスメントとは、「相手の意思に反して行われる不快な性的言動」のことをいう。こうした言動は、職場においては、使用者や管理職等人事権限を有する者が雇用上の優遇措置を見返りに性的要求を行い、これが拒否されると逆に雇用上に具体的な不利益（たとえば、

昇進拒否や不当な配置換え、解雇等）を行うような場合（対価型・代償型ハラスメント）と、こうした雇用上の具体的な不利益は伴わないが、精神的に不愉快な状態に追い込み、職場の環境を悪化させる場合（環境悪化型ハラスメント）に大別される。被害者のほとんどは女性であるが、必ずしも女性に限定されない。

### 2）セクシュアルハラスメントと均等法

　均等法は、職場で女性のみならず男性に対するセクシュアルハラスメントも含めて、それぞれ、事業主に対して、その防止のために雇用管理上必要な措置を取ることを義務づけている（いわゆる措置義務の設定—第 11 条第 1 項）。事業主が講ずべき具体的な措置義務の内容については、同法第 11 条第 2 項に基づく指針（平成 18・10・11 厚労告第 615号、平成 28・8・2 厚労告第 314 号）により、具体的に定められている。

　職場でセクシュアルハラスメントが行われた場合、その被害者等は、都道府県労働局（雇用均等室）に対して紛争の解決援助のほか、調停による解決を求めることができる（第 17 条、第 18 条）。

### 3）セクシュアルハラスメントの民事救済

　セクシュアルハラスメントの被害者は、上述のように均等法に基づき行政上の解決手続を利用することもできるが、他方、裁判所に民事訴訟を提起し、加害者自身やその使用者等を相手に民事救済を求めることもできる。

### ①加害者に対する損害賠償請求

　具体的には、直接の加害者に対しては、被害者の人格権や性的自己決定の権利、さらには「働きやすい職場環境の中で働く利益」等の侵害を理由として、民法第 709 条の不法行為に基づく損害賠償請求を行うことが可能である（福岡セクハラ事件・福岡地判平成 4・4・16 労判 607 号6 頁等）。そこでは、精神的苦痛に対する慰謝料のほか、被害者がその意思に反して退職したような場合において、セクシュアルハラスメントとそれによる退職との間に相当因果関係が認められる場合には、退職による逸失利益も損害として請求することが可能となる。もっとも、職場で行われたセクシュアルハラスメントが、すべて不法行為とされるわけではなく、その違法性等については、当該行為の性質・内容をはじめ、それが行われた回数（反復継続性）、態様・程度（悪質さ）、場所（職場

か職場外か)、時間 (勤務時間か勤務時間外か)、加害者と被害者の関係 (上司と部下等) を総合考慮して判断されることになる。

②使用者に対する損害賠償責任

　被害者は、加害者以外にも、その雇用主である使用者に対しても法的責任を追及し得る。こうした責任追及には、今日、二つの法的方法が認められている。一つは、民法第715条に基づき使用者責任を問う方法である。そこでは、セクシュアルハラスメントが「事業の執行につき」なされた場合に、使用者の損害賠償責任が肯定される。二つは、使用者に対して、債務不履行責任 (民法第415条) を問う方法である。すなわち、使用者は、労働契約上、労働者が安心して仕事に打ち込めるように職場の環境を整える義務 (職場環境整備義務とか職場環境配慮義務とか呼ばれる) を負い、セクシュアルハラスメントの被害者についてはこうした労働契約上の義務違反 (債務不履行) が生じるとするものである。

# 第 3 節　女性活躍推進法

　女性に対する性的固定観念や役割分業意識等によって女性が職業生活で活躍することが困難な状況を積極的に改善し、女性の多様な働き方の実現をめざして「女性活躍推進法」（正式名称は「女性の職業生活における活躍の推進に関する法律」が、平成 27（2015）年 8 月に成立し、平成 28（2016）年 4 月 1 日より施行されている。なお、後述のとおり同法は令和元（2019）年に一部が改正され、現在に至っている。

　同法は、職業生活での女性の活躍を推進するための具体的施策として、国・地方公共団体以外であって、常時雇用する労働者が 301 人以上の事業主（一般事業主）に対して、その事業における女性の活躍状況（採用労働者における女性労働者の割合、男女の平均勤続年数の差異、労働時間の状況、管理職に占める女性労働者の割合等）を把握、課題分析を行い（第 8 条第 3 項）、そうした状況把握、課題分析を踏まえ、計画期間や数値目標、取組み内容及び取組みの実施期間を盛り込んだ行動計画を策定し、厚生労働大臣への届出（第 8 条第 1 項、第 2 項、第 3 項）と、行動計画の労働者への周知そして外部への公表が求められている（第 8 条第 4 項、第 5 項）。また、女性の活躍に関する情報の定期的な公表が必要とされている（第 20 条）。

　こうしたなか、令和元（2019）年に女性活躍推進法の一部が以下の内容に改正された。

　第 1 は、一般事業主行動計画の策定義務の対象拡大である。具体的には、令和 4（2022）年 4 月 1 日より一般事業主行動計画の策定義務の対象が常用労働者 301 人以上から 101 人以上の事業主に拡大されたことである。また、常用労働者 301 人以上の事業主について、令和 2（2020）年 4 月 1 日以降一般事業主行動計画を策定する際には、原則として、①女性労働者に対する職業生活に関する機会の確保、②職業生活と家庭生活との両立に資する雇用環境の整備、の区分ごとに 1 つ以上の項目（①に関しては 8 項目から 1 項目、②に関しては 7 項目から 1 項目）を選択し、それぞれ関連する数値目標を定めた行動計画の策定届を管轄の都道府県労働局まで届け出ることが必要となった。

　第 2 に、女性の職業生活における活躍に関する情報公表に関しては、情報公表義務の対象を常時雇用する労働者の数が 101 人以上の事業主に拡大し、全 16 項目から 1 項目以上の情報公表が必要となった。また、

　常用労働者301人以上を雇用する事業主については、令和2（2020）年6月1日以降、女性の活躍推進に関する情報公表については、①女性労働者に対する職業生活に関する機会の提供、②職業生活と家庭生活との両立に資する雇用環境の整備の各区分ごとにそれぞれ1項目以上選択して2項目以上情報公表、加えて令和4(2022)年7月の省令改正により、常用雇用の労働者が301人以上の場合には「女性労働者に対する職業生活に関する機会の提供」に関する情報項目として、従前の8項目中1項目の選択とともに、新たに「男女の賃金の差異」が必須項目として追加され、年1回の公表が義務化された。あわせて情報公表に関する勧告等に従わなかった場合には企業名公表ができることとされた（第31条）。

　第3に、行動計画の実施状況が優良な事業主は、厚生労働大臣から、その旨の認定を受け（第9条）、認定事業主であることを示すマーク（「えるぼし」）を企業の商品や取引に用いる書類や名札等に表示することができる（第10条第1項）が、今次の改正で取り組みが特に優良な事業主に対しては「えるぼし」認定よりも水準の高い「プラチナえるぼし」認定が創設されている（令和2〈2020〉年6月1日より施行）。「プラチナえるぼし」認定を受けた事業主は、厚生労働大臣が定める認定マークを商品をはじめ事業主の会社案内等の広告、名刺、求人票等に付することができる。それにより、女性の活躍を推進している事業主であることをPRすることができ、その他公共調達で加点評価を受けることが可能になる。

## 第 4 節　育児休業・介護休業

### 1　育児・介護休業法の制定と発展

　少子高齢社会の急速な進行、他方で女性の就業継続による男女共働き世帯の増加を背景に、仕事と生活の調和（ワーク・ライフ・バランス）の観点から、平成 3（1991）年に育児休業法が制定され、平成 7（1995）年には介護休業制度を導入して「育児・介護休業法」に改正された。また、平成 16（2004）年には育児・介護休業の対象者の拡大をはじめ、育児休業期間の延長、子の看護休暇制度の創設等を内容とした改正が行われ、さらに平成 21（2009）年には、育児のための短時間勤務制度の義務化、子の看護休暇制度の拡充、父親の育児休業の取得促進（いわゆる「パパ・ママ育休プラス」制度の創設）、介護休暇制度の創設等を内容とした改正が行われた。さらに加えて、平成 28（2016）年には育児・介護休業の申出ができる有期契約者の要件の援和をはじめ、介護休業の分割取得、子の看護休暇・介護休暇の半日単位の取得を可能にするなどの改正が行われた。最長 2 歳までの育児休業の再取得、育児休業制度の個別周知の努力義務、育児目的休暇新設の努力義務が定められた。さらに後述のとおり、令和の時代に入っても育児休業や介護休業さらには看護休暇介護休暇に関連して多くの重要な改正が行われ、今日に至っている。

### 2　育児・介護休業法の概要

#### （1）育児休業

　満 1 歳未満の子（実子・養子以外に、特別養子縁組の監護期間中の子等、法律上の親子関係に準じる関係にある子を含む）を養育する労働者は、男女を問わず、育児休業を申し出ることができる（第 2 条第 1 号、第 5 条第 1 項）。育児休業期間は、原則として子が 1 歳に達するまでの期間であるが、労働者本人又は配偶者がその子の 1 歳到達時に育児休業中の場合、1 歳の時点で保育所への入所ができない等特別の事情がある場合には、1 歳 6 カ月まで、さらに 6 カ月延長しても保育所に入れない等同様の事情がある場合には 6 カ月（2 歳まで）延長が可能である（第 5 条第 3 項、第 4 項、育介則第 6 条、第 6 条の 2）。また、平成 21(2009)年改正により、父母がともに育児休業を取得する場合には、子が 1 歳 2

カ月になるまでの1年間育児休業を取得することを可能にしている（いわゆるパパ・ママ育休プラスの制度―第9条の2）。なお、有期雇用の労働者については、令和3（2021）年に改正され、改正前には申出の時点で、①同一事業主との間で継続雇用期間が1年以上あり、②子が1歳6カ月到達までの間に契約が満了・不更新により終了することが明らかでない場合には育児休業の権利が認められる（改正前育児・介護休業法第5条第1項）とされていたが、後述するとおり改正後は、前記①の1年以上の継続雇用期間の存在要件が削除され、②の要件のみとされている。育児休業の取得は、一人の子について原則1回であるが、平成21（2009）年改正により、父親が妻の出産後8週間以内に育児休業を取得した場合には、再度の育児休業を取得することができることとした（第5条第2項）。さらに、後述のとおり令和3（2021）年6月には育児休業を分割して2回まで取得可能とする法改正が行われている。

　その他配偶者の死亡、配偶者の負傷・疾病、身体上・精神上の障害により当該子の養育が困難となったとき、配偶者が婚姻の解消等により同居しなくなったとき等特別の事情がある場合は1回に限らず育児休業を申し出ることができる（第5条第2項、育介則第5条）。事業主は、原則として労働者による育児休業の申出を拒むことはできない（第6条第1項）。ただし、当該事業場の過半数代表と労使協定を締結することにより、①継続雇用の期間が1年未満の者、②休業の申出から1年以内に労働契約関係が終了することが明らかな者、③週の労働日数が2日以下の者などについては、育児休業の申出を拒むことができる（第6条第1項ただし書、育介則第8条）。

　事業主は、労働者が育児休業を申し出たこと、あるいは育児休業を取得したことを理由に解雇その他の不利益取扱いをしてはならない（第10条）。こうした不利益取扱いの具体例については指針（平21厚労告509号）で例示されている。判例では、賞与支給の要件として、労働者に90%以上の出勤率を課したうえで、産後休業や育児休業法に基づく短時間勤務を取得したことを欠勤扱いとして、当該出勤率の未充足を理由に賞与を全額不支給としたことが、正当な法律上の権利行使に対する抑制的効果が大きく、公序違反として違法無効とした例がある（東朋学園事件・最1小判平成15・12・4・労判862号14頁）。

　以上に対して、事業主は、育児休業期間中の賃金を支払う義務はない。もっとも、雇用保険法には、平成19（2007）年改正で育児休業取得者のうち一定の要件を満たす者に対して休業前の賃金の50%を支給す

る育児休業給付制度が用意された（雇用保険法第 61 条の 4 以下）。そして、現在、この育児休業給付金は、平成 26（2014）年 4 月 1 日以降に開始する育児休業からは、育児休業を開始してから 6 カ月間（180 日間）は、休業開始前の賃金の 67% が支給され、その後（育児休業開始から181 日目以降）は 50% となっている（雇用保険法第 61 条の 7 第 6 項）。

## （2）育児休業以外の措置

　育児・介護休業法は、事業主に対して、育児休業を取得しない労働者や育児休業取得後就学までの育児を支援するため、育児休業以外の措置を講じることを求めている。具体的には、事業主は、3 歳未満の子を養育する労働者については、短時間勤務制度（短縮の時間は原則 1 日 6 時間）を用意すること（第 23 条第 1 項、育介則第 74 条第 1 項）ならびに所定外労働の免除を義務づけている（第 16 条の 8）。また、小学校就学前の子を養育する労働者のために、事業主は、①フレックスタイム制度、②時差出勤制度、③託児施設等の便宜供与、④③に準ずる措置、⑤育児休業に準ずる措置、のいずれかの措置を講じる努力義務を負う（第24 条）。同様に、事業主は、小学校就学前の子を有する労働者が請求した場合には、事業の正常な運営を妨げる場合を除き、1 カ月 24 時間、1年 150 時間を超える時間外労働をさせてはならず（第 17 条）、また、午後 10 時から午前 5 時までの深夜業をさせてはならない（第 19 条、育介則第 31 条の 11、同第 31 条の 12）。そのほか、事業主に対して、子の養育責任を負っている労働者を転勤させる場合には、子の養育の状況に配慮する義務を負わせている（第 26 条）。

## （3）子の看護休暇

　育児・介護休業法は、小学校就学前の子を養育する労働者（有期雇用の労働者を含む）が、その申出により、子が 1 人の場合は 1 年度に 5 日、2 人以上の場合は 10 日まで、負傷や疾病にかかった子の世話又は疾病の予防を図るために必要な世話を行うための休暇を取得することができる旨定めている（第 16 条の 2）。なお、平成 28（2016）年の改正で、従前1 日単位の休暇とされていたところを、半日単位（所定労働時間の 2 分の 1）の取得も可能とされた。さらに、その後、令和元（2019）年 12 月には改正育児・介護休業法施行規則及び指針が公布・告示され、令和 3（2021）年 1 月 1 日からは、新たに時間単位の取得が可能となり、またすべての労働者（日々雇用を除く）が取得できることとなった（第 16

条の 2)。ただし、雇用期間が継続して 6 カ月に満たない労働者、週の所定労働日数が 2 日以下の労働者については、事業場の過半数代表との労使協定の締結により申出を拒むことができる(第 16 条の 3 第 2 項)。なお、看護休暇の申出・取得に対する不利益取扱いは禁止されている(第 16 条の 4)。

### (4) 介護休業

要介護状態の家族を有する労働者は、その申出により、対象家族 1 人について要介護状態ごとに 3 回を上限として、通算 93 日までの範囲で介護休業を取得することができる(第 11 条第 2 項)。要介護状態とは、負傷、疾病又は身体上もしくは精神上の障害により、2 週間以上にわたり常時介護を必要とする状態をいい(第 2 条第 3 号)、また対象となる家族は、配偶者(事実婚も含む)のほか父母、子及び祖父母、兄弟姉妹、孫ならびに配偶者の父母である。介護休業の申出ができるのは男女を問わないが、有期労働契約で雇用される者については、前述した育児休業の場合におけると同様、令和 3(2021)年の改正前は申出の時点で同一事業主との間に継続雇用期間が 1 年以上あり、介護休業開始予定日から起算して 93 日を経過する日から 6 カ月を経過するまでの間に労働契約が満了することが明らかでない者でなければならない(改正前育児・介護休業法第 11 条第 1 項)とされていたが、後述のとおり改正後は当該事業主との 1 年以上の継続雇用期間の存在要件が削除されている。そのほか、事業主は、事業場の過半数代表との労使協定により、①継続雇用期間が 1 年未満の者、②93 日以内に雇用関係が終了する労働者、③週の所定労働日数が 2 日以下の労働者については、介護休業の申出を拒むことができる(第 12 条第 2 項)。

介護休業についても、その申出や取得を理由の解雇その他の不利益取扱いの禁止(第 16 条)や労働者の請求にかかる 1 カ月 24 時間、1 年 350 時間を超える時間外労働の禁止(第 18 条)、同様に深夜業の禁止(第 20 条)、転勤の場合における配慮義務(第 26 条)等は、育児休業の場合におけると同様である。その他、事業主には、介護休業中の賃金支払義務はない。なお、雇用保険法は、介護休業取得者のうち、一定の要件を満たす者については休業前賃金の 67% を支給する介護休業給付制度を設けている(雇用保険法第 61 条の 4)。

## （5）介護休暇

　育児・介護休業法の平成 21（2009）年改正により、新たに介護休暇制度が創設された。すなわち、要介護状態の対象家族を有する労働者（有期雇用労働者を含む）は、1 年度において 5 日、対象家族が 2 人以上の場合は 10 日を限度として、家族の介護、その他の世話を行うための介護休暇を取得することができる（第 16 条の 5）。なお、子の看護休暇の場合と同様に、平成 28(2016) 年改正により、従来 1 日単位とされていた休暇につき、半日単位（所定労働時間の 2 分の 1）の取得も可能となり、さらに令和元（2019）年 12 月には改正育児・介護休業法施行規則及び指針が公布・告示され、令和 3（2021）年 1 月 1 日からは、新たに時間単位の取得が可能となり、またすべての労働者が取得できるようになった。ただし、子の看護休暇の場合と同様、事業主は、事業場の過半数代表との労使協定により、①継続雇用期間が 6 カ月未満の者、②週の労働日数が 2 日以下の者、については、休暇の申出を拒むことができる（第 16 条の 6 第 2 項）。

　そのほか、事業主は、労働者が介護休業の申出や取得をしたことを理由に、解雇その他の不利益取扱いをしてはならない（第 16 条の 7）。

## 3　　令和 3（2021）年育児・介護休業法の改正

　令和 3（2021）年 6 月、育児・介護休業法が新たに改正され、令和 4（2022）年 4 月 1 日より令和 5（2023）年 4 月まで段階的に 5 つの施策が施行されている。この法改正により、男性の育児休業取得促進のための枠組みが新たに追加された。具体的内容に関しては以下のとおりとなっている。

## （1）育児休業を取得しやすい雇用環境整備及び妊娠・出産の申出をした労働者に対する個別の周知・意向確認の措置の義務づけ

　まず令和 4（2022）年 4 月 1 日施行の法改正により、事業主に対して新たに育児休業を取得しやすい雇用環境の整備や妊娠・出産の申出をした労働者に対する個別の周知・意向確認等が義務づけられることとなった。具体的には、雇用環境の整備については、①育児休業・産後パパ育休（出生時育児休業制度）に係る研修の実施、②育児休業・産後パパ育休に関する相談窓口設置等の体制の整備、③雇用する労働者の育児休業・産後パパ育休の取得に関する事例の収集・提供、④雇用する労働者

に対する育児休業・産後パパ育休に関する制度及び育児休業の取得の促進に関する方針の周知、のいずれかを選択的に講じることとされている。単に、上記四つの措置のいずれかを講じればよいというのではなく、複数の措置を講じることが望ましいということに留意する必要がある。

　また、（本人又は配偶者の）妊娠・出産の申出をした労働者に対する個別の周知・意向確認の措置の義務づけに関しては、具体的には①育児休業・産後パパ育休に関する制度、②育児休業・産後パパ育休の申出先、③育児休業給付に関すること、④労働者が育児休業・産後パパ育休の期間について負担すべき社会保険料の取扱いについて、これらの制度の取得意向を確認するための措置を義務づけている。周知の方法は、面談、書面交付、あるいは本人希望の場合の電子メール、FAX 等による制度の情報提供等複数の選択肢の中からいずれかによる。なお、取得意向の確認については、育児休業の取得を控えさせるような形での周知・意向確認は認められない。

## （2）有期雇用労働者の育児・介護休業取得要件の緩和

　同じく令和 4（2022）年 4 月 1 日施行の改正では、有期雇用労働者の育児・介護休業の取得要件が緩和された。

　有期雇用労働者の育児・介護休業取得には、これまで①「引き続き雇用された期間が 1 年以上」、②「子が 1 歳 6 カ月までの間に契約が満了することが明らかでない」といった二つの要件が存在した。しかし、今次の改正により前記①の「引き続き雇用された期間が 1 年以上」の要件が廃止され、新たに育児休業については「子が 1 歳 6 カ月までの間に契約が満了することが明らかでない」、介護休業については「介護休業開始予定から 93 日経過した時点で、以降 6 カ月の間に契約が満了することが明らかでない」に該当する場合には有期雇用労働者であっても「無期雇用労働者と同様の取扱い」とされた。なお、引き続き雇用された期間が 1 年未満の有期雇用労働者については、事業場の過半数代表との労使協定を締結すれば育児・介護休業取得要件の緩和の対象外とすることができる。

## （3）男性の育児休業取得促進のための子の出生直後の時期における柔軟な育児休業の枠組みの創設（通称「産後パパ育休」制度の創設）

　次に令和 4（2022）年 10 月 1 日施行の改正では、子の出生後 8 週間以

内に 4 週間までの休業を取得することが可能となった。休業の申出期限は、現行の 1 カ月前よりも短縮して、「原則休業の 2 週間前」までとする。ただし、職場環境の整備などについて、労使協定により今次の制度見直しにより求められる義務を上回る取組みの実施を定めている場合には、1 カ月前までとしてよい。また、取得の回数については、「分割して 2 回までの取得を可能」（初めにまとめて申し出ることが必要）にしている。さらに、休業中の就業について、労使協定を締結している場合に限り、労働者の意に反したものとならないよう、労働者と事業主の個別合意の範囲内で事前に調整した上で休業中に就業することが可能になった。

## (4) 育児休業の分割取得等

　同様に、今次の改正では、現状（改正前）では分割不可である育児休業（(3) の休業を除く）について、分割して 2 回まで取得することを可能にしている。また、保育所に入所できない等の理由により 1 歳以降に休業を延長する場合について、開始日を柔軟化することで、各期間中でも夫婦交代を可能（途中から取得可能）としている。ちなみに、従前では 1 歳以降に延長した場合の育児休業開始日が各期間（1 歳〜1 歳半、1 歳半〜2 歳）の初日に限定されていたために、各期間開始時点でしか夫婦交代ができなかったが、開始日を柔軟化することで、夫婦で育児休業を途中交代しつつ活用することが可能となる。

## (5) 育児休業取得状況の公表の義務付け

　さらに令和 5（2023）年 4 月 1 日からの施行では常時雇用する労働者数が 1,000 人を超える事業主に対し、育児休業の取得の状況について公表が義務づけられた。従前には、「プラチナくるみん」認定企業のみにおいて公表していた育児休業取得状況であるが、今次改正により「プラチナくるみん」認定の有無にかかわらず、常時雇用する従業員数 1,000人超の企業を対象に育児休業の取得状況についての年 1 回の公表が義務づけられることとなった。公表の具体的な内容については、男性の育児休業等の取得率、または男性の育児休業等と育児目的休暇の取得率となっている。公表の方法については、自社のホームページのほか、厚労省の運営するウエブサイト「両立支援のひろば」等インターネットを利用することも可能となっている。

# 非正規雇用

# 非正規雇用

### 学習のねらい

　今日、多くの企業では、高齢社会の進行による労働者の高齢化、低成長時代の景気低迷による業績悪化等を背景に、非正規雇用が拡大している。非正規雇用とは、正社員と呼ばれ、通常、期間の定めのない労働契約で雇用（無期雇用）され、フルタイムの就労を行う雇用とは異なり、期間の定めのある労働契約で一時的・臨時的に雇用（有期雇用）され、短時間・短期間の就労を行う雇用のことをいう。非正規雇用は、大別すると「有期雇用」、「短時間労働（いわゆるパートタイム労働）」、そして「派遣労働」がある。今日では雇用労働者全体の4割弱（36.9％）が非正規労働者であり、その形態もパートタイマー、アルバイト、嘱託、臨時社員、契約社員、派遣社員等とさまざまである。

　こうした非正規労働者は、正規労働者（正社員）に比べて、雇用の機会をはじめ、賃金、教育訓練、昇格、退職や解雇等の雇用保障の点で不安定な状況下に置かれてきた。ここでは、こうした非正規労働者が直面している処遇上の問題点をはじめ、非正規雇用に適用される労働契約法やパートタイム労働法（ちなみに、同法は平成30（2018）年に有期雇用労働者を組み込む形で「短時間・有期雇用労働法」に改正されている）、労働者派遣法の基本的な内容を理解することがポイントになる。

## 第1節 ｜ 有期雇用

### 1　労働契約の締結と期間の定め

　労働契約は、当事者による、労働の提供・履行と報酬（賃金）の支払いを内容とする自由な合意によって適法有効に締結される（民法第623条、労働契約法第6条）。労働契約の締結方法としては、期間を定めて締結する方法（有期労働契約—民法第626条）と期間を定めないで締結する方法（無期労働契約—民法第627条）があり、いずれの方法によるかは当事者の自由な意思に基づき決定される。

　期間設定のもつ法律的な意味は、使用者にとっては、当該期間中、労働者を雇用する義務を負い、労働者にとっては、当該期間中、労働の義務を負うことを意味する。したがって、期間途中の一方的解約（解雇や辞職）は、原則として契約違反（債務不履行）となり、損害賠償責任が発生する。他方、労使双方にとっては、期間の満了により、当該労働契約は自動的に終了する。

　労働契約に期間を設定する場合、民法では 5 年の上限を定めている（第 626 条第 1 項）が、労基法は、この上限を修正し、原則として 3 年の上限を定めている（第 14 条第 1 項）。ただし、この上限設定については、労働者側からは 1 年経過後はいつにでも契約を解約することができる（労基法附則第 137 条）。長期の期間設定による労働者の足止めを防ぐというのが理由である。また、3 年の期間設定には例外があり、①高度の専門的知識、技術、経験を有する者（平成 15 年労告 356 号参照）と②満 60 歳以上の者については、5 年の上限が定められている（第 14 条第 1 項第 1 号、第 2 号）。

## 2　期間途中の「やむを得ない事由」による途中解除

　有期労働契約においては、期間の途中であっても「やむを得ない事由」がある場合には、各当事者は直ちに契約を解除することができる（民法第 628 条）。しかし、やむを得ない事由が当事者の一方の過失により生じたものである場合には、相手方に対して損害賠償の責任を負う。なお、判例・学説によると、ここにいう「やむを得ない事由」とは、労働契約法第 16 条の解雇権濫用法理にみる「客観的に合理的な理由」よりも狭く、より厳格に解釈されるべきものとされている。こうした状況を踏まえて、労働契約法第 17 条第 1 項は、使用者は、有期労働契約について、「やむを得ない事由」がある場合でなければ、その期間の途中で労働者を解雇することができないとして、使用者による期間途中の解雇を厳しく制限している。

## 3　期間満了による終了と黙示の更新

　有期労働契約は、原則として期間の満了により当然に終了する。当事者による終了の意思表示は不要である。しかし、期間満了後も労働者が就労を続け、使用者がこれに異議をとどめないような場合、従前と同様

の条件で黙示の更新がなされたものとの推定を受ける（民法第 629
条）。その場合、黙示の更新を受けた労働契約が、新たに期間の定めの
ない契約として存在するのか（同条第 2 項）、あるいは従前どおり期間
の定めのある労働契約として存在するのかについては争いがあるが、通
説は前者の立場をとっている。この立場によると、更新された労働契約
を切ろうとする場合には、あらためて民法第 627 条第 1 項に基づく解約
の申入れをしなければならないこととなる。

## 4　有期労働契約と労働契約法の改正（平成 24 年）

　既に述べたように、非正規労働者の多くは、労働契約に期間の定めが
ある有期労働契約で雇用されている状況にある。このような雇用・就業
形態は、いわゆる正規で、労働契約に期間の定めがなく雇用されている
正社員と比べて雇用の不安定さをはじめ、賃金や昇格・昇進等の具体的
な処遇さらには教育訓練など職業能力の形成において不安定・不十分な
状況下に置かれがちである。こうした状況を踏まえ、労働契約法は、平
成 24（2012）年の改正により、以下の 3 点について改正を行った。

### （1）有期労働契約の反復更新と無期労働契約への転換（第 18 条関係）

　有期労働契約が、同一使用者との間で 2 回以上、通算で 5 年を超えて
繰り返し更新された場合は、労働者の申込みにより、無期労働契約に転
換する（ただし、平成 25〈2013〉年改正の研究開発力強化法〈科学技
術・イノベーション創出の活性化に関する法律—現在は改称され、科学
技術・イノベーション活性化法〉第 15 条の 2 第 1 項や、同じく平成 25
〈2013〉年改正の大学教員任期法〈大学の教員等の任期に関する法律〉
第 7 条第 1 項により、科学技術研究者・技術者等や大学教員等について
は、特例としてこの期間は 10 年となる。また、定年後引き続き雇用さ
れる者は、その期間は無期転換権は発生しない）。その目的は、有期労
働契約の濫用的な利用を抑制し、労働者の雇用の安定を図ることにある
（平成 24・8・10 基発 0810 第 2 号）。なお、このルールが適用されるの
は、平成 25(2013) 年 4 月 1 日以後に開始する有期労働契約が対象とな
り、それ以前に開始された有期労働契約には適用されない。

　労働者がいつ無期転換の申込みができるかについては、たとえば契約
期間が 1 年の場合、契約締結後、4 回の更新を経て通算契約期間が 5 年
経過した後、新たに 5 回目の更新を行い通算 6 年目の契約更新中に、次

期以降の新たな契約締結につき無期転換の申込みができる。なお、通算契約期間の計算について、契約期間が 1 年の場合、契約がない期間が 6 カ月以上ある場合には、その空白期間より前の有期労働契約は通算契約期間にカウントされない（これをクーリングという-第 18 条第 2 項）。通算契約期間は、同一の使用者ごとに、労働契約の存続期間で計算される（暦を用いて、年、月、日の単位で行う）。

　無期転換への申込みは、法的には口頭で行っても有効である。しかし、後日のトラブル防止のためには、できるだけ書面で申込みを行うことが適切である。なお、無期転換を申し込まないことを契約更新の条件とするなど、あらかじめ労働者に無期転換申込権を放棄させることは、法の趣旨から脱法的行為とされ、公序良俗に反し違法無効と評価される。また、労働者が無期転換の申込みを行うと、使用者が当該申込みを承諾したものとみなされ、無期労働契約の成立が認められる。無期に転換されるのは、申込み時の有期労働契約が終了する翌日からとなる。なお、無期労働契約への転換後、使用者が当該労働契約を終了させようとする場合、それは法的には「解雇」と評価されるので、「客観的に合理的な理由を欠き、社会通念上相当と認められない場合」には、解雇権の濫用として無効となる（第 16 条）。

　無期転換後の労働契約（無期労働契約）の労働条件（職務、勤務地、賃金、労働時間等）は、別段の定めがない限り、直前の有期労働契約と同一となる（第 18 条第 1 項）。しかし、個別労働契約をはじめ、就業規則、労働協約等により別段の定めをした場合には、労働条件の変更が可能となる。

　その場合、たとえば就業規則の改定により労働条件を従前よりも不利な内容にした場合には、いわゆる就業規則の不利益変更の問題として議論されることになる。

## (2) 有期労働契約の更新等と雇止め法理の法定化（第 19 条関係）

### 1) 有期労働契約の更新等と雇止めをめぐる問題

　民法における契約形式として、有期の労働契約の締結は違法ではなく、またその更新自体も違法ではない。また、使用者による更新の拒否、すなわち雇止めは、法理上は期間の満了を理由とした終了であり、解雇ではない。しかしながら、有期の労働契約が反復更新されることにより、労働者には雇用継続への期待が生じ、こうした期待を、法律上、何らかの方法で保護することが合理的であり、必要なことでもある。そ

こで、一定の事情が認められる場合に、こうした使用者による有期労働契約の更新拒否、すなわち雇止めを規制することが法理上重要な問題となった。これについては、判例法理上、解雇権濫用法理の類推適用により規制（雇止めの規制法理）が行われてきた。

　雇止めの規制法理が適用される場面としては、二つある。一は、有期労働契約が反復更新されることにより、「あたかも期間の定めのない契約と実質的に異ならない状態で存在していた場合」で、使用者による更新拒否、すなわち雇止めの意思表示が、実質上、解雇の意思表示と同視できるような場合である。この場合には、解雇権濫用法理の類推適用により雇止めの効力が判断されることになる（東芝柳町工場事件・最 1 小判昭 49・7・22 民集 28 巻 5 号 927 頁）。二は、有期労働契約が反復更新されていなくとも、諸般の事情から、労働者にとって「雇用継続への合理的期待が認められる場合」である。この場合にも、使用者の雇止めには解雇権濫用法理の類推適用が認められる（日立メディコ事件・最 1 小判昭 61・12・4 判時 1221 号 134 頁）。雇用継続への合理的な期待が認められるかどうかについては、①業務の内容・性質（臨時的か恒常的か）、②契約上の地位の基幹性、③契約更新の状況（更新回数や勤続年数等）、④更新手続の態様（厳格な手続や方法による更新か）、⑤雇用継続を期待させ得るような使用者側の言動の有無、⑥当該職場での従前の雇止めに関する状況等、諸般の事情を総合勘案して個別に判断される。ちなみに、こうした個別の総合判断の結果、雇用継続への合理的期待が大きいと認められる場合には、初回の更新拒否（一回も更新がないなかでの雇止め）であっても、解雇権濫用法理の類推適用が認められる場合もある（龍神タクシー事件・大阪高判平 3・1・16 労判 581 号 36 頁）。

　なお、有期労働契約の更新や雇止め等に関しては、平成 15（2003）年の労基法改正により、厚生労働大臣が、有期労働契約の締結と終了に関する紛争防止のための基準を定め、これにより行政官庁が助言や指導を行い得る旨の規定（労基法第 14 条第 2 項、第 3 項）を定めた。そこでは、使用者は、契約締結時に更新の有無や更新の場合の判断基準を明示すること、1 年以上継続勤務し、または 3 回以上更新している労働者については、雇止めの際に 30 日前の予告を行うことなどの基準が示されている（「有期労働契約の締結、更新及び雇止めに関する基準」平成 15・10・22 厚労告 357 号、平成 20・1・23 厚労告 12 号）。

　さらに、使用者は労働契約の期間を必要以上に短く設定し、その契約を反復更新しないよう配慮しなければならない（労契法第 17 条第 2 項）。

## 2）雇止め規制法理の法定化

　以上の有期労働契約に関する「雇止めの規制法理」については、平成24（2012）年の労働契約法の改正により、前記判例法理により形成された雇止めの規制法理の内容や適用の範囲に何ら変更を加えることなく、労働契約法に明文化され（第19条）、平成25（2013）年4月1日より施行されることとなった。あらためて確認しておくと、過去に更新された有期労働契約で、その雇止めが無期労働契約の解雇と社会通念上同視できると認められる場合（前掲東芝柳町工場事件最高裁判決の法定化—第19条第1号）、または労働者において、有期労働契約の契約期間の満了時にその有期労働契約が更新されるものと期待することについて合理的な理由があると認められる場合（前掲日立メディコ事件最高裁判決の法定化—第19条2号）において、使用者が雇止めをすることが「客観的に合理的な理由を欠き、社会通念上相当であると認められないとき」には、当該雇止めは認められず、労働者側が「（期間満了前に）更新の申込」または「（期間満了後遅滞なく）締結の申込」をすることにより、従前の労働契約と同一の労働条件（契約期間を含む）で有期労働契約が更新される。

## （3）不合理な労働条件の禁止（旧第20条関係）

　労働契約法の平成24（2012）年改正は、「不合理な労働条件の禁止」についても定めていた。すなわち、これは、同一の使用者と労働契約を締結している有期契約労働者と無期契約労働者との間で、期間の定めがあることにより労働条件を不合理に相違させることを禁止するものであった（旧第20条）。その目的は、有期契約労働者に対する差別的取扱いの禁止や均等待遇の原則を求めるものではなく、有期契約労働者については、無期契約労働者と比較して、雇止めの不安があることによって合理的な労働条件の決定が行われにくいことや、処遇に対する不満が多く指摘されていることを踏まえ、不合理な労働条件の禁止を、法律上、明文化することにあった。ちなみに、本条は、同一の労働者について、定年前の無期雇用と定年後の有期雇用の間での、期間の定めがあることによる不合理な待遇格差問題についても適用が認められていた。

　しかしながら、その後、この無期契約労働者と有期契約労働者間の不合理な労働条件の相違を禁止する労契法旧第20条は、平成30（2018）年6月の「働き方改革関連法」の成立（平30・7・6法71）によりパートタイム労働法が改正され、新たに同法に有期契約労働者も含める形で

「短時間・有期雇用労働法」が制定されたことに伴い、改正前パートタイム労働法から削除された。その上で、新たに文言修正のうえ短時間・有期雇用労働法に移され、短時間労働者と有期雇用労働者の双方に対する不合理な労働条件相違の禁止（第 8 条）に統合されるところとなった（施行は令和 2〈2020〉年 4 月 1 日。中小企業への適用は令和 3〈2021〉年 4 月 1 日）。

　加えて、短時間・有期雇用労働法第 9 条では「差別的取扱いの禁止」も定めている。短時間・有期雇用労働法第 8 条は、労契法旧第 20 条とは文言を異にするものの、その要件や効果については労契法旧第 20 条に関する従前の解釈が基本的に当てはまるものと理解されている。とはいえ、旧第 20 条と比較すると、短時間・有期雇用労働法第 8 条は、問題とされる労働条件（待遇）の「それぞれについて」不合理性が問題とされる形で、個々の労働条件ごとの不合理性判断を行うことが明確にされている。

## 第 2 節　短時間・有期雇用労働法

### 1　短時間・有期雇用労働法の制定

　平成 30（2018）年 6 月 29 日の「働き方改革関連法」の成立により、いわゆるパートタイム労働法が改正され、従前までの短時間労働者（パートタイム労働者）に加えて、新たに有期雇用労働者も含め、両者の雇用管理の改善をはじめ通常の労働者（正社員）との均衡・均等待遇を図ることを目的とした「短時間労働者及び有期雇用労働者の雇用管理の改善等に関する法律（短時間・有期雇用労働法）」が制定された。

### 2　法の適用対象者

　上記のとおり、同法の適用対象者は、1 に改正前パートタイム労働法の適用対象であった短時間労働者である。ここにいう短時間労働者とは「1 週間の所定労働時間が同一の事業主に雇用される通常の労働者……の 1 週間の所定労働時間に比し短い労働者」をいう（第 2 条第 1 項）。通例、パートタイム労働者（パートタイマー）と呼ばれることが多いが、その他アルバイト、嘱託社員、準社員等多様な名称で呼ばれることも少なくない。2 に、今次改正によって新たに適用対象となった「有期雇用労働者」である。有期雇用労働者とは「事業主と期間の定めのある労働契約を締結している労働者」をいう（第 2 条第 2 項）。短時間・有期雇用労働法では、これら二つのタイプの労働者を併せて「短時間・有期雇用労働者」と呼んでいる（第 2 条第 3 項）。

### 3　短時間・有期雇用労働者の法的地位

　短時間労働者ならびに有期雇用労働者といえども、労契法第 2 条（使用者に使用されて労働し、賃金を支払われる者）や労基法第 9 条（事業又は事業所に使用される者で、賃金を支払われる者）に該当する限り、基本的に労基法をはじめ労働関係法規の適用がある。具体的には、労基法上の最低労働条件基準の保護（賃金支払いの保護、労働時間規制、年次有給休暇の比例付与、解雇規制法理の適用等）を受けるほか、労契法、最低賃金法、均等法、育児・介護休業法、労働安全衛生法、労災保

険法等の適用がある。また、労組法第 3 条（職業の種類を問わず、賃金、給料その他これに準ずる収入によって生活する者）の定義に該当することにより、労組法等集団的労働関係法規の適用もある。

　さらに、短時間労働者について、雇用保険の適用に関しては「1 週間の所定労働時間が 20 時間以上であること」と「31 日以上引き続き雇用されることが見込まれること」との要件充足により、被保険者資格が認められる。短時間労働者の社会保険（健康保険、厚生年金保険）については、従前、原則として被保険者数が 501 人以上の事業所の場合、勤務時間・勤務日数が正規労働者の 4 分の 3 未満であって、①1 週の所定労働時間が 20 時間以上、②月額賃金が 8.8 万円以上、③1 年以上の使用期間見込み、④学生でないこと、の者については被保険者資格が認められていた。しかし、令和 2（2020）年 5 月の「年金制度改正法」の成立により、短時間労働者への社会保険の適用が拡大されることとなった。具体的には、短時間労働者を社会保険の適用対象とすべき事業所の企業規模要件を段階的に引き下げ、令和 4（2022）年 10 月には 101 人以上規模、さらに令和 6（2024）年 10 月以降は 51 人以上規模の事業所に適用が拡大されるところとなっている。加えて、前記適用要件中、③の「勤務期間」要件（1 年以上）については「2 カ月超」に改正されている。

## 4　短時間・有期雇用労働法の概要

　短時間・有期雇用労働法は、事業主に対し、その雇用する短時間・有期雇用労働者について、その就業の実態等を考慮して、適正な労働条件の確保、教育訓練の実施、福利厚生の充実、通常の労働者への転換の推進等の措置を講ずることにより、通常の労働者との均衡のとれた待遇の確保等を図り、当該短時間・有期雇用労働者がその能力を有効に発揮することができるように努めるべき旨を定め（第 3 条第 1 項）、雇用管理の改善等に関する事業主の措置を個別具体的に定めている。

### (1) 労働条件に関する文書の交付等

　労基法は、使用者に対し、労働者に対する労働条件の明示を義務づけている（労基法第 15 条、労基則第 5 条）。この規定は、いわゆるパートタイマー等短時間労働者についても適用されるが、従前、短時間労働者の労働条件については就業規則が十分に整備されてこなかったこともあって不明確であいまいとなりがちであった。そこで、パートタイム労

働法は、短時間労働者に係る就業規則の作成・変更の際には当該事業所で雇用する短時間労働者の過半数を代表する者からの意見聴取を努力義務とした（第 7 条）ほか、平成 19（2007）年の同法の改正により、労基法上の労働条件明示事項に加えて特定の事項（昇給、退職手当、賞与の有無、相談窓口）について文書の交付を義務づけた。

　短時間・有期雇用労働法は、上記の義務を有期雇用労働者に対しても広げる（第 6 条第 1 項）とともに、義務づけの対象となった労働条件についても文書等で明示するよう努めるべきものとした（第 6 条第 2 項）なお、明示の方法については、現在、労働者が希望すれば電子メールやFAX 等によっても行い得るとされている（短時間・有期雇用労働法施行規則〈短時有期則〉第 2 条第 2 項）。

## （2）均衡待遇の原則（不合理な待遇の禁止）

　平成 30（2018）年の働き方改革関連法の成立により、従前、有期雇用労働者について「期間の定めがあることによる不合理な労働条件の禁止」を定めていた労契法旧第 20 条を削除し、同条の趣旨を取り込んだ均衡待遇の原則（不合理な待遇の禁止）を、新たに短時間・有期雇用労働法第 8 条として明記した。同条は「事業主は、その雇用する短時間・有期雇用労働者の基本給、賞与その他の待遇のそれぞれについて、当該待遇に対応する通常の労働者の待遇との間において、当該短時間・有期雇用労働者及び通常の労働者の業務の内容及び当該業務に伴う責任の程度（職務の内容）、当該職務の内容及び配置の変更の範囲（人材活用の仕組み）、その他の事情のうち、当該待遇の性質及び当該待遇を行う目的に照らして適切と認められるものを考慮して、不合理と認められる相違を設けてはならない」と定める。上述のとおり労契法旧第 20 条と文言は異なるものの、その要件や効果については、「職務内容等に違いはあっても、その違いに応じた均衡の待遇を求め得るなど、従前、労契法旧第 20 条に関する解釈が基本的に当てはまるものと解されている。また、第 8 条で禁止される労働条件（待遇）は、法条に明記された基本給、賞与だけではなく、「その他の待遇」として、たとえば諸手当、災害補償、服務規律、教育訓練、福利厚生等労働契約の内容となり得る待遇が含まれる。ただし、その際の不合理性の判断に関しては、労契法旧第 20 条における場合と違って、当該問題となる待遇の「それぞれについて」不合理性の判断が個別に行われることが明らかにされた。待遇の相違について、不合理と判断された場合には、当該相違は私法上無効と

評価される。

### （3）均等待遇（差別的取扱いの禁止）

　短時間・有期雇用労働法は、均衡待遇の原則に加えて、通常の労働者と同視すべき短時間・有期雇用労働者に対する差別的取扱いを禁止する規定（第 9 条）を設けている。すなわち同条は、事業主は、職務の内容が通常の労働者と同一の短時間・有期雇用労働者であって、当該事業所における慣行その他の事情からみて、当該事業主との雇用関係が終了するまでの全期間において、その職務の内容及び配置が当該通常の労働者の職務の内容及び配置の変更の範囲と同一の範囲で変更されることが見込まれるもの（「通常の労働者と同視すべき短時間・有期雇用労働者」）については、短時間・有期雇用労働者であることを理由として、基本給、賞与その他の待遇のそれぞれについて、差別的取扱いをしてはならない、と定めている。同条は、従前のパートタイム労働法に定めていた均等待遇規定を基本的に引き継ぎ、その適用対象を有期雇用労働者にも広げつつ、基本給、賞与その他の待遇のそれぞれにつき差別的取扱いを禁止したものである。

　ただし、ここでの差別的取扱いの禁止とは、通常の労働者と同視すべき短時間・有期雇用労働者に対して通常の労働者に適用されている待遇基準を適用しなければならないということであって、すべて同じ待遇結果にしなければならないという意味ではない。たとえば、各人の勤務時間や実績、経験の違い等に基づく待遇の格差は違法とはならない。

### （4）職務に関連する賃金に対する均衡待遇の努力義務

　短時間・有期雇用労働法は、通常の労働者と同視すべきとはいえない短時間・有期雇用労働者についても、通常の労働者との均衡を考慮しつつ、その雇用する短時間・有期雇用労働者の職務の内容、職務の成果、意欲、能力又は経験その他の就業の実態に関する事項を勘案し、その賃金を決定するように努めるものとする努力義務を事業主に課している（第 10 条）。ただし、ここにいう賃金については、職務に密接に関連して支払われるものを除き、通勤手当の他退職手当、家族手当、住宅手当、別居手当、子女教育手当は省令により除外されている（短時有期則第 3 条）。

## (5) 教育訓練の実施・努力義務

　短時間・有期雇用労働法は、短時間・有期雇用労働者について、均衡・均等待遇の確保の観点から事業主に対し教育訓練の実施義務ならびに努力義務を課している（第 11 条）。すなわち、事業主は、通常の労働者に対して実施する教育訓練であって、職務遂行に必要な能力を付与するための教育訓練については、通常の労働者と職務内容が同一の短時間・有期雇用労働者が既に当該職務に必要な能力を有している場合を除き、職務内容が同一の短時間・有期雇用労働者に対しても実施しなければならない（同条第 1 項）。

　また、事業主は、通常の労働者との均衡を考慮しつつ、その雇用する短時間・有期雇用労働者の職務の内容、職務の成果、意欲、能力及び経験その他の就業の実態に関する事項に応じ、当該短時間・有期雇用労働者に対して教育訓練を実施するように努めるものとされている（同条第 2 項）。

## (6) 福利厚生施設の利用に係る実施義務

　短時間・有期雇用労働法は、事業主に対し、通常の労働者に対して利用の機会を与える福利厚生施設であって、健康の保持又は業務の円滑な遂行に資するものとして省令で定めるものについては、その雇用する短時間・有期雇用労働者に対しても、利用の機会を与えなければならないとする（第 12 条）。

　ちなみに、省令で定める福利厚生施設とは、給食施設のほか、休憩室、更衣室に限定されている（短時有期則第 5 条）。

## (7) 通常の労働者への転換

　短時間労働者や有期雇用労働者については、通常の労働者である正社員への登用に対する希望や期待が大きいことが少なくない。そこで、短時間・有期雇用労働法は、事業主に対して通常の労働者への転換を推進するための措置義務を課している（第 13 条）。すなわち、①通常の労働者の募集を行う場合、当該募集に係る事業所に掲示すること等により、そのものが従事すべき業務の内容、賃金、労働時間その他の当該募集に係る事項を当該事業所で雇用する短時間・有期雇用労働者に周知すること（同条第 1 号）、②通常の労働者を新たに配置する場合、当該配置の希望を申し出る機会を当該配置に係る事業所において雇用する短時間・有期雇用労働者に対して与えること（同条第 2 号）、③一定の資格を有

する短時間・有期雇用労働者を対象とした通常の労働者への転換のための試験制度を設けること、その他の通常の労働者への転換を推進するための措置を講ずること（同条第 3 号）、のいずれかを講じる措置義務を事業主に課している。

### （8）待遇の決定に関する説明義務

　改正前のパートタイム労働法は、事業主は、短時間労働者（パートタイム労働者）を雇い入れたときは、速やかに同法の規定（第 8～13 条）により措置を講ずべきとされている事項に関し講ずることとしている措置の内容について、当該短時間労働者に説明する義務を課していた。平成 30（2018）年改正の短時間・有期雇用労働法は、この説明義務を有期雇用労働者にも拡大適用した（第 14 条第 1 項）。

　さらに、その雇用する短時間・有期雇用労働者からの求めがあった場合には、事業主は、通常の労働者と短時間・有期雇用労働者間の待遇の相違内容とその理由、ならびに同法の規定により講ずべき措置とされている事項（第 6 条：労働条件に関する文書の交付、第 7 条：就業規則の作成手続、第 9 条：均等待遇、第 10 条：賃金、第 11 条：教育訓練、第 12 条：福利厚生施設、第 13 条：通常の労働者への転換）に関する決定をするにあたって考慮した事項について、当該短時間・有期雇用労働者に説明する義務を事業主に課している（第 14 条第 2 項）。

　事業主は、短時間・有期雇用労働者がこうした説明を求めたことを理由として解雇その他の不利益取扱いをすることを禁止される（同条第 3 項）。

## 第 3 節　労働者派遣

### 1　労働者派遣とは

　労働者派遣法（労働者派遣事業の適正な運営の確保及び派遣労働者の保護等に関する法律）によると、労働者派遣とは「自己の雇用する労働者を、当該雇用関係の下に、かつ、他人の指揮命令を受けて、当該他人のために労働に従事させること」をいう（第 2 条第 1 号）。すなわち、使用者からすると、有期契約労働者やパートタイム労働者は、使用者自身が直接雇用する社内労働者であるのに対して、派遣労働者は、直接雇用の労働者ではなく、別の使用者（派遣元）が雇用する労働者を受け入れて指揮命令をするにとどまる社外労働者である。

　いわゆる社外労働者としては、労働者派遣以外にも出向や業務処理請負の形態により就労する労働者も存在する。出向は、労働契約関係が出向元と出向先の双方に成立する点で労働者派遣と異なり、また業務処理請負は、請負企業だけが指揮命令を行い、派遣先が指揮命令を行わない点で、労働者派遣と異なっている。

　労働者派遣は、もともと、労働者供給事業の一種として職業安定法第 44 条により禁止されていた就労形態であったが、1970 年代後半から企業においては人件費節約から一定の業務について外部労働力を利用する必要に迫られ、他方、労働者においては仕事と生活の調和への希望等から、派遣労働という就労形態が普及してきた。しかし、派遣労働は、実際に派遣労働者の労働力を利用する受入企業が労働契約上の使用者ではないため、その法的責任の所在が不明確となり、労働者に不利益を及ぼす恐れが大きいことから、法制的に派遣労働の一律禁止の政策を見直し、一定の派遣事業を認め、これを適正な法的規制の下に置くという目的から、昭和 60（1985）年、労働者派遣法が成立し、その後、何回かの重要な改正を経て現在に至っている。

### 2　労働者派遣事業の規制

#### （1）常用型派遣と登録型派遣

　労働者派遣法が定める労働者派遣事業には、特定労働者派遣事業と一般労働者派遣事業の二種類の区別があった。特定労働者派遣事業とは、

常時雇用する労働者のみを派遣する形態のものをいう。一般に、常用型派遣と呼ばれ、この事業を行うには、厚生労働大臣への「届出」が必要とされた。他方、一般労働者派遣事業とは、特定労働者派遣事業以外のすべての労働者派遣事業をいう。一般に、登録型派遣と呼ばれ、この事業を行うには厚生労働大臣の「許可」が必要とされた。派遣労働者の雇用が不安定になりがちなため、事業主について欠格事由が定められるなど厳しい規制がなされている。しかし、現実には許可要件を満たせない場合に、特定労働者派遣と偽り、一般労働者派遣を行うなど、悪質な事業者が存在してきたことから、後述のとおり、平成 27（2015）年の改正により、特定労働者派遣と一般労働者派遣の区別を無くし、すべての派遣事業を「許可制」とし、また派遣期間も見直す（事業所単位・個人単位で 3 年）こととした（第 5 条）。

### （2）紹介予定派遣

平成 12（2000）年 12 月からは、労働者派遣の事業主が、労働者派遣事業とともに、民間職業紹介事業の許可を受け、又は届出をしているときは、労働者派遣の終了後に派遣労働者を派遣先に紹介したり、又はそれを予定する「紹介予定派遣」（ジョブサーチ型派遣と呼ばれる）が認められ、平成 15（2003）年の改正においてこれを定義し、制度化した。

## 3　適用対象業務・派遣期間の制限

労働者派遣事業を行うことのできる対象事業は、当初、派遣労働が正社員の代替労働となることを防止するために、専門的知識・技術や特別の雇用管理が必要な業務に限定されていた。当初は、13 の業務に 3 つの追加業務（16 業務）に限定されていたが、その後 26 業務にまで拡大された（いわゆるポジティブリスト方式）。しかし、その後、平成 11（1999）年の法改正により、港湾運送、建設、警備、医療、製造工程等特定の業務を除いて、労働者派遣を原則自由（いわゆるネガティブリスト方式）とした。さらに、その後、平成 15（2003）年改正では物の製造業務について労働者派遣が解禁された。

平成 27（2015）年改正前は、派遣可能期間については専門 26 業務は無制限、それ以外の業務（自由化業務）は 3 年の上限と、派遣業務によって派遣期間が異なっていた。しかし、後述の平成 27（2015）年の改正により、それまでの業務区分による規制を廃止し、新たに「派遣先事

業所」単位の派遣期間規制と「派遣労働者個人」単位の派遣期間制限を行うこととした（平成 27〈2015〉年 9 月 30 日施行）。なお、派遣期間満了の 1 カ月前までに、当該事業所の過半数組合、これがない場合には過半数代表者（二つを合わせて過半数代表と記す）の意見聴取を経て、さらに 3 年間の派遣期間の延長が可能とされた（第 40 条の 2 第 3 項、第 4 項）。

　他方、「派遣労働者個人」単位の場合において 3 年間の派遣期間の延長については、異なる派遣労働者のみの延長が可能となり、同一の派遣労働者の派遣期間の延長は認められない。ただし、個人単位の派遣期間制限は組織単位（「課」に相当）で判断されることから、組織単位が異なれば派遣期間の延長が可能とされる（第 40 条の 3）。ちなみに、この派遣期間の制限規制は、①無期雇用の派遣労働者、②60 歳以上の者、③産前産後休業や育児・介護休業を行う者、等については適用されない（第 40 条の 2 第 1 項）。

## 4　労働者派遣契約

### （1）労働者派遣契約の締結

　労働者派遣は、基本契約として派遣元と派遣先との労働者派遣契約の締結によって開始される。その上で個別契約としての労働者派遣契約には、派遣労働者の人数、業務内容、就業場所、指揮命令者、派遣期間、就業日、就業時間、休憩時間、安全衛生、苦情処理、解除について講じる措置等を定めなければならない（第 26 条第 1 項）。なお、労働者派遣契約の記載事項については、従前は「書面による記載」が必要とされてきたが、令和 2（2020）年の労働者派遣法施行規則の改正により、令和 3(2021) 年 1 月 1 日より労働者派遣契約の電子化が可能とされている。また、平成 27(2015) 年改正により導入された「個人単位の派遣労働制限の単位」となる「組織単位（課等）」については、就業場所に加えて明示することとされている（同条第 1 項第 2 号）。

　派遣先の事業主は、労働者派遣契約の締結に際して、派遣労働者を特定することを目的とする行為をしないように努めなければならない（第 26 条第 6 項）。

### （2）労働者派遣契約の解除

　労働者派遣では実際上、派遣先事業主が優位に立つことが多く、派遣

期間中に労働者派遣を解除し、労働者に不利益を及ぼすことが少なくないことから、労働者派遣法は、派遣労働者の国籍、信条、性別、社会的身分、正当な組合活動等を理由に、労働者派遣契約を解除してはならないと定める（第27条）。派遣元事業主は、派遣先が派遣に関する法令に違反した場合、労働者派遣を停止し、派遣契約を解除できる（第28条）。

　なお、労働者派遣契約の解除は、当然に派遣元事業主と派遣労働者との労働契約の解消となるものではない。派遣元事業主が当該の労働契約を解除（派遣労働者を解雇）しない限り、当該派遣労働契約の残存期間は、契約は存続する。したがって、派遣元事業主は、派遣労働者の責に帰すべき事由による解除の場合を除き、当該派遣労働者を別の派遣先に派遣するなどの努力をすべきであり、これを怠った場合には、派遣元事業主（使用者）の責に帰すべき履行不能（民法第536条第2項）として賃金支払い義務あるいは休業手当（労基法第26条）の支払い義務を負うと解される。

## 5　事業主の講ずべき措置

### （1）派遣元事業主の講ずべき措置

　派遣元事業主の講ずべき措置として、労働者派遣法は、職務内容等を勘案した賃金決定の努力義務（第30条の5）をはじめ、派遣労働者に係る事項についての就業規則の作成・変更時の派遣労働者の過半数代表からの意見聴取の努力義務（第30条の6）、派遣労働者の福祉の増進（第30条の7）、適正な派遣就業の確保（第31条）、派遣労働者であることの明示（第32条）、派遣終了後、派遣労働者が派遣先に雇用されることを禁ずる契約の禁止（第33条）、就業条件等の明示（第34条）、派遣先への通知（第35条）、派遣可能期間の遵守・通知（第35条の2）、派遣元責任者の選任（第36条）、派遣元管理台帳の作成（第37条）等を定めている。

### （2）派遣先事業主の講ずべき措置

　派遣先事業主の講ずべき措置としては、労働者派遣契約等の遵守（第39条）をはじめ、適正な派遣就業の確保、派遣労働者からの苦情申出に対する適切・迅速な苦情処理（第40条）、派遣可能期間の遵守（第40条の2、第40条の3）、組織単位で継続して1年以上派遣受入れ後の新

規採用に際しての派遣労働者雇入れの努力義務（第 40 条の 4）、直接雇用情報の派遣労働者への周知（第 40 条の 5）、派遣先責任者の選任（第41 条）、派遣先管理台帳の作成（第 42 条）等が定められている。

## 6　労働保護法規の適用

労基法等労働保護法規の適用関係に関しては、基本的には労働契約上の使用者である派遣元事業主が責任主体となるのが原則である。しかし、労働者派遣においては、派遣労働者は派遣先に対して労務を提供し、派遣先が指揮命令を与えることから、労働者派遣法は、特別に規定を設けて、労働保護法規の適用関係を個別に定めている。

### （1）派遣元・派遣先双方が責任を負う事項

派遣元・派遣先がともに責任を負う事項として、労基法上の均等待遇（労基法第 3 条）、強制労働の禁止（労基法第 5 条）、徒弟の弊害排除（労基法第 69 条）（以上、労働者派遣法第 44 条第 1 項）、労働安全衛生法上の安全衛生確保に関する事業者の一般的責務・衛生管理（労働者派遣法第 45 条）がある。また、均等法上の妊娠・出産保護（均等法第 9 条第 3 項、第 12 条、第 13 条第 1 項）、セクシュアルハラスメントの防止措置（均等法第 11 条第 1 項）等も挙げられる。

### （2）派遣先が責任を負う事項

派遣先の事業主が責任を負うべき事項としては、労基法上の公民権行使の保障（労基法第 7 条）をはじめ、労働時間・休憩・休日（労基法第32 条以下）、女性・妊産婦の就業制限（労基法第 64 条の 3）等がある。

ただし、フレックスタイム制（労基法第 32 条の 3）や変形労働時間制（労基法第 32 条の 2、第 32 条の 4）、時間外・休日労働における就業規則や労使協定の締結（労基法第 36 条）、割増賃金の支払義務（労基法第37 条）については、派遣元が責任を負う（労働者派遣法第 44 条第 2項）。

## 7　平成 24 年労働者派遣法の改正

平成 24（2012）年 3 月、派遣労働者の保護と雇用の安定確保を目的に、労働者派遣法が改正された。この改正により、法の名称も、従前の

「…派遣労働者の就業条件の整備等」に代えて「…派遣労働者の保護等」が盛り込まれ、保護の強化が図られた。その上で、改正の基本的な意義・目的としては、(1)「事業規制の強化」をはじめ、(2)「派遣労働者の無期雇用化や待遇の改善」、そして (3)「違法派遣に対する迅速・的確な対処」が挙げられる。

　具体的には、(1) に関しては、①日々又は 30 日以内の期間を定めて雇用する労働者派遣（日雇派遣）の原則禁止（第 35 条の 4 第 1 項関係）をはじめ、②グループ企業内の派遣会社が一つの事業年度に当該グループ企業に派遣する割合を 8 割以下とする規制（第 23 条第 3 項、第 23 条の 2 関係）、③離職した労働者を離職後 1 年以内に派遣労働者として受け入れることの禁止（第 35 条の 5、第 40 条の 9 関係）が行われた。

　(2) に関しては、①雇用が不安定で能力開発の機会が得にくい登録型の派遣労働者に対する無期雇用への転換又は通常の労働者として雇用することの派遣元事業主に対する努力義務（第 30 条関係）のほか、②派遣元事業主に対する派遣労働者と同種の業務に従事する派遣先の労働者（賃金水準）との均衡に考慮した賃金設定の配慮義務（第 30 条の 2 第 1 項）や、教育訓練・福利厚生の実施その他円滑な派遣就労のために必要な措置を講じることの配慮義務（同条第 2 項）、③派遣料金と派遣労働者の賃金の差額の派遣料金に占める割合（マージン率）や教育訓練内容の情報公開の義務化（第 23 条第 5 項関係）、④派遣元事業主による派遣労働者に対する派遣料金の額の明示（第 34 条の 2 関係）、⑤派遣元及び派遣先の事業主に対する労働者派遣契約の解除に際して新たな就業機会の確保等雇用の安定を図るための必要な措置の実施（第 29 条の 2 関係）が定められた。

　そして、(3) の違法派遣に対する迅速・的確な対処に関しては、①労働契約申込みみなし制度が新たに設けられた。この制度は、一定の違法派遣が行われた場合には、その時点において、派遣先から派遣労働者に対して、その時点における派遣労働者と派遣元との間の労働条件と同一内容の労働契約の申込みをしたものとみなすものである。対象となる違法派遣とは、具体的には（ⅰ）派遣労働者を禁止業務に従事させる場合（第 4 条第 3 項違反）、（ⅱ）無許可・無届けの派遣元事業主からの派遣受入れ（第 24 条の第 2 違反）、（ⅲ）派遣受入期間を超えた派遣受入れ（第 40 条の 2 第 1 項違反）、（ⅳ）いわゆる「偽装請負」（実際は派遣であるのに、派遣法の適用を回避するために業務処理請負の契約形式を偽装）の場合、のいずれかに該当する場合である。ただし、上述の

（ⅰ）～（ⅳ）の違法派遣に該当する場合であっても、派遣先事業主が違法派遣であることを知らず、かつ、知らないことについて過失がないときは、みなし規定は適用されない。

## 8　平成 27 年労働者派遣法の改正

　平成 27（2015）年 9 月、労働者派遣法のさらなる改正が行われた（施行日は平成 27（2015）年 9 月 30 日）。今次の改正は、平成 24（2012）年の改正と同様、労働者派遣法を大幅に見直す改正内容となっている。主要な改正内容は、大別すると（1）労働者派遣事業の許可制への一本化（第 5 条）、（2）労働者派遣の期間制限の見直し（第 40 条の 2 第 2 項）、（3）派遣労働者の雇用の安定とキャリアアップ、さらに平成 24（2012）年改正で成立した（4）違法派遣についての労働契約申込みみなし制度（第 40 条の 6）の施行である。

　まず、（1）に関して、労働者派遣事業の健全化の観点から、一般労働者派遣（許可制）と特定労働者派遣（届出制）の区別が廃止され、すべての労働者派遣が許可制に一本化されることとなった（第 5 条第 1 項）。（2）に関しては、業務の内容（専門 26 業務かその他の業務か）にかかわらず、従前の業務単位での規制は廃止し、すべての業務に関して①「派遣先事業所単位の期間制限」と、②「派遣労働者個人単位の期間制限」が設けられた。そして、上記①については、同一の派遣先の事業所に対し、派遣できる期間は、原則 3 年が限度となる（第 35 条の 2、同第 40 条の 2 第 2 項）。ただし、同一事業所で 3 年を超えて派遣労働者を受け入れようとする場合、派遣先事業所の過半数代表からの意見聴取を行うことにより、さらに 3 年を限度として派遣期間の延長が可能とされる（第 40 条の 2 第 4 項）。なお、反対意見等が述べられた場合には延長する理由を過半数代表に同期間満了の前日までに説明（同条第 5 項）すれば、同期間を 3 年間延長することができる（同条第 3 項）。また、上記②については、同一の派遣労働者を派遣先の事業所における同一の組織単位（人事課とか総務課等）に対し派遣できる期間は 3 年が限度となる（第 35 条の 3、同 40 条の 3）。なお、派遣元で無期雇用されている派遣労働者や 60 歳以上の派遣労働者、産前産後休業、育児休業、介護休業等を取得する労働者の業務に派遣労働者を派遣する場合等は期間制限の対象外となる。（3）に関しては、平成 27（2015）年改正は、まず雇用安定の措置として、同一の組織単位に継続して 3 年間派遣される見込み

がある者については、派遣終了後の雇用継続のために、派遣元の義務として①派遣先への直接雇用の依頼、②新たな派遣先の提供、③派遣元での（派遣労働者以外での）無期雇用、④その他安定した雇用の継続を図るための措置が講じられることとなった（第30条—なお、1年以上3年未満の見込みの者については、努力義務）。

　次に、キャリアアップ措置の実施として、すべての派遣労働者は、派遣元から、「段階的かつ体系的な教育訓練」を受けることができ（第30条の2第1項）、また希望する場合には「キャリア・コンサルティング」を受けることができる（同条第2項）。さらに、均衡待遇の推進として、派遣労働者が求めた場合、「賃金の決定」、「教育訓練の実施」、「福利厚生の実施」について、派遣元は、派遣労働者と派遣先で同種の業務に従事する労働者の待遇の均衡を図るために考慮した内容について説明を行う義務を負う（第31条の2第2項）。他方、派遣先は、派遣元事業主から求めがあった場合、賃金水準に関する情報提供の配慮義務を負う（第40条）ほか、教育訓練の実施に関する配慮義務や派遣料金の額の決定に関する努力義務を負う。以上の他、派遣先は、同一の事業所で同一の派遣労働者を継続して1年以上受け入れており、その事業所で働く正社員を募集する場合には、その正社員の募集情報を周知しなければならない（第40条の5第1項）。また、派遣先の同一の組織単位の業務に継続して3年間受け入れる見込みのある派遣労働者について、派遣元事業主から雇用安定措置として当該派遣労働者の直接雇用を依頼され、その事業所で働く労働者を募集する場合、受け入れている派遣労働者に対し、正社員に限らず、労働者の募集情報を周知しなければならない（同条第2項）。

　最後に、上記（4）に関しては、前述のとおり平成24（2012）年改正時に定められた違法派遣（①労働者派遣の禁止業務に従事させた場合、②無許可の事業主から労働者派遣を受け入れた場合、③期間制限に違反して労働者派遣を受け入れた場合、④いわゆる偽装派遣の場合）を受け入れた場合、その時点で、派遣先が派遣労働者に対して、その派遣労働者の派遣元における労働条件と同一の労働条件を内容とする労働契約の申込みをしたものとみなされる、とした規定が平成27（2015）年9月30日から施行されることとなった。

## 9　平成 30 年労働者派遣法の改正

　平成 30（2018）年以前には派遣労働者と派遣先の通常の労働者との均衡に関しては配慮義務があるだけ（平成 27〈2015〉年派遣法第 30 条の3）で、不合理な格差の解消に関する強行的な規定は存在しなかった。しかし、平成 30（2018）年の働き方改革関連法の成立により、労働者派遣法が改正され、新たに派遣労働者と派遣先の通常の労働者との間の不合理な待遇の格差を禁ずる規定が定められることとなった。この改正は、パートタイム労働者や有期雇用労働者におけると同様、派遣労働者についても、いわゆる同一労働同一賃金原則を適用しようとする働き方改革の意図に沿うものであった。すなわち、派遣労働者について、短時間・有期雇用労働法第 8 条、第 9 条に対応した、派遣先の通常労働者との間の不合理な待遇の禁止（第 30 条の 3 第 1 項〈均衡規制〉）と不利な取扱いの禁止（第 30 条の 3 第 2 項〈均等規制〉）が導入されることとなった。

　具体的には、派遣先の通常の労働者との均等・均衡待遇を実施することを目的とした「派遣先の均等・均衡方式」がある（第 30 条の 3）。その対象となるのは、派遣労働者の「基本給、賞与その他の待遇」である。派遣労働者とその比較の対象となる派遣先の通常の労働者との間で、①職務内容が同一、②派遣先における派遣就業が終了するまでの全期間において、職務内容・配置の変更範囲が同一と見込まれる場合、「正当な理由なく」、「通常の労働者の待遇に比して不利なもの」とすることを禁止する（第 30 条の 3 第 2 項〈均等規制〉）。前記①②が同一でなければ、不合理な相違禁止（第 30 条の 3 第 1 項〈均衡規制〉）が適用される。不合理な相違に当たるか否かは、（1）職務内容、（2）職務内容・配置の変更の範囲、（3）その他の事情のうち、その派遣の性質・目的に照らして適切と認められるものを考慮して、それぞれの待遇ごとに判断される。ちなみに、上記いずれの規制も私法上の効力規定であり、これに違反する待遇の相違を設ける契約部分は無効となる。

　加えて、平成 30（2018）年改正では、一定の要件を満たした労使協定を締結した場合には、均等・均衡原則を適用せずに当該労使協定の定めるところにより待遇確保を図る「労使協定方式」を導入した（第 30 条の 4）。いずれの方式により待遇決定を行う場合でも、通常、派遣元事業主の側では比較の対象となる派遣先の通常働者の賃金等の待遇は不明なので、派遣先の事業主は比較対象労働者となる派遣先の通常労働者の待遇に関する情報等を労働者派遣契約の締結時及びその待遇に変更が

あった際に派遣元事業主に提供すべき義務が定められた（第 26 条第 7 項、第 10 項）。ちなみに、提供すべき「待遇に関する情報」はいずれの方式を採用するかによって異なる。

　この改正は、大企業については、令和 2（2020）年 4 月 1 日より施行され、中小企業については令和 3（2021）年 4 月 1 日より施行されている。

# 集団的労働関係と法

# 集団的労働関係と法

## 学習のねらい

　労働者の募集・採用、採用後の配置や教育訓練、昇格・昇進、賃金そして退職や解雇等、労働契約の成立から終了までの労働者の待遇に関する基準は、労基法等により強行的に設定された最低基準を超えたところで、労使の自由な交渉（個別交渉）により決定される。しかし、現実には使用者の社会的・経済的地位の優位性による労使間の立場の不平等、交渉力の不均衡の故に、労働者にとって人たるに値する労働条件を確保することが困難となる場合が少なくない。

　そこで、わが国の憲法は、憲法第 25 条の「生存権保障」を基底にして、労働者に対し、団結する権利（組合結成権）を認め、団結を背景にした交渉の権利（団体交渉権）そして団体交渉がうまくいかない場合にこれを実効あるものとすべく団体行動を行う権利（団体行動権）を労働基本権として保障した。こうして、今日の労働法は、労働条件の決定をはじめ、労働関係上のルールは、労働者の利益保護を目的とした労働組合と使用者（使用者団体）が対等な立場で団体交渉を行い、労使の集団的合意に基づいて形成されるべきといった団体交渉による労働条件決定を基本原則としているのである。

　そのために、労働組合法は、労働組合の組織や運営をはじめ、団体交渉、争議行為や組合活動といった団体行動、労働協約そして不当労働行為に関する制度等について具体的な規定を設けている。

　本章では、憲法第 25 条の生存権保障、そして憲法第 28 条を中核とした労働基本権保障の意義と内容とともに、労働組合と使用者の集団的労働関係の軸となる労働組合法の諸規定を勉強し、さらにそれらに関連して提起される集団的労働関係上の諸問題について理解を深めることが大事となる。

## 第 1 節　憲法第 28 条と労働基本権の保障

### 1　憲法第 28 条の意義

　憲法第 28 条は、「勤労者の団結する権利及び団体交渉その他の団体行動をする権利は、これを保障する」と定めている。こうした権利保障は、労働基本権の保障とか労働三権の保障とか総称されている。憲法規定によるこうした権利保障は、労使間に実質的な対等の関係を構築し、その下で労働組合の団結力を背景に団体交渉と呼ばれる労働条件の集団取引によって、労働条件の維持・改善を図り、労働者に憲法第 25 条にいう「健康で文化的な最低限度の生活」、すなわち「人たるに値する生活」を実現・確保することを、その基本的目的としている。

　具体的には、そこにいう「団結する権利」とは、労働組合を結成し、加入し、運営する権利をいう。また、「団体交渉の権利」とは、労働組合が、その団結力を背景に組合員である労働者の労働条件や労働組合の組織や運営について話し合う権利をいう。さらに、「団体行動をする権利」とは、労働組合による集団的行動の権利をいい、これには団体交渉を優位に進めるための圧力行動としての「争議行為」とその他労働組合への理解・協力や団結の強化・拡大等を目的とした「組合活動」が含まれる。

### 2　憲法による労働基本権保障の効果

　憲法により、組合結成権、団体交渉権そして団体行動権が労働基本権として保障されていることについては、いくつかの重要な法的効果がある。

　第一は、「自由権的効果」である。憲法の基本権（基本的人権）保障は、その歴史的経緯から国家をはじめ何人も侵害することのできない権利保障としての意義と効果が認められている。したがって、労働組合の結成・加入・運営や団体交渉、団体行動を格別の理由なしに制限・禁止するような立法や行政措置は、違憲・無効とされる。

　第二は、「免責的効果」である。歴史的には、労働組合の結成や団体行動等は、刑事上は犯罪行為として処罰の対象とされ、また民事上は不法行為あるいは契約違反の行為として損害賠償の対象とされていた。そ

の後、労働組合運動の発展のなかで法認され、さらに、憲法により積極的に権利保障されるにいたった。こうした権利保障は、組合結成とりわけ団体行動を刑事責任及び民事責任から解放する効果をもっている（いわゆる刑事免責・民事免責）。したがって、労働組合による行動は、正当なものである限り、もはや刑事上の犯罪行為としての責任や民事上の不法行為あるいは契約違反としての責任を問われない。こうした法的効果を労組法の中で確認している規定が第 1 条第 2 項及び第 8 条である。

　第三は、公序設定効果である。すなわち、憲法による労働基本権保障は、国家をはじめ、使用者その他の関係者に対して、労働者の団結権、団体交渉権、団体行動権を尊重すべき「公の秩序（公序）」（民法第 90 条）を設定している。その結果、労働者によるこうした権利の正当な行使に対して、使用者が懲戒処分や解雇等の不利益取扱いを行った場合には、「公序」違反として無効となり、また不法行為（民法第 709 条）を構成したりすることになる。加えて、このような憲法により保障された、いわゆる団結権の正当な行使に対して使用者が行う各種の侵害行為については、「不当労働行為」として禁止の対象とされ、労働委員会による行政救済を利用する制度（不当労働行為制度）が用意されている（労組法第 7 条）。

## 第 2 節　労働組合の結成と運営

### 1　労働組合の結成

#### (1) 自由設立主義

　憲法及び現行労組法の下では、労働者は、国その他公的機関等の許可や届出あるいは登録等を必要とせず、自由に労働組合を結成できる。これは、一般に「自由設立主義」と呼ばれる。労働組合を結成できる労働者とは、労組法第 3 条にいう労働者、すなわち「職業の種類を問わず、賃金、給料その他これに準ずる収入によって生活する者」をいう。労基法第 9 条では「使用される者…」という文言に示されているとおり、使用者の指揮監督下にあることが要件の一つになっており、労組法の労働者のほうが広い概念となっている。

#### (2) 労組法上の労働組合

　労働者が自主的に結成した労働組合であっても、労組法が特別に設定した手続や救済を受けるためには、労組法が求める要件を充足することが必要となる（資格要件）。この要件は二つある。一つは、「自主性の要件」と呼ばれ、労組法第 2 条本文及び但書がこれを定める。すなわち、同条は、労組法上の労働組合を「労働者が主体となって自主的に労働条件の維持改善その他経済的地位の向上を図ることを目的として組織する団体又はその連合団体」と定義している。「労働者が主体となって」とは、前述した労働者が量的・質的に中心となっていることを意味する。「自主的に」とは、使用者その他からの干渉や影響を受けていないこと（使用者その他からの独立性）を意味する。したがって、たとえば役員や部長といった管理職等使用者の利益を代表するような立場にある人の加入を認める組合は労組法上の労働組合とは認められない（同条但書第 1 号）。また、組合の組織・運営について使用者から金銭的援助（経理上の援助）を受ける場合も独立性（自主性）が認められない（同条但書第 2 号）。「目的」の点では、労働条件の維持改善その他経済的地位の向上を図ることが求められ、共済事業や福利事業のみを目的としたり、主として政治活動を目的とするものは、労組法上の労働組合には該当しない（同条但書第 3 号、第 4 号）。

　二つは、「民主性の要件」と呼ばれる。労組法第 5 条第 2 項がこれを

定める。これは、労働組合が民主的に運営されるための要件でもあり、具体的には組合規約に労組法第 5 条第 2 項所定の事項（組合員の均等待遇、意思決定手続への平等参加、定期的な総会の開催等）を記載しておくことが求められる。

　労働組合が、こうした自主性の要件及び民主性の要件を満たした労組法上の労働組合に該当するかどうか（資格審査）については、労働委員会が労働組合により提出された資料（組合員名簿、職制名簿、組合規約、労働協約等）を基に審査する。

　資格審査を通じて、労働組合が労組法第 2 条及び第 5 条第 2 項の要件を充足し、労働組合法上の労働組合と認められた場合には、労組法が特別に定める手続（法人格の取得、労働委員会への委員の推薦手続等）や救済（労働委員会への不当労働行為の救済申立）が認められる。ただし、このような資格審査は、あくまでも労働組合が労働委員会に対して救済を申し立てる場合にのみ要求され、組合員個人による救済申立の場合は不要であり、また、労働組合が裁判所に対して不当労働行為の司法救済を求める場合にも不要である。

## 2　労働組合の組織と運営

### （1）労働組合への加入とユニオン・ショップ協定

　労働組合は、労働者により自主的に結成される団体であるから、それに加入するかしないかも、基本的には労働者の自主的判断に委ねられる。しかし、労働組合の側からすると、使用者に対して団体交渉を優位に進めるためには、団結を強化・拡大する必要があることから、組合への加入を労働者に強制することがある。こうした組織強制にはいくつかのタイプ（クローズド・ショップ、エイジェンシー・ショップ等）があるが、その一つに労働組合と使用者との間で締結される「ユニオン・ショップ協定」の制度がある。これは、採用後、協定締結組合への加入を義務づけ、加入しない労働者や組合を脱退したり除名されたりして非組合員となった者の解雇を使用者に義務づける労働協約条項である。

　このユニオン・ショップ協定の効力に関しては、判例・学説は、限定的に解している。すなわち、労働者が採用後も組合に加入しないままでいるか、加入後除名されたり脱退した後も非組合員でいる場合にのみ効力を発揮し、労働者が自ら組合を結成したり、別組合に加入したりした場合には、もはやユニオン・ショップ協定の適用はないと解されている

（三井倉庫事件・最 1 小判平元・12・14 民集 43 巻 12 号 2051 頁）。

　なお、ユニオン・ショップ協定締結組合を除名され、非組合員となった労働者は、通常、当該条項の適用により使用者からも解雇されることになるが、右除名が無効である場合には解雇もまた無効となる（日本食塩事件・最 2 小判昭 50・4・25 民集 29 巻 4 号 456 頁）。

### (2) 労働組合の組織・運営と組合規約

　労働組合の組織や運営に関する基本的なルールは、組合規約に定められる。そこでは、組合員資格をはじめ、組合の内部組織、意思決定の方法・手続、組合員の権利義務、統制等が定められる。

　そのうち、組合員の権利については、組合の運営への公正・平等な参加の権利、組合内部での言論の自由等が保障され、他方、組合員の義務としては、組合費納入義務のほか、組合の統制に服する義務がある。前者の義務に関して問題となるのは、特定政党や特定政党からの立候補者の選挙活動の支援を目的とした「臨時組合費」の納入義務についてであるが、判例は、組合員個人の政治的自由の観点から、こうした納入義務を否定している（代表的判例として、国労広島地本事件・最三小判昭 50・11・28 民集 29 巻 10 号 1634 頁）。

　また、組合員に対する統制処分についてであるが、労働組合が組合員に対して一定の範囲で統制権を有することは認められている（代表的判例として、三井美唄労組事件・最大判昭 43・12・4 刑集 22 巻 13 号 1425 頁）。一般に、組合規約には統制処分の種類として、けん責、罰金、組合員としての権利停止、除名等が定められている。しかし、統制処分も無制約のものではなく、組合が組合員に対して統制処分を行うには組合規約に定めた統制の事由及び統制処分の種類そして統制の手続に基づき行われる必要がある。そうでなければ、統制権の濫用として無効となる。

## 3　労働組合の消滅

　労働組合は、組合規約に定めた解散事由の発生のほか、単位組合の場合は組合員の、連合体の場合は構成団体の 4 分の 3 以上の多数による総会の決議により解散する（労組法第 10 条）。問題となるのは、「分裂」による労働組合の消滅が認められるかである。この点については、判例・学説上、これを肯定的に考える見解と否定的に考える見解の対立が

ある。こうした見解の対立は、分裂を法概念として認めることにより組合財産の分割を認めるかどうかの違いともつながっている。すなわち、分裂概念肯定説は組合財産の分割を肯定し、分裂概念否定説は組合財産の分割も否定する。判例は、理論上は分裂の法概念を肯定するものの、実際上は厳しい要件を付して、容易には分裂による組合財産の分割を認めない（代表的判例として、名古屋ダイハツ労組事件・最一小判昭 49・9・30 判時 760 号 97 頁）。

## 第 3 節 ｜ 団体交渉

### 1　団体交渉の意義と機能

#### (1) 団体交渉の概念

　団体交渉とは、賃金や労働時間、昇格・昇進、人事等労働条件や労働組合の組織・運営等労使関係上のルール設定について、労働組合と使用者又は使用者団体が交渉することをいう。労働組合が企業の枠を超えて産業別に全国横断的に組織されている欧州の主要国では、一般に団体交渉は産業別の全国統一的交渉で行われるが、わが国では労働組合が企業別に組織されていることから、団体交渉も企業別に行われるのが通例である。

　団体交渉の機能としては、なによりも労働条件の維持改善、ひいては労働者の経済的地位の向上を図ること、また、労働組合と使用者との安定的な労使関係の確立を図ることにある。

#### (2) 労使協議制・苦情処理手続

　労使間の交渉方式としては、団体交渉のほかに、「労使協議制」と「苦情処理手続」がある。労使協議制は、一般的には労使間で利害が共通する問題について、協調関係をベースに協議し、解決を図る制度である。団体交渉のような労組法上の制度ではなく、労働協約により制度化される。実際には、団体交渉と並行して行われたり、団体交渉の予備折衝として行われたり、その機能は多様であり、団体交渉との機能的違いは必ずしも明確ではないところがある。苦情処理手続は、労使協議制に比べて、労働協約で制度化されることは少ない。その機能は、労働協約が締結された場合で当該協約の適用解釈に疑義が生じた場合や職場の日常に不満や苦情が生じた場合に、中立・公正な第三者が間に入って双方の言い分を聞きながら問題を解決していくことにある。

### 2　使用者の団体交渉義務と義務的団交事項

#### (1) 団体交渉義務と誠実交渉義務

　労働組合に団体交渉の権利が保障されていることに対応して、使用者は団体交渉に応じる義務（団交応諾義務）を負う。具体的には、単に組

合の主張や要求を聞くだけではたりず、そうした組合側の主張や要求に対して、論拠や資料を示すなどして誠実に回答することが求められる。すなわち、この団交応諾義務は、誠実に団体交渉に応じる義務（誠実交渉義務）を内容とする。

### （2）団体交渉の対象事項

　しかし、使用者に誠実団交応諾義務があるからといって、使用者は、労働組合が交渉を申し入れる事柄のすべてについて団交に応じる義務を負うものではない。使用者が任意に話し合いに応じる限り、どのような問題についても労使間の交渉は成り立つ。しかし、こうした交渉は、ここにいう団体交渉ではない。使用者が組合からの団交申入れに応じる法的義務を負うのは、いわゆる「義務的団交事項」についてである（正当な理由なく組合からの団交申入れを拒否できない事柄という意味）。

　この義務的団交事項とされるのは、一般に労働関係事項と呼ばれ、具体的には賃金や労働時間、人事、懲戒、退職・解雇等労働条件に関する事項（労働条件事項）、そして便宜供与や団体交渉の手続、争議行為や組合活動上のルール等労働組合の組織や運営に関する事項（労使関係事項）が含まれる。

## 3　使用者の団交拒否と救済

### （1）労働委員会による救済

　使用者が、正当な理由なく、義務的団交事項について誠実に団体交渉に応じない場合、団交拒否の不当労働行為が成立することになる（労組法第 7 条第 2 号）。これに対し、労組法上の労働組合は、労働委員会に対して行政救済を申し立てることができる。労働委員会では、不当労働行為の成立が認められた場合には、通例、使用者に対し団交に応じる旨命じる救済命令が発せられる。

### （2）裁判所による救済

　他方、労働組合は、裁判所に対して司法救済を求めることも可能である。司法救済にはいくつかの方法がある。その一つとして、使用者の団交拒否が不法行為（民法第 709 条）を構成するとして損害賠償を請求する方法がある。また、当該労働組合が使用者に対して団体交渉を求め得る地位にあることの確認（地位確認請求）を求めることもできる。しか

し、使用者に対して現実に団体交渉に応じさせる具体的な行為を請求すること（団交応諾請求）については、現在は否定的に解されている。

　なお、前述したように裁判所への司法救済については、労組法上の労働組合であることは要件とされない。

# 第 4 節 ｜ 労働協約

## 1　労働協約の意義と成立要件

　労働協約とは、労働組合と使用者又は使用者団体との間で労働条件や労働組合の組織や運営に関する事項につき団体交渉が行われ、そこで得られた合意の内容を書面化したものである（労組法第 14 条）。労働協約には、組合員である労働者の労働条件を改善し向上させていく機能（労働条件向上機能）をはじめ、労働組合と使用者の関係を安定化させる機能（労使関係安定化機能）、使用者の経営に労働組合を積極的に関与させていく機能（経営参画機能）等の重要な機能がある。

　労組法第 14 条は、労働協約が有効に成立するために、合意内容の「書面作成」と両当事者の「署名又は記名押印」を要求している。このような厳格な要件を求めているのは、当事者間に協約締結後その内容について争いが生じるのを防止するとともに、労働協約が当事者に対して法的効力を及ぼすからである。上記の要件を満たす労使間の合意であれば、協定や覚書といった名称であっても労働協約と評価される。

## 2　労働協約の期間

　労働協約に有効期間を設定するかどうかは当事者の自由である。この点について、労組法第 15 条は、期間を定める場合は 3 年を超えることができないとしている（同条第 1 項）。3 年を超える期間の定めを設けた場合は、3 年の期間設定をしたものとみなされる（同条第 2 項）。ちなみに、労働協約に有効期間を定めなかった場合、当事者は、署名し、又は記名押印した文書により、相手方に 90 日以上前に予告することにより解約することができる（同条第 3 項、第 4 項）。

　なお、わが国では無協約の状態を回避するために、あらかじめ労働協約中に「自動更新」や「自動延長」を内容とする条項が設けられることがある。前者は、協約期間の満了前に当事者のいずれか一方から改廃の意思表示がなされない限り、旧協約が継続される旨の定めをいい、後者は新しい協約が成立するまで暫定的に旧協約の効力が延長される旨の定めをいう。いずれの定め（条項）を設けるかは当事者の自由な交渉に委ねられる。

## 3　労働協約の効力―規範的効力

　労組法第 16 条は「労働協約に定める労働条件その他労働者の待遇に
関する基準に違反する労働契約の部分は、無効とする。この場合におい
て無効となった部分は、基準の定めるところによる。労働契約に定がな
い部分についても、同様とする。」と定める。労働協約は、労働組合と
使用者（使用者団体）との団体交渉に基づく合意であるから、民事的に
は契約としての効力（債務的効力）を有する。しかし、それ以上に本条
は、労働協約に個々の組合員の労働契約を直接規律する法的効力を認め
ているのである。こうした効力は、「規範的効力」と呼ばれている。し
かし、この規範的効力は、組合員の労働条件に関する基準（規範的部
分）についてのみ適用されるにとどまる。ちなみに、労働協約に違反す
る個別労働契約の部分を無効にする効力は、強行的効力と及ばれ、無効
となった部分を協約基準で埋め合わせる効力を直律的効力と呼ぶ。この
ような労働協約の規範的効力は、就業規則に対しても及ぶ（労基法第
92 条第 1 項、労契法第 13 条）。

## 4　労働協約の効力―有利原則、不利益変更の効力

### （1）有利原則

　労働条件に関する基準について、労働協約で定めた基準よりも労働者
の個別の労働契約で定めた基準のほうが有利な場合、当該労働契約の基
準は労働協約との関係でどのように解されるのであろうか。この場合、
労働協約の規範的効力は個別の労働契約に及ばないとするのが「有利原
則」である。学説上は、有利原則を肯定する考えも見られるが、判例
は、わが国の場合、一般に労働組合が企業内（企業別）ごとに組織され
ることから、かかる組合が締結する労働協約の機能は、職場内での労働
条件の最低基準の設定ではなく「標準基準の設定」であること、ドイツ
のように最低基準の設定を法定していないこと等を理由に有利原則を否
定している。とはいえ、労使間で当該協約の設定する労働条件基準が最
低基準である旨合意することは違法ではなく、その場合には有利原則が
認められると考えてよい。

### （2）不利益変更の効力

　労働協約の改訂等により、それまでの労働契約の内容が従前よりも、

不利益に変更される場合がある。こうした場合にも、労働協約の規範的効力が及び、個々の組合員の労働契約は拘束されることになるのであろうか。これが、いわゆる労働協約の不利益変更の効力問題である。この問題に関しては、労働組合やそれによる団体交渉等は労働条件の維持改善を目的にしていることから、労働協約の変更もそうした目的のために行われるべきであり、従前の労働条件を切り下げる労働協約の不利益変更は、組合員の個別の授権がなければ、組合員の労働契約を規律する規範的効力を有しないとする考え方も見られる。しかし、判例は、「協約自治の原則（労働条件は団体交渉による労働協約の締結によって決定されるべきとする原則）」に基づき、団体交渉は、継続的な労働関係において労働条件に関する取引であり、取引にはギブ・アンド・テイクもあること等を理由に、不利益変更であっても直ちには無効とはならないとしている。

　もっとも、特定の、又は一部の組合員を差別的に取り扱うことを目的とした労働協約の変更には規範的効力は認められず（朝日火災海上保険（石堂）事件・最 1 小判平 9・3・27 労判 713 号 27 頁）、また、組合員の個人的権利（たとえば賃金請求権や解雇の適否等）については、労働組合は、当該組合員個人の授権がなければ、労働協約によってはかかる権利を失わせることはできない。

　労働協約の不利益変更が可能であるとして、個別の労働契約に対する規範的効力が認められるかどうかは、変更された労働条件の内容、変更の必要性、変更により組合員が受ける不利益の程度、変更の手続等を総合勘案して、判断している。

## 5　労働協約の一般的拘束力

　労働協約は、これを締結した労働組合の組合員に対してのみ適用されるのが原則である。

　しかし、未組織労働者の労働条件保護や職場内の労働条件基準の統一を図る必要等から、労組法は、一定の要件を満たした場合には、未組織労働者にも労働協約の規範的効力が及ぶこと（一般的拘束力と呼ばれる）を認めている。こうした一般的拘束力には、事業場単位（労組法第 17 条）と地域単位（同第 18 条）の二つがある。

## （1）事業場単位の一般的拘束力（労組法第 17 条）

　事業場単位の一般的拘束力は、同一の工場事業場に常時使用される同種の労働者のうち、4 分の 3 以上の者が、同一の労働協約の適用を受けるに至ったときは、当該工場事業場に使用される他の同種の労働者に対しても、自動的に労働協約の規範的部分が適用される。なお、パートタイム労働者や臨時工につき、「常時使用される」かどうかは、その雇用や就業の実態に照らして実質的に判断されるが、「同種の労働者」性については、勤務形態や勤務内容が正社員と異なる場合は、ここにいう「同種の労働者」にあたらない。

　なお、拡張適用される協約中の条項は、いわゆる「規範的部分（労働条件部分）」に限られる。また、この拡張適用は、その要件である「同種の労働者の 4 分の 3 以上」が欠けると自動的に失効する。また、この一般的拘束力による他の同種の労働者への労働協約の拡張適用に関しては、他の同種の労働者が未組織（非組合員）の場合、あるいは別組合の組合員の場合、拡張適用されるかどうかが問題となる。前者の場合については、学説上は、未組織労働者（非組合員）は当該協約に関して多数組合の意思決定に関与することができないから、拡張適用は認めるべきではないという見解もあるが、判例は、原則的に未組織労働者（非組合員）に対する拡張適用を肯定する。ただし、拡張適用が著しく不合理であると認められる特段の事情がある場合には拡張適用が否定される（朝日海上火災保険（高田）事件・最 3 小判平 8・3・26 民集 50 巻 4 号 1008頁）。他方、後者の別組合の組合員に対しては、別組合自身の団結権、団体交渉権等の尊重から、拡張適用を否定すべきとするのが一般的な考えとなっている。

## （2）地域単位の一般的拘束力（労組法第 18 条）

　労組法第 18 条は、労働協約について地域的の一般的拘束力を定める。この制度は、もともとドイツの労働協約法における制度にならったものであり、産業別や職業別の労働組合の存在を前提にしており、わが国のように企業別の労働組合が主体であるようなところでは、ほとんどその実例をみない。

## 6　労働協約の終了

### （1）終了原因

　労働協約は、さまざまな原因によって終了する。まず、労働協約に有効期間の定めがある場合、当該期間の満了によって当然に終了する。その場合、期間満了にあたって改めて両当事者の合意に基づく延長や再度の更新は可能である。期間の定めのない労働協約の場合には、当事者の一方が、署名し、又は記名押印した文書により90日前以上の予告をすることで解約することができる（労組法第15条第3項、第4項）。ちなみに、こうした場合、使用者による組合嫌悪の理由等による解約は「支配介入」の不当労働行為（同第7条第3号）となる場合がある。その他、労働協約の終了原因としては、当事者の消滅（労働組合の解散、企業の倒産）の場合や「事情変更」（協約締結後景気変動による業績の急激な悪化等協約締結当時の状況の急変）の場合等が挙げられる。

### （2）労働協約の余後効

　期間満了により労働協約が終了したような場合、通常は満了前の相当期間内に両当事者が団体交渉をし、新たな労働協約が締結されることになる。しかし、従前の労働協約（旧協約）の終了後新たな労働協約（新協約）が締結されないままでいるような場合、旧協約で規律されていた組合員の労働条件はどのようになるのであろうか。これが、労働協約の余後効をめぐる問題である。こうした問題を回避するために、通常は、協約当事者間で旧協約中に「自動延長条項」等が設けられていたりする。ドイツでは労働協約法に、この「余後効」が明文化されているが、わが国の労組法はこうした規定を有しないために、解釈上の問題として議論されてきた。学説には、旧協約中の規範的部分が個別の労働契約に融合して一体化してしまっている故に、協約終了後も個別労働契約の内容として効力を維持するとの考え（化体説と呼ばれる）も見られるが、通説は、旧協約の終了により、個別労働契約の内容は空白となり、その部分は労基法や契約法（民法）の原則により補充されるが、こうした補充規範がないような場合には、当事者（労使）の合理的な意思解釈により、新協約の締結まで旧協約の規範的部分が補充的に適用されると考えている。

## 第 5 節 | 団体行動

### 1　団体行動権の意義と法的保護

　憲法第 28 条に保障された「団体行動権」は、労働者の団結活動のうち、組合の結成、それへの加入、その運営・活動等、いわゆる団結権（組合結成権）保障によりカバーされる行為及び団体交渉を求める行為や団体交渉の場での言動等団体交渉権の保障によりカバーされる行為以外の団結行動を意味している。こうした団体行動権の保障は、内容的には争議権（紛争時に要求実現のために実力行使として争議行為を行い得る権利）と組合活動権（平常時に団結の示威や強化、組合への理解・情宣活動、組合の社会的活動等を行い得る権利）の二つが含まれている。いずれの活動も、それが正当な目的と手段等により行われる場合には、いわゆる刑事上・民事上の免責（憲法第 28 条、労組法第 1 条第 2 項、第 8 条）とともに、不利益取扱いからの保護（民法第 90 条、第 709 条、労組法第 7 条第 1 号等）を受ける。

### 2　争議行為と正当性

#### （1）争議行為の概念

　争議行為とは何かについては、法理上、見解が分かれている。多数説は、「労働者の団結体が、その集団的統一的意思に基づいて、要求の貫徹を目的に労務を完全又は不完全に停止することにより、業務の正常な運営を阻害するもの」と解している。代表的には、ストライキ（同盟罷業）のほか、怠業、職場占拠、ピケティング等がこれに該当する。

#### （2）争議行為の正当性

　争議行為が、団体行動権の行使としての保護を受けるためには、それが法的に正当と評価されることが必要である。このような争議行為の正当性は、一般に①主体、②目的、③手段・態様、④手続に即して判断される。

#### 1）主体

　争議行為の主体は、原則的には労組法第 2 条本文に該当する「労働者

が主体となって自主的に組織する団結体」である。労働組合ではない労働者の団結体が争議行為の主体となり得るかについて議論があるが、争議行為は、団体交渉と不可分の関係にあり、団体交渉を有利に導くための手段的権利でもあるから、その主体は団体交渉の権利を有する当事者でもある。したがって、労働組合内の一部組合員が組合の指示に反して行うような争議行為（一般に「山猫スト」と呼ばれる）は、主体の面から正当とは評価されない。他方、労働組合が産業別の連合体を結成している場合、その下部組合が上部組合の承認を得ないで争議行為（いわゆる「非公認スト」）を行う場合の正当性が問題となることがあるが、こうした場合、当該争議行為を行った下部組合が、それ自体、独立した労働組合としての組織実体を備えている場合には、当該争議行為は主体の面では正当性をもつ。

#### 2）目的

　争議行為は、団体交渉を有利に導くことを目的に行われる行動である。したがって、争議行為が労働組合の正当な行動として評価されるためには、基本的には団体交渉で話し合われる事柄（労働条件や組合の組織・運営に関する事柄）についての要求貫徹を目的としたものでなければ、目的において正当とは評価されない。

　この点に関連して、政治的目的をもって行われた争議行為が正当と評価されるかについては議論がある。労働組合が政治的活動を行い得ることは法的に問題はない（労組法第 2 条但書 4 号）が、使用者が団体交渉によって解決できない政治的目的を有した事柄を掲げた争議行為（「政治スト」と呼ばれる）は正当とは評価されない。同様に、労働組合が他社の労働組合による争議行為を支援することを目的に行う争議行為（一般に、「同情スト」と呼ばれる）についても、使用者が団体交渉によって解決することができないことから正当とは認められない。

#### 3）手段・態様

　争議行為の典型は、ストライキ、すなわち組合員による労務の不提供であるが、こうした手段によって争議行為が行われる限り、正当である。ストライキには、組合員全員が労務不提供に入る「全面スト」のほか、組合員の一部が行う「部分スト」や「指名スト」、また労働時間の一部について行われる「時限スト」、時限ストを繰り返す「波状スト」等さまざまな態様のものがあるが、いずれも争議行為の手段・態様とし

ては正当である。さらに、労務の提供を不完全に停止し、意図的に作業能率を低下させる「怠業」も正当とされる。

　争議行為に関連して問題となるのは、「ピケッティング」に関してである。ピケッティングとは、ストライキを維持・強化し、その実効を高めるために、労務を提供しようとする非組合員、他組合員、管理職等を見張り、これに呼びかけたりして、その労務提供を阻止する行動である。これについては、暴力の行使を伴う場合は当然のことながら正当性は認められない。しかし、暴力には至らない程度・範囲で実力行使がなされた場合の正当性については、学説は、労務提供者に対してスクラムを組んで押し返すなど、受動的な実力行使や団結防衛のための最小限の有形力の行使は許されるとする考えが有力である。しかし、判例は、原則として言論を通じて平和的に相手を説得する限度を超えることはできないとしている（いわゆる平和的説得論の立場）。

### 4）手続

　手続上の観点からは、団体交渉を経ないで行われる争議行為や使用者に対する予告なしに行われる争議行為（「抜き打ちスト」）については、学説上は見解の対立が見られるが、判例は、正当性を否定するものが多い。その他、争議行為の実行に関しては、労働協約により、事前の予告をはじめ第三者によるあっせんや調停を経ること等、一定の手続を踏むことを求める条項が設けられることがある。こうした協約条項がある場合、これを遵守しないで行われた争議行為は労働協約上の手続違反として正当性が否定される。

## 3　争議行為と責任

　争議行為が、結果的に正当性なしとされた場合、どのような法的責任が、誰に対して発生するのであろうか。大別して、損害賠償責任と懲戒責任が生じ得る。

### （1）損害賠償責任

　違法争議行為については、労組法第 8 条の民事免責が否定され、労働組合及び組合員はともに損害賠償責任を負う。この場合、学説には、組合員の損害賠償責任に関して、争議行為の本質は組織化された団体性にあり、違法な争議行為が労働組合の正規の意思決定機関の決議を経て行

われた以上は、それは労働組合自身の行為と評価され、労働組合のみが不法行為（民法第 709 条）の責任を負い、組合員は責任を負わない、とする考えも見られる。しかし、判例は、争議行為は労働組合の行為であると同時に、参加組合員の行為でもあるとして、労働組合とともに組合員も契約違反の責任（同第 415 条）や不法行為（同第 709 条）の責任を負うべきものとする。

### （2）懲戒責任

　違法な争議行為が行われた場合、使用者は争議に参加した組合員に対して懲戒処分を行い得るであろうか。この点、学説には、組合役員やその他参加組合員の行為は団体行動を組成するにすぎず独立した責任主体と評価することはできないとして、懲戒処分を否定する考えも見られるが、判例は、一般に個々の組合員に対する懲戒処分を肯定している。

　問題となるのは、違法な争議行為が行われた場合、組合幹部に対して幹部であることを理由に一般組合員とは別に懲戒責任（幹部責任）を問い得るかどうかである。肯定、否定の両考え方がある。この場合、幹部が違法な争議行為が行われていることを認識しながら、これを放置し、あえて制止しなかった場合には懲戒処分の対象となることはあり得る。こうした組合幹部に対する懲戒処分が正当か否かは、個別具体的に判断されることになる。

## 4　争議行為と賃金

　争議行為の正当性をめぐる問題とは別に、争議行為が行われた場合に組合員等労働者の賃金はどうなるかといった重要な問題がある。これについては、争議行為に参加した組合員（争議参加者）と争議行為に参加しなかった者（争議不参加者）を分けて議論する必要がある。

### （1）争議参加者の賃金

　争議行為に参加し、労務の提供をしなかった組合員については、特に労務不提供の場合にも賃金を支払うとの特段の合意が存在しない限り、いわゆるノーワーク・ノーペイの原則により反対給付たる賃金請求権は発生しない（民法第 624 条第 1 項）。したがって、使用者は、労務不提供に相応する賃金の控除（賃金カット）を行うことができる。その場合、家族手当や住宅手当等、いわゆる生活保障を目的とした賃金部分か

ら賃金カットができるかについては、従前、争いがあったが、現在では判例は、こうした賃金カットができるかどうかは、就業規則や労働協約の解釈や労働慣行等により個別に判断すべきものと解している（三菱重工長崎造船所事件・最 2 小判昭 56・9・18 民集 35 巻 6 号 1028 頁）。

　争議行為による労務の不提供に対する賃金カットが許される場合でも、この賃金カットを争議行為が行われた月（争議実施月）の給与からではなく、翌月以降の賃金支払いからカットすることができるか。これは、労基法第 24 条に定める賃金支払原則のうち、全額払の原則（第 24 条第 1 項）との関係で問題となる。判例は、①過払いのあった争議実施月と合理的に接着した時期に行われ、②あらかじめ労働者にその旨予告され、③控除額も多くない限り、調整的相殺目的によるものとして、必ずしも労基法違反といわなくてもよいとしている。

## (2) 争議不参加者の賃金

　職場内で争議行為が行われた場合に、当該争議行為に参加しないものの、結果として就労できなかった争議不参加者の賃金はどうなるであろうか。こうした争議不参加者としては、一つの組合の組合員のうち一部だけが争議に参加し、他の組合員がこれに参加しなかった場合や非組合員が考えられる（いわゆる「部分スト」による争議不参加者）。いずれにせよ、判例は、これらの争議不参加者の就労が客観的に不可能になった場合や無価値となった場合には、使用者が不当な目的（たとえば不当労働行為目的等）で争議行為を行わせたなどの特段の事情のない限り、部分ストによる争議不参加者の就労不能は、使用者の責めに帰すべき事由による履行不能あるいは休業（民法第 536 条第 2 項、労基法第 26 条）に当たらないとして、賃金及び休業手当の請求権を否定している（ノースウェスト航空事件・最 2 小判昭 62・7・17 民集 41 巻 5 号 1350 頁）。

　上記判例によると、たとえば職場内に組合が複数存在し、そのうちの一つにより争議行為が行われた結果、別組合の組合員やその他の非組合員が就労不能になる「一部スト」の場合においても、同様の理由により、賃金及び休業手当の請求権が否定されている。しかし、学説上は、この場合には少なくとも労基法第 26 条に基づく休業手当の請求権は認めるべきと解する考え方が有力である。労基法第 26 条の休業手当は、労働者の生活保障の観点から設けられた規定であるというのが主要な理由である。

## 5　組合活動

### (1) 組合活動の正当性

憲法第 28 条による労働基本権保障の一つとしての団体行動権の保障には、争議権とともに組合活動の権利も保障されている。組合活動は、団結の示威・強化をはじめ、組合組織への理解と協力、社会・共済活動、争議行為の事前的活動等さまざまな目的のために行われる。いずれの活動目的であっても、正当な組合活動と評価されれば、争議行為と同様、刑事免責（労組法第 1 条第 2 項）をはじめ、民事免責（同第 8 条）、不利益取扱いの禁止（民法第 90 条）、そして不当労働行為制度による保護（労組法第 7 条第 1 号）が与えられる。組合活動の正当性についても、争議行為の場合におけると同様、基本的には主体、目的、手段・態様、手続等の観点から個別・具体的に判断される。

### (2) 組合活動の正当性をめぐる個別問題

### 1）企業施設利用の組合活動—ビラの貼付や配布等

わが国の労働組合は、基本的に企業別の組織形態をとることから、おのずから組合活動も企業の施設を利用して行われることが少なくない。たとえば、食堂や会議室等企業施設内での職場集会、組合ビラの貼付や配布等が代表的である。このような企業施設利用の組合活動が、使用者との協定や個別の承諾に基づき行われる場合には問題は生じない。問題は、使用者との協定や個別の承諾がない場合である。労働組合は、使用者の承諾なく、組合活動のために企業施設を利用できるのであろうか。この点について、学説には、組合には一定の限度・範囲において組合活動のために企業施設を利用する権利が認められ、使用者はこれを受忍する義務があるとする見解（「受忍義務説」と呼ばれる）や、使用者はこうした受忍義務を当然に負うものではないが、一定の限度・範囲にとどまる限り、企業施設利用の組合活動は違法性を阻却されるとする見解（「違法性阻却説」と呼ばれる）がある。いずれの立場でも、その正当性判断については、組合による企業施設利用の必要性、組合活動の具体的内容、時間、場所、使用者の被る不利益の程度等を勘案して個別に判断される。

これに対して、判例は、一般に「許諾説」と呼ばれる考え方により、企業施設利用の組合活動に厳しい判断を示している。すなわち、使用者には企業施設に対する所有権のほか「施設管理権」があり、組合にとっ

て組合活動のために企業施設利用の必要性が高いからといって、法律上も当然に企業施設を利用したり、その結果として使用者が受忍義務を負ったりすることは認められず、組合や組合員が無断で企業施設を利用した場合には、それを使用者が許可しないことが施設管理権の濫用となるような特段の事情がない限り、違法な組合活動となるとしている。そして、現在では企業施設利用のビラ貼付については、ほぼ違法の判断がなされている（国鉄札幌運転区事件・最 3 小判昭 54・10・30 民集 33 巻 6 号 647 頁）。

　他方、企業施設内でのビラ配布については、ビラ貼付よりも緩やかに判断されており、その正当性は、当該ビラの内容、形状、配布枚数、配布場所、組合活動としての必要性、使用者の業務への支障の程度・不利益等を総合的に勘案して判断されている。

## 2）勤務時間中の組合活動

　わが国では、勤務時間中に、「一致団結」、「要求貫徹」や「大幅賃上げ」、「解雇反対」等を記載したリボンやバッジ、ワッペン、腕章等を着用して就労する形態の組合活動もしばしば行われてきた。こうした組合活動については、労働契約上の職務専念義務をはじめ、就業規則に定める服装規定や勤務時間中の組合活動の禁止等に違反するかどうかといった重要な法律問題がある。学説上は、これらの組合活動が、労務の提供に何らの支障がなく、使用者の業務を阻害しない場合は、組合活動として正当性が認められるとする見解が有力である。そして、業務阻害の有無・程度については、たとえばリボンの記載内容、大きさ、着用目的、勤務場所、業務の内容、着用の時間等を考慮して判断すべきとしている。

　他方、判例は、労働契約上の職務専念義務について、これを労働者が職務上の注意力のすべてを職務遂行に集中させる義務であると厳格に解したうえ、勤務時間中のリボンやバッジを着用しての就労は、当該労働者の精神的な集中力を低下させ、かつ、職場で団結を誇示する効果を有するものであるから、業務に具体的な支障を来たすかどうかを問わず、正当な組合活動とは認められないとしている（大成観光事件・最 3 小判昭 57・4・13 民集 36 巻 4 号 659 頁）。

## 3）便宜供与

　便宜供与とは、本来は労働組合の負担により行うべき組合の組織や運

営に関する活動を使用者の便宜・協力を通じて行う制度ないし措置のことをいう。わが国の労働組合が企業内組織であることから、便宜供与は組合側にとって重要で、組合事務所や組合掲示板の貸与、チェックオフ、在籍専従、組合休暇等さまざまなものがある。

　このような便宜供与も、企業別組合だからといって、組合にとって当然の権利ではなく、原則的には使用者との合意（労働協約＝協定）に基づき認められる。したがって、便宜供与を定めた協定に有効期間が設けられている場合、原則的には当該期間の満了とともに便宜供与も終了する。このこと自体は、法的には何ら問題は生じない。しかし、こうした協定が何度も更新され、繰り返されてきたような場合には、期間満了だけを理由に使用者が一方的に便宜供与を終了させることは、時として不当労働行為との関係で問題が生じる。すなわち、使用者にとり、何ら業務上の理由なく単に期間満了だけを理由とすることは、実質的には組合活動に重大な支障を与え、組合の弱体化を意図したものではないかとの推定がなされ、組合に対する支配介入の不当労働行為（労組法第 7 条第 3 号）の成否が問題となり得る。

# 第 6 節 ｜ 不当労働行為

## 1　不当労働行為制度の意義

　憲法第 28 条は、組合結成権（狭義の団結権）、団体交渉権、団体行動権を労働者・労働組合の活動にとって不可欠の権利、すなわち労働基本権として保障している。不当労働行為制度は、こうした労働基本権を侵害することになる使用者の行為（団結権侵害行為）を禁止する（労組法第 7 条）とともに、こうした行為が行われた場合に、労働基本権保障の実効を図り、安定的な労使関係の秩序を回復するための救済を図ることを目的とした制度である。

　使用者等により不当労働行為が行われた場合、被害を受けた労働者（組合員）や労働組合は、裁判所に対して司法救済（たとえば解雇無効の確認請求や損害賠償請求等）を求めることができる。しかし、こうした救済は時間も経費もかかり、また手続も厳格であることから、低廉で迅速・柔軟な救済を可能にするため、労組法は労働委員会による行政救済の制度を用意している（労組法第 27 条以下、労働委員会規則）。

## 2　不当労働行為の主体

　不当労働行為を行う主体となるのは、通常、労働契約の当事者たる使用者であるが、不当労働行為制度の目的は、そもそも労働契約上の責任を問うことではなく、いわば集団的労働関係において労使関係の安定を図ることであるため、その主体は労働契約上の使用者よりも広い概念として理解されている。

### （1）行為主体としての使用者

　その上で、不当労働行為の主体としての使用者を考える場合、「行為主体としての使用者」と「責任主体としての使用者」を区別することが適切である。すなわち、「行為主体としての使用者」には、まず①労働契約の当事者たる使用者が含まれることはいうまでもない。それとともに、②労働契約関係の当事者と実質的に同視し得る立場（地位）にある者も、ここにいう使用者に該当する。具体的には、（ⅰ）近い過去に労働契約関係が存在していた場合（使用者が解雇し、被解雇者や組合が当

該解雇を不当労働行為として争うような場合）、（ⅱ）近い将来労働契約関係が成立する場合（企業合併等により吸収される企業の組合が、合併後の労働条件について合併先の使用者を相手に団体交渉を求め、これが拒否されたような場合）、（ⅲ）親子関係や業務処理請負の契約関係がある場合（子会社の従業員を組織する組合が親会社を相手に労働条件に関する団体交渉を求め、これが拒否されたような場合や請負会社の従業員を組織する組合が派遣されて働く先の会社を相手に団体交渉を求め、これが拒否されたような場合）などである。

### （2）責任主体としての使用者

　以上に対して、「責任主体としての使用者」とは、使用者自身による不当労働行為ではないが、役員やその他の管理職のように、使用者と同視し得る立場にある者が行った不当労働行為について、これを使用者の行為（帰責主体）と評価して責任を問うことをいう。役員や部長等の管理職による不当労働行為については、その職務上の地位や権限・責任等から原則として使用者の行為と評価されるが、課長やその他の者による不当労働行為については、使用者の「意を体して」行われたものかどうか等を考慮しつつ、使用者の行為性が具体的に判断される。

## 3　不当労働行為の類型

　労組法第7条は、禁止される不当労働行為を類型化している。それによると、具体的には①不利益取扱いと②黄犬契約（同条第1号）、③団交拒否（同条第2号）、④支配介入と⑤経費援助（同条第3号）、⑥報復的不利益取扱い（同条第4号）がある。条文的には第1号と第4号が労働者（組合員）個人に対する不当労働行為、第2号と第3号が労働組合に対する不当労働行為となっている。

## 4　不当労働行為に対する司法救済と行政救済との異同

　不当労働行為に対しては、被害者たる労働者（組合員）又は労働組合は、裁判所に対し救済を求めることも、あるいは労働委員会に対して救済を求めることも可能である。しかし、両機関による救済の内容には、制度の仕組上、違いがある。たとえば組合員に対する解雇が不当労働行為として争われた事案を例に考えると、裁判所の司法救済では、権利義

務関係の有無が問題にされることから、通常、解雇の無効確認とともに、解雇期間中の賃金の遡及払い（バックペイの支払いと中間収入の控除）が認められるが、それ以上に被解雇者を直接原職に復帰させ実際に就労させることまでは認められない（契約法理上、労働者には就労請求の権利は原則として認められない）。しかし、労働委員会による行政救済では、通常、解雇を不当労働行為として原職への復帰（実際の就労）が命じられるとともに、中間収入の控除を義務づけられないバックペイの支払い命令、そしてポスト・ノーティスが出される。なぜなら、労働委員会は、法律上の権利義務関係の有無を判断するのではなく、あくまでも労使関係の安定を図ることを目的に自由な行政裁量による判断が行われる場であるからである。

# 労働紛争の解決手続

# 労働紛争の解決手続

> **学習のねらい**
>
> 　労働関係において、労使間に主張の不一致が生じて発生する労働紛争は、従前は労働組合と使用者との間での労働条件の維持改善や組合の組織運営に係わる集団的な紛争が主であった。しかし、現在は個々の労働者と使用者との間での未払賃金や転勤や出向等の人事異動、整理解雇、その他労働条件の切り下げなどをめぐって発生する個別の紛争が急増している。その背景には、バブル崩壊後の平成不況やリーマン・ショックによる業績悪化、労働者の高齢化による人件費の削減等の諸事情がある。
>
> 　こうした状況のなかで、個々の労働者にとっては、裁判所での司法解決も大事ではあるが、それ以上に労働紛争の解決にとって、お金と時間をかけず、簡易で迅速、柔軟な解決を可能にする手続を利用できることが、もっと大事で必要なこととなる。
>
> 　今日では、個別労働紛争の急増に対応するため、「個別労働関係紛争解決促進法」や「労働審判法」が制定されるとともに、紛争の実情に即しての迅速で簡易な解決をめざした制度や手続が用意されている。ここでは、こうした労働紛争の解決手続について勉強し、理解を深めることをねらいとしている。

## 第 1 節 　労働紛争の種類

### （1）集団労働紛争と個別労働紛争

　労働紛争とは、一般に労働関係において、労使間に発生する主張の不一致をいう。こうした労働紛争は、大別すると団体交渉や争議行為、労働協約の締結等をめぐって労働組合と使用者（使用者団体）との間に発生する「集団労働紛争」と、毎月の賃金や退職金の未払い、さらには解雇等をめぐって個々の労働者と使用者との間に発生する「個別労働紛争」がある。今日では、集団労働紛争は減少し、個別労働紛争が急増している。

## （2）権利紛争と利益紛争

　集団労働紛争と個別労働紛争のほかに、「権利紛争」と「利益紛争」といった紛争の類型化も可能である。権利紛争は、労働契約上の権利義務や法規に基づく権利関係の成否をめぐる紛争（たとえば、賃金請求権の有無や従業員たる地位の確認等）をいい、利益紛争は、賃上げや労働時間短縮の要求、労災補償の引上げ等労働条件の改善等をめぐる紛争をいう。個別労働紛争と権利紛争が、そして集団労働紛争と利益紛争が、それぞれ、対応する関係に立つ。権利紛争は、基本的に裁判所における解決になじみ、利益紛争は、当事者の自主的協議と合意に基づく解決になじむといってよい。

## 第 2 節 ┃ 労働紛争の解決手続

### 1　集団労働紛争の解決手続

　労働組合と使用者との間で発生する集団労働紛争の解決手続については、基本的には労働関係調整法（労調法）と労組法に基づく解決手続が利用される。

#### （1）争議調整制度

　労調法では、いわゆる「争議調整制度」が用意されている。争議調整の方法としては、具体的には「あっせん」（第 12 条）、「調停」（第 18 条）そして「仲裁」（第 30 条）がある。「あっせん」とは、労働委員会の会長による指名を受けたあっせん員が、労働争議の当事者から話を聞き、双方の折り合いをつけて妥協点を探り、自主的解決に努める方式である。「調停」とは、複数の調停委員から成る調停委員会が設けられ、当事者等から事情を聴取し、その意見を聞いたうえで妥協点を探り、調停案を示して、その受諾を勧告するものである。あっせん、調停のいずれも、その受け入れ（受諾）は当事者の自由意思に委ねられている。これに対して、「仲裁」とは、争議等紛争当事者が仲裁委員会に紛争の解決を一任し、仲裁委員会が関係当事者からの事情聴取を踏まえて策定された仲裁裁定を示すことにより紛争の解決をめざすものである。この仲裁裁定は、当事者に対して拘束力を有することから、実際にはほとんど利用されていない。

#### （2）不当労働行為制度

　集団労働紛争が、使用者による団結権侵害行為をめぐるものであるような場合には、その被害を受けた組合員もしくは労働組合は、労働委員会に対して不当労働行為制度に基づく救済を申し立てることができる（労組法第 7 条、第 27 条）。救済申立てを受けた労働委員会は、遅滞なく調査を行い、必要があると認めた場合には当該申立てに理由があるかどうかについて審問を開かなければならない。この調査と審問を含む手続は「審査」と呼ばれ、この審査のうえ、申立てに理由があると認められた場合には使用者に対して一定の作為、不作為を命じる救済命令を発することになる。救済申立てに理由がないと認められた場合には棄却命

令が発せられる。なお、労働組合自身が労働委員会に不当労働行為の救済申立を行う場合には、いわゆる自主性の要件（労組法第 2 条）と民主性の要件（同第 5 条第 2 項）を充たした労組法上の労働組合であることが必要である。ただし、組合員個々人が救済を申し立てる場合には、こうした要件は必要ではない。

## 2　個別労働紛争の解決手続

　個別労働紛争の解決手続としては、広くは企業内当事者の自主的協議による解決手続（労使協議や苦情処理手続等）と企業外の公的機関による解決手続に分けることができ、後者については、さらに行政機関による解決手続と司法機関（裁判所）による解決手続とに分けることができる。ここでは公的機関による解決手続を説明する。

### （1）行政機関による解決手続

　行政機関による個別労働紛争の解決手続については、平成 13（2001）年に制定された「個別労働関係紛争解決促進法」が重要である。同法は、「労働条件その他労働関係に関する事項についての個々の労働者と事業主との間の紛争（個別労働紛争）」について、①都道府県労働局による「総合労働相談（いわゆるワンストップサービス）」、②都道府県労働局長による助言・指導、③紛争調整委員会による「あっせん」の制度を設けることにより、その実情に応じた迅速かつ適切な解決を図ることを目的にしている。なお、男女雇用機会均等法（均等法）、育児・介護休業法、短時間・有期雇用労働法等における紛争については、個別労働関係紛争解決促進法ではなく、上記法規に定める特例に基づき、都道府県労働局長による助言・指導そして勧告の制度（紛争の解決援助）が適用され、また紛争調整委員会による調停の制度等が用意されている。

　以上の国の行政機関による解決手続のほか、地方自治体の多くでは、知事部局による労働相談やあっせんとともに、都道府県労働委員会によるあっせん等の方法による解決手続が制度化されている。

### （2）裁判所による解決手続

　裁判所による解決手続については、通常の民事訴訟手続に基づく解決手続のほか、平成 16（2004）年に制定された「労働審判法」に基づく労働審判の解決手続が重要である。同法による労働審判とは、①地方裁

判所に設置される裁判官（審判官）1名と労働関係の専門家（審判員）2名から成る労働審判委員会が、②原則3回以内の期日で、調停による解決の見込みがあれば、これを試み、その見込みがない場合には③権利関係を踏まえつつ、事案の実情に即した解決の審判を下し、④当事者がこれに異議を申し立てた場合には、通常の民事訴訟に移行する、非訟事件手続である。

　労働審判は、所管の地方裁判所に、その趣旨・理由を記した書面により申し立てることにより開始される（労働審判法第5条）。申立ては、本人自身でもできるが、弁護士を代理人として立てるのが通例である（同第4条）。審判手続きは、労働審判官が行うが、審判官と労働審判員は平等の評決権を有し、労働審判を下す評決や決議は3名の「過半数」により決せられる（同第12条、第13条）。解決処理にあたっては、3回の期日内での解決をめざすものとなっている。制度的には、審判による解決を軸にしているが、実際には審判にいたる前の調停による解決が多くなっている。

# 索　引

著者紹介

**柴田　悟一**（しばた　ごいち）
●略歴　昭和48年　神戸大学大学院経営学研究科博士課程修了
　　　　　48年　横浜市立大学商学部専任講師
　　　　　49年　同助教授
　　　　　62年　同教授
　　　平成10年　同学部長（～平成12年）
　　　　　15年　同大学副学長（～平成17年）
　　　　　17年　公立大学法人横浜市立大学国際総合科学部教授
　　　　　19年　同大学名誉教授
　　　　　19年　横浜商科大学教授
　　　　　23年　同大学学長（～平成27年）
　　　　　27年　人材育成 G.S.Study 代表

**奥山　明良**（おくやま　あきら）
●略歴　昭和53年　東京大学大学院法学政治学研究科民刑事法博士課程単位取得退学
　　　　　54年　成城大学法学部専任講師
　　　　　57年　成城大学法学部助教授
　　　平成元年　同教授
　　　　　11年　同学部長（～平成13年）
　　　　　18年　同法学研究科長（～平成22年）
　　　　　31年　同名誉教授

●執筆分担
　柴田　悟一〈第Ⅰ部　人事・労務の管理〉
　奥山　明良〈第Ⅱ部　人事・労務の法理〉

── 社会福祉法人・福祉施設経営における人事・労務管理論2024 ──

2020年 3 月　初版第 1 刷発行
2021年 2 月　改訂 1 版第 1 刷発行
2022年 3 月　改訂 2 版第 1 刷発行
2023年 3 月　改訂 3 版第 1 刷発行
2024年 2 月　改訂 4 版第 1 刷発行

　　　　著　者　柴田悟一
　　　　　　　　奥山明良
　　　　発行者　笹尾　勝
　　　　発行所　社会福祉法人　全国社会福祉協議会
　　　　　　　　〒100-8980　東京都千代田区霞が関
　　　　　　　　　　　　　　　3-3-2 新霞が関ビル
　　　　　　　　TEL：03-3581-9511
　　　　　　　　郵便振替：00160-5-38440
　　　　定　価　2,530円（本体 2,300円＋税 10%）
　　　　印刷所　三報社印刷株式会社

ISBN978-4-7935-1440-1 C2036 ￥2300E